PRIOR and EXPERIENC

# 先验与经验：

## 经济法社会本位及其实现

陈敏光 著

中国政法大学出版社

2018 · 北京

图书在版编目（CIP）数据

先验与经验:经济法社会本位及其实现/陈敏光著. —北京:中国政法大学出版社,2018.12
ISBN 978-7-5620-8764-9

Ⅰ.①先… Ⅱ.①陈… Ⅲ.①经济法一研究 Ⅳ.①D912.290.4

中国版本图书馆CIP数据核字(2018)第280438号

---

出 版 者　中国政法大学出版社
地　　址　北京市海淀区西土城路25号
邮寄地址　北京100088信箱8034分箱　邮编100088
网　　址　http://www.cuplpress.com（网络实名：中国政法大学出版社）
电　　话　010-58908437(编辑室)　58908334(邮购部)
承　　印　固安华明印业有限公司
开　　本　880mm×1230mm　1/32
印　　张　8.00
字　　数　190千字
版　　次　2018年12月第1版
印　　次　2018年12月第1次印刷
定　　价　49.00元

# 目　录

CONTENTS

# 导　论

## 0.1 研究背景

### 0.1.1 法本位的重要价值

法本位的研究是我国法学理论中的特有命题，最早可追溯至20世纪上半叶，梁启超、朱采真、张知本、周邦式、欧阳谿、张映南、龚钺、何任清等学者或法学家均从不同立场、角度对法应以何为本位的问题进行过诠释和探讨，当时已有了权利本位、义务本位、个人本位、社会本位的提法，形成了权利本位论、社会本位论、权利义务并重论等不同观点。[1]1988年以来的一段时期，法学界又掀起了关于法本位的研究热潮。究其背景，主要是当时我国已进行改革开放达十年，商品经济及民主法制建设得到了加强，既有的以“阶级斗争为纲”为主导的法学研究范式已经落后于时代的要求，人们开始逐渐摆脱这种僵化思维，努力将研究转换到法学自身领域，故法律关系作为法学基本范畴为当时所重点讨论也就不足为奇了。在这一时期，法学界主要基于对权利、义务关系的分析探讨法本位，他们采用了不同的方法，并在分析中又融入了各自的主观价值诉求，从而形成了“权利本位说”“义务重心说”和“权利义务一

〔1〕 参见童之伟：“20世纪上半叶法本位研究之得失”，载《法商研究》2000年第6期。

致说”等观点。[1]且不论既有法本位研究的相关争议及得失，就法本位的命题而言，至少有以下几个层面的重要价值。

## 一、法本位突出了法自身的性质和任务

毫无疑问，法律规范是法学研究和实践的基础，是贯穿理论法学和实践法学的桥梁。法学暨法治实践的中心任务，形象地说，是搞好规则、用好规则，以达良序善治的社会目的，这是“本”。法学研究如果忘了这个“本”，无异于本末倒置，将导致“法味”不足甚或影响到法学这一学科的独立地位。周旺生曾精辟地指出：“一门学问之所以是一门独立的学问，就因为它具有自己的研究对象和方法，就因为它可以独立于其他学问或学科而存在……法学自己的一套是‘体’，相关学科的一套是‘用’。如果漠视这一点，走得太远，忘记了‘借用’，把经济学、社会学和其他有关学科的知识和方法，当作法学领域的更主要的方法，那肯定是喧宾夺主。”[2]事实上，近年来关于法律经济学的反思[3]及社科法学与教义法学之争[4]等在一定程度

〔1〕 参见张恒山主编：《共和国六十年法学论争实录》（法理学卷），厦门大学出版社2009年版，第197~228页。

〔2〕 周旺生：《法理探索》，人民出版社2005年版，第563页。

〔3〕 周林彬曾指出了我国法律经济学研究中日渐明显的“非法学化倾向”，参见周林彬，“中国法律经济学研究中的‘非法学化’问题——以我国民商法和经济法的相关研究为例”，载《法学评论》2001年第1期，25~33页。而对于“经济学帝国主义”（法律经济学可谓其重要成果）的批判可参见朱富强：“基于知识契合的经济学发展历程及问题——兼论经济学帝国主义运动的误区”，载《财经研究》2011年第4期；赵昆：“论经济学帝国的道德边界”，载《兰州大学学报》2014年第3期。

〔4〕 参见熊秉元：“论社科法学与教义法学之争”，载《华东政法大学学报》2014年第6期；刘涛：“法教义学危机——系统理论的解读”，载《法学家》2016年第5期；宋旭光：“面对社科法学挑战的法教义学——西方经验与中国问题”，载《环球法律评论》2015年第6期；陈艳风：“走出社科法学迷思”，载《中国社会科学报》2015年6月10日，第A07版。

上反映出法学学科与其他学科之间的界限互动及相互博弈。而法本位的提法恰恰能够回应这些争议，它提示人们应首先将法学研究矗立在法本位的基点之上，再去借鉴、吸收其他学科的成果、方法，从而丰富法学理论以更好地指导实践。

## 二、法本位突出了对本源性、初始性问题的反思和批判

所谓本位，即某种理论观点或做法的出发点。[1]哲学家维特根斯坦饶有意味地说："别人走远了，我就待在原地。"该句话旨在突出反思性、批判性，因为人们的思想从某些假定开始，然后很快就按照推理或知识之路走远了，而思想所凭借的那些假定早已被抛之脑后，成为潜意识或不加证明的前提。[2]反过来说，假定或前提的错误将导致"南辕北辙"的严重后果。法本位无疑具有这样的关键意义，其可谓是法治建设不该忘却的"初心"，统领、指导着规范建构及其实践。可以说，法本位这一提法本身就包含着这样的意蕴，对法本位的研究实际上是对法学理论的本源性、初始性问题的系统反思与深刻批判，这一研究格外有意义，对其应格外严谨细致对待。此外，法本位的这一特质又决定了其理论容量非常之大。上述纷繁复杂、包罗万象的法本位观从不同角度诠释了法本位的内涵，但这些法本位观最终又未能达成一致，因而恰好佐证了这一点。诚如有学者评述："从整体上看，'权利本位说''义务重心说'和'权

〔1〕 中国社会科学院语言研究所词典编辑室编：《现代汉语词典》，商务印书馆2013年版，第63页；夏征农、陈至立主编：《辞海》，上海辞书出版社2009年版，第133页。本位还在以下两种意义上被使用：一是货币制度的基础或货币价值的计算标准，如金本位、银本位、本位货币等；二是自己所在的单位，自己的工作岗位，如本位工作、立足本位、一专多能等。显然，在法学研究中，本位应当是作为理论观点的出发点而被使用的。

〔2〕 赵汀阳：《第一哲学的支点》，三联书店2013年版，前言部分。

利义务一致说’都是正确的，只是各自研究的基点与方法不同。三种学说分别以应然法、实在法（法律规范）和社会的法为基点，分别运用价值分析的方法、实证（规范）分析的方法和社会分析的方法，各有侧重地研究了权利义务关系的不同层面。”〔1〕

## 三、法本位突出了对部门法及其实践的指导意义

与上述两个重要价值密切相关，法本位必然要转化、落实到具体的部门法及其实践中。一方面，部门法要有相应的法本位的根基，作为部门法规范构建及其实践的基础，另一方面，部门法的发展也丰富和发展了法本位的具体内涵。具体而言，法体系作为一个系统，应反映和保障社会秩序、正义的根本需求，并通过法律规范所设定的行为模式加以落实。而部门法作为其组成部分，分涉不同社会领域，体现部门法功能和任务的具体本位各异，因而在法律规范上也呈现出不同的逻辑结构。例如宪法、行政法主要是为保障和规范权力运行服务的，它们首先要赋予公权力以权威性，除此之外，当然还要确保其正当性，在法律规范上就表现为公民的义务性遵从，在服从公权力权威的同时，公民可以通过程序性权利及法定的救济途径来监督、落实权力的公共性。因而，义务重心论的解释就是合理的。而作为商品经济的直接法律表达，民法是为自发性的市场交易服务的，旨在鼓励和保护民事主体在一定范围内的意思自治，在法律规范上就表现为大量的授权性规范。因而，权利中心论

〔1〕 孙笑侠：“权利本位说的基点、方法与理念”，载《中国法学》1991 年第 4 期。

的观察就是确当的〔1〕。

### 0.1.2 法本位在经济法中的应用

由于法本位自身研究的不足以及经济法基本原理的成熟度不够，法本位在经济法的应用中存在着较为严重的脱节现象。

#### 一、法本位与经济法研究之脱节

在经济法领域，学界主流观点认为经济法是社会本位法，与民法的个人本位、行政法的国家本位相对。对经济法社会本位较为全面的认识是："经济法基本理念的内容是经济社会化条件下的实质公平正义，其核心内容是社会整体经济利益的实现，表现为经济法是公私交融、社会本位法，是平衡协调、综合解决法。"〔2〕还有学者直接将社会本位视为经济法的基本理念："社会本位之所以具有经济法理念的基本要义，是因为社会本位是经济法的基本立场和归宿……天然地担负着全面确立和实现社会本位的法律功能和作用。"〔3〕学者们还分别从公私法及社会法域

〔1〕 需要说明的是，文中并不表述为权利本位论、义务本位论，因为本位只能在权利义务之外去探究，在法内部，权利义务是统一而不可割裂的。即使是被认为是权利之法的民法，诸多的权利之间也存在着互相制约的关系，进而衍生出相应的义务、责任等。进一步说，因权利或义务是价值中性的，称法为"权利本位"或"义务本位"都是不严谨、不科学的，而权利义务服务于何种本位，以什么样的构造和方式展现出来，则又另当别论了。具体的分析和论述后文会详细提及。

〔2〕 史际春、邓峰：《经济法总论》，法律出版社2008年版，第153页。

〔3〕 李昌麒、岳彩申主编：《经济法学》，法律出版社2013年版，第107页。

的划分[1]、经济法价值中的秩序[2]、社会公共性[3]、增量利益观[4]、社会整体利益[5]或社会公共利益[6]、经济法中的人性[7]等角度对社会本位作出了一定程度的诠释。仅有少数学者曾对此产生质疑，认为社会利益既不能作为经济法立法标准，也不能作为价值导向，经济法的社会本位并不成立，并提

〔1〕 徐孟洲认为："经济法社会本位思想是对个人本位理论的超越，古罗马以公法和私法的形式对法律进行划分，认为在私法领域个人优于社会。此即个人本位原则，这一原则在自由资本主义时期更是达到巅峰……经济法则是从市民社会与国家的对立统一出发，强调个人利益与社会利益的对立统一，当个人利益与社会公共利益发生冲突时，经济法明确主张社会本位。这是对数千年来个人本位法学传统的超越，也是人类文明的进步表现。"徐孟洲：《耦合经济法论》，中国人民大学出版社2010年版，第238页。

〔2〕 漆多俊认为："经济法价值中的秩序……重在维护社会经济总体结构和运行的秩序……经济法是侧重于从社会整体角度来协调和处理个体与社会的关系的，即以社会为本位。"漆多俊：《经济法基础理论》，法律出版社2008年版，第133页。

〔3〕 邱本认为："社会公共性是经济法的核心范畴，是经济法的本质特征所在，社会公共性决定着并表现在经济法的各个方面，经济法从本质上说就是一种社会公共性的法。"邱本：《经济法研究》（上卷：经济法原理研究），中国人民大学出版社2008年版，第148页。

〔4〕 陈乃新认为："经济法的立法目的是保障全社会各个经济实体的增量利益普遍、持久的实现，从社会整个利益出发，协调国家、集体、个人三者之间的增量利益关系，是社会利益本位观。"陈乃新：《经济法精神之展开》，中国政法大学出版社2005年版，第110页。

〔5〕 蒋悟真、李晟认为："社会整体利益是经济法的基石范畴与法益目标，并强调，经济法从其产生之日起，就以社会本位作为自己的思想基础，旗帜鲜明地追求社会整体利益，是完完全全的社会本位法。"蒋悟真、李晟："社会整体利益的法律维度——经济法基石范畴解读"，载《法律科学》2005年第1期。

〔6〕 孔德周认为："社会本位可以理解为社会公共利益至上。社会公共利益则体现为有利于每个社会个体维护和实现其合理权益的良好的社会秩序，以及是对国家、地方、集体和个体等各种主体的权利（力）和物质利益、近期利益与远期利益、当代人的利益和未来人利益的协调与一体保护。"孔德周：《系统经济法论》，中国法制出版社2005年版，摘要部分第4页。

〔7〕 胡光志基于人性角度，认为："经济法从形式上调和了传统的个人本位与国家本位的二元对立状态，体现出一种形式上的和谐。"胡光志：《人性经济法》，法律出版社2010年版，第172页。

出发展本位的观点。[1]而相应的关于经济法体系的学说则更是众说纷纭了，如三分法（经济组织法、经济管理法和经济活动法）、三个基本法律构成说（市场规制法、国家投资经营法、宏观引导调控法）、二元结构说（宏观调控法、市场规制法）、两种类型说（一般经济法、特殊经济法）、一体两翼说（一体即为经济法主体即经济组织法，两翼即为市场规制法和宏观调控法）以及基于经济法法权说的两分法（微观经济法、宏观经济法）等。[2]通览上述相关研究，不难发现，经济法学界只是自觉或不自觉地提及经济法社会本位，对其论述相对简略，对于经济法社会本位的确立过程、具体界定及其如何指导经济法法律规范的构建、如何将其应用到经济法治实践中等问题，学界普遍缺乏系统全面的认识。

## 二、关于脱节基本原因之分析

可见，法本位与经济法规范构建及其实践存在着严重的“两层皮现象”。究其原因，无外乎以下两个大的方面。

其一，法本位自身研究的不足。尽管法本位有着如此重要的价值，但从既有研究来看，法本位的研究主要还停留在法理学层面，且多源于1988年以来一段时期内的研究热潮，而近年

---

〔1〕 参见甘强：“质疑经济法社会本位”，载《重庆广播电视大学学报》2002年第4期。

〔2〕 三分法，可参见史际春、邓峰：《经济法总论》，法律出版社2008年版。三个基本法律构成说，可参见漆多俊：《经济法基础理论》，法律出版社2008年版。二元结构说，可参见张守文：《经济法原理》，北京大学出版社2013年版；李昌麒、岳彩申主编：《经济法学》，法律出版社2013年版；邱本：《经济法研究》（上卷：经济法原理研究），中国人民大学出版社2008年版。两种类型说，可参见张世明主编：《经济法基础文献会要》，法律出版社2012年版。一体两翼说，可参见徐孟洲：《耦合经济法论》，中国人民大学出版社2010年版。基于经济法权的两分法，可参见陈乃新主编：《经济法权利研究》，中国检察出版社2007年版。

来对于法本位的探讨则基本上处于沉寂状态。此外，法本位的研究并未广泛应用到部门法领域中，即便有所应用也大体是泛泛而论，并不系统深入。〔1〕童之伟曾急切地指出："对法本位的讨论几乎完全脱离法律实际生活，从来没有人说清楚也没试图说清楚立法如何贯彻权利本位、义务本位或其他的本位，没提在适用法律的时候如何贯彻他们所选定的本位，更没有结合具体法律和具体案例来比较不同法律本位的实践后果。"〔2〕这种研究现状，与法本位的研究"过于形而上""主观性泛滥"有关，忽视了法本位在部门法建设中的转化及实现。有学者就指出："在法律本位的一般理论研究中，并不关注或在理论上并未具体到部门法本位的研究。这就使得法律本位的理论难以在部门法和法律具体实践中得到贯彻和运用。同时，法律本位理论与部门法相脱离，其科学性也会遭到质疑……对涉及的不同本位的分类标准缺乏统一性，且不符合逻辑……对于法律本位的内涵或者内在要素缺乏明确的界定，以致对法律本位的理解难以具

---

〔1〕 根据我们在知网的检索，以法本位为题共检索到117篇文章，而系统性论述部门法本位的并不多，比较有代表性的文章如史际春："由民法看法本位"，载《法律学习与研究》1992年第1期；章礼强："民法的哲思：以民法本位为研究视角"，载《北方论丛》2006年第3期；章礼强："民法本位纵论——对民法过去、现在、未来的深层思考"，载《池州师专学报》2004年第6期；李龙亮、郭成："社会本位——民法典的最佳选择"，载《河北法学》2002年第20卷增刊；甘强："质疑经济法社会本位"，载《重庆广播电视大学学报》2002年第4期；甘强："经济法与社会法的法本位界分——经济法与社会法关系研究之视角"，载《理论界》2007年第5期；张佑任："经济法与社会法中的'社会利益'之辨析——以'法本位'为逻辑起点"，载《四川文理学院学报》2007年第4期；孙思礼："经济法本位新论"，载《当代法学论坛》2007年第4辑。

〔2〕 参见童之伟："对权利与义务关系的不同看法"，载《法商研究》1998年第6期；童之伟："权利本位说再评议"，载《中国法学》2000年第6期。

体而有深度，把握上存在困难。”〔1〕可见，如何科学有效地界定法本位并将之转化、应用到部门法的构建及实践中，成为法理学界及部门法学界共同面临的重大课题。

其二，经济法基本原理的成熟度不够。从世界范围来看，经济法产生于19世纪末、20世纪初经济社会化的背景之下，一般认为其肇始于德国。〔2〕与民法、刑法等传统部门法相比，经济法是新兴的学科，按照库恩范式理论的理解，经济法尚处于“前科学阶段”〔3〕。因而，在经济法学的学术史上，诸多关于经济法的考证、界说、学说可谓纷繁复杂，用“春秋战国”来形容亦不为过。〔4〕而且，经济法与经济社会的实践的结合更为紧密，与传统部门法相比，其动态性更强。因而，不同国家经济体制上的差异就会导致不同的经济法界说，且即使是在同一国家，因历史阶段或经济形势的不同，经济法基础理论、观点

〔1〕 周晖国：“法律本位探析”，载《南京大学法律评论》2006年秋季号。需要说明的是，周晖国在该文中将法律本位与现代国家和社会管理中强调法律治理功能的法本位相区分，而本文论述的法本位则主要意指法律本位，同时兼顾法律的社会治理功能，即不刻意区分法律本位与法本位。

〔2〕 现代经济法概念的形成，始于第一次世界大战前后的德国。基于德国当时的经济和社会形势，德国颁布了一系列国家干预、调节经济的法规，有些法规直接以经济法命名，如1919年颁布的《煤炭经济法》《碳酸钾经济法》等。同时，由于德国学者长于理性思维，强调法律概念、体系的严谨与缜密等，德国学术界率先开展了以“经济法”为研究对象的法学研究。其中，最具代表性的是，德国学者赫德曼（Hedeman）于1920年成立经济法研究所、开始讲授经济法。关于经济法沿革、发展历史的研究已相当充分，各类教材均有论及，此处不再赘述。

〔3〕 库恩在其名著《科学革命的结构》中提出了范式理论，他认为，学科发展经历以下四个阶段：前科学阶段（经过竞争而建立起范式）、常规科学（反常与危机使既有的范式发生动摇）、科学革命（经过竞争与选择而建立起新范式）、新常规科学。参见［美］托马斯·库恩：《科学革命的解构》，金吾伦等译，北京大学出版社2012年版。

〔4〕 参见肖江平：《中国经济法学史研究》，人民法院出版社2002年版，第149~158页。

都有可能存在重大的差异。例如苏联、东欧国家的社会主义体制背景下的经济法理解及实践就与欧美等老牌资本主义国家不同；德日等国家主义色彩较为浓厚的国家，其经济法面貌又不同于自由主义、实用主义历史传统甚为悠久的英美国家；而德国学界在一战到经济危机时期、20 世纪 30 年代至二战期间、二战以后各阶段，因经济形势的不同就有不同的经济法概念，即使在相同阶段也有诸多不同的学说。〔1〕我国的经济法实践及研究则起步要晚些，它是与 20 世纪 70 年代末的经济改革相伴而生的，从最初的“以市场调节为辅的计划经济”到“有计划的商品经济”，再到社会主义市场经济体制目标的最终确立（1978~1982 年），再到 1993 年宪法修正案明确规定“国家实行社会主义市场经济，国家加强经济立法，完善宏观调控”，它一直处于不断发展和完善中。可以说，由经济法本身的新兴性、动态性所决定，经济法基本原理的捕捉、发掘绝不是简单地向域外借鉴或短期的实践积累与理论抽象就能完成的，其最终成熟还要经历一个“大浪淘沙”的长期过程。

## 0.2 研究目的

### 0.2.1 科学有效地界定法本位

法本位突出了法学的性质和任务、本源性和初始性问题、对部门法的指导意义，但其价值的充分释放、发挥有赖于主体对其作出科学有效的界定。从既有研究来看，人们对于法本位

〔1〕 这些纷繁复杂、形态各异的经济法学说在各类相关教材中均有所反映。典型的可参见史际春、邓峰：《经济法总论》，法律出版社 2008 年版，第 97~107 页；张守文：《经济法原理》，北京大学出版社 2013 年版，第 99~121 页；漆多俊：《经济法基础理论》，法律出版社 2008 年版，第 70~83 页等。

并无统一的认识或界定，自然也就难以有效地把握法本位的理论价值及其在法治实践中的运用。这就要求我们立足于既有研究，提炼、整合出法本位的一般性框架，进而将其运用到法治暨经济法等部门法的建设中去。具体而言，我们需要回答的问题是：在何处寻找法本位，是在法律规范内部，还是在法律规范之外？如果法本位在法律规范之内，那究竟是权利本位，还是义务本位？如果法本位在法律规范之外，那么法本位的根由何在，又有哪些维度？此外，法本位如果在法律规范之外，它又如何与规范相结合，作为规范构建的依据？法本位对法律规范的结构及其在法治实践中的实现又有什么样的影响，这些本位又如何实现？这是一系列环环相扣、在逻辑上依次递进的法律问题。对于这些问题的探索和思考实际上是解决法本位界定的一种努力，只有把这些问题搞清楚了，才能将其应用到本文的论题中，即经济法社会本位及其实现。因而不妨说，科学有效地界定法本位是本文的首要目的。

### 0.2.2 以法本位统筹经济法建设

法学的实践品质决定了法本位绝不能是玄学或虚谈，还应转化为具体的部门法建构及其实践。对于经济法这样的新兴性、动态性极强的学科而言，本位尤为重要。一方面，它对经济法学学科的规范统一、不断走向成熟很有助益，即所谓的“本位回归”；另一方面，它对经济法规范的构建及其实践起着总揽全局、提纲挈领的重要作用，即所谓的“本位推演”。而现有研究并未系统全面地对于经济法的本位问题进行思考，自觉或不自觉的经济法社会本位的提法有着很大的模糊性，其是否能够证成以及在经济法治中如何运用等都亟待我们作出探讨和回应。具体而言，它包括社会本位的由来、表达及其实现等几个方面，分别回答了经济法社会本位的确立过程或说证成、经济法社会本位如何应用到法律规范的构建中、经济法社会本位如何在经济法实践中实现等问题。这也是一系列环环相扣、在逻辑上依次递进的法律问题。对于这些问题的探索和思考实际上是如何运用法本位统筹经济法建设的一种尝试，它构成了本文的根本目的。

## 0.3 研究方法

### 0.3.1 确立方法论的根据

借助哲学上的概念，我们将本文的方法论提炼为先验与经验，并将其转化为法学范畴，用以指导法暨经济法本位的研究。在哲学上，一般是在本体论或知识的由来这一层面来理解先验与经验的。在本体论上，我们坚持唯物论，特别是对法学这一实践性社会科学而言，更应如此。而需要指出的是，本文对于先验与经验哲学范畴的法学转换主要是基于方法论角度而作出的。

从认识的方法来看，先验论与经验论各有可取之处及相应的不足。先验论突出了主体的能动性，能将零散的信息或地方性的知识统合起来，从而形成系统性的认识，以满足人们追求无限和整体的内心需要。此外，就本文的主题而言，先验与本位问题具有内在的相通性，对于研究者而言，它们均是一种预设，可以作为理论演绎的起点，只是这种预设的来源需要进一步的考证。但将先验论推向极端，则又难免陷入独断论，出现硬要客观现实符合个人主观的弊端。经验论注重知识的实践来源，这种知识来源既可以是纵向的历史维度，也可以是横向的现实维度。因而，它能够使研究紧密地联系丰富的社会现实，并且随着时代的发展变化而及时地作出动态调整，更接“地气”、也更能反映出法学的实践品质。然而，经验论存在着归纳的不完全性、知识的地方性、或然性等缺憾，诚如张东荪所述：“一是把经验看成各种不一致的零碎东西。二是太把心看成被动的了。殊不知心有组织能力。而是能动的，能将感官印象依据思想的根本法则整理起来。”〔1〕

可见，统合先验与经验是较为可行的方法，它体现了主客观的统一，且事实上，先验与经验的交错互动、不断向前构成了历史发展的逻辑链条。在其向法学暨经济法学的转化中，在层次上表现为“由高及低”，从哲学到法学再深入到部门法学；在范围上表现为“由广及深”，即从部门法的历史谱系去理解经济法的定位和功能，进而深入到经济法内部的规范构建及其实践。

### 0.3.2 选择方法论的理由

先验与经验的方法论框架能够为法本位的研究提供全方位的视角，特别适用于经济法本位的研究。而且，它也能深入到经济法内部的规范构建及其实践中去，凸显了法学研究的主体性、实践性。

#### 一、该方法论能够对各阶段、各国家的各种具体理论观点兼容并包，为法本位的研究提供了全方位的视角

尽管我们主张以规范为本的法治建设，要突出法学的性质和任务，但法本位不是孤立隔绝的，它蕴含着主体的不同价值、角度及方法等，而这些都可以在先验与经验的框架中寻觅到。可以说，先验与经验的内在张力体现出各大法学流派的特质及流变，方便我们对法本位作出多维度理解。如自然法学派主张

---

〔1〕 张东荪：《认识论》，商务印书馆2011年版，第3页。

的天赋、理性等具有显著的先验因素，它面向理想的未来；分析实证主义法学则反对先验的思辨，试图剔除先验的价值因素、将法学限定在法律文本这一经验材料之内，进而体现出法学的“纯粹性”；历史法学派则面向过去的历史传统，淡化甚至于放弃主体的能动性，趋于保守；社会法学派则注重社会控制工程中的当下经验，关注法律与社会的互动关系等。不妨说，法暨经济法本位是一个围绕规范构建及其实践的内外统一体。对于先验与经验关系的把握，对于先验因素的主体选择等，决定了法本位的基本面貌。更进一步说，各学派的勃兴与其特定的历史任务相关，伴随着相应的部门法产生、发展，这些学派在一定程度上赋予了部门法独特的法本位。例如，自然法学派是在近代资产阶级的市民反封建等级制等革命背景下产生的，依据天赋人权理论，极力彰显个人平等、自由的价值，进而融入近代民法之中，从而给人以民法乃至整个法体系都是权利本位的基本印象〔1〕。需要指出的是，这并不意味着一个部门法的产生和发展就对应一个法学流派，事实上，其他法学流派对部门法的产生和发展也是有着不同程度的影响的。例如受自然法影响颇深的近代民法仍要进行相应的规范建设，于是分析实证主义的运用必不可少。而在现代社会化背景之下，民法的个人本位受到了不同程度的抑制，社会法学派对其也产生了很大的影响。可见，各法学流派的范式、视野、角度各不相同，它们在各自的领域中日益精细，并且回应了不同历史阶段的时代需求。然而，既专则必然无法兼顾全面，因而各法学流派的复兴及融合就成了趋势，以博登海默为代表的综合法理学派的出现就是一例证。可以说，先验和经验具有很大的理论容量，它被

〔1〕这种印象在当时历史背景下是进步的，也有着巨大的贡献，但在现时期则需要对其价值作出进一步的评估和限定，下文还将论及。

不断地充实、完善，为我们界定或理解法本位提供了全方位的视角。

**二、该方法论蕴含着形式逻辑与辩证逻辑相统一的原理、系统论原理，符合马克思历史辩证法、唯物辩证法，特别适合于经济法社会本位的研究**

形式逻辑与辩证逻辑相统一的原理侧重于从历史发展角度来看经济法的产生。总体来说，形式逻辑对应基于相对静止的建构，它在很大程度上就成了脑海里的先验格式；辩证逻辑则对应基于绝对运动的解构，它在很大程度上是人们实践中的经验发展。辩证逻辑最终又通过形式逻辑获得重构，形成了更高层次的人类认知，可谓螺旋式上升。通过本文的分析，我们将看到：传统（个人）市场经济及民法、宪法的形式逻辑建构不符合经济社会化的经验发展，在现代（社会）市场经济、国家职能社会化及社会法思潮的共同催生下，经济法作为辩证逻辑的产物诞生了。〔1〕这为我们确立经济法的社会本位提供了基本导向。

系统论则侧重于从法的体系的角度来理解经济法的定位和功能〔2〕。系统论认为，客观事物及主体认识是从“模糊的整体表象”（感性具体）到“抽象的片面规定”（理性抽象）再到“诸多规定的综合”（理性具体）的一个过程〔3〕。如果说近代民法、宪法暨行政法是人们摆脱古代诸法合体这一“模糊的整

〔1〕 参见陈敏光：“经济法的逻辑演进”，载《经济法学评论》2016 年第 16 卷。

〔2〕 孔德周曾尝试用系统论来解释经济法基本理论问题，可参见孔德周：《系统经济法论》，中国法制出版社 2005 年版。

〔3〕 参见“《政治经济学批判》导言”，载《马克思恩格斯选集》（第 1 卷），人民出版社 2012 年版，第 701 页。

体表象”而获得的“片面的抽象规定”，则作为现代法的经济法在一定程度上可被视为“诸多规定的综合”。具体而言，它直接关注市场与政府的界分及其互动，根据制度优劣（主要是法律制度）对于经济效率、经济平等的重要性这一基本认识，来进行相应的规范构建及其实践，它是统筹考虑市场与政府、效率与公平、经济与法的交叉学科。再进一步而言，它以民法的个人权利为基础，同时关注直接的社会整体经济利益，借助宪法、行政法关于保障、控制权力的机制来对个人权利的膨胀、失调进行正当的限制、协调。而上述的这种综合或统一的基点在于社会有机体自身，此即经济法的社会本位。我们将论及，就宽泛意义而言，法都是社会本位的法，但经济法的社会本位是特定的、狭义的，概言之：民法立足个人主义，主张个人利益之和于社会利益，是由个人及社会的“加法”，行权利之“张”；经济法立足社会整体，主张社会利益乃个人共欲共求的利益，是由社会及个人的“乘法”，行权利之“驰”；行政法立足国家公权，主张公共权力及其有效运行乃是保障个人及社会的基本手段，是权利张弛有度的工具。与劳动法、环境保护法的社会本位关注社会性的整体利益不同，经济法的社会本位关注的乃是经济性的整体利益。

**三、该方法论能够进一步深入到经济法内部，充分体现了动态性、宏观性背景之下的具体规范构建及其实践**

一方面，我们从历史中探究经济法社会本位的由来，并将之作为我们进行经济法规范构建的先验前提。基于经济法社会本位的特定内涵及社会本位保护的全面性、有效性、及时性的要求，它必然呈现出基于角色理论的多元法律主体结构，以职责主义（经济管理主体对社会而言）、义务主义（经济活动主体对社会而言）为重心的权利义务配置模式，并发展出问责制及其他经济性显著的责任方式。另一方面，对于经验的强调，则意在突出经济法的时代性、动态性特点及其作为法的实践品质。只有时时刻刻把握现实经验的发展，我们才能有效理解经济法本位的具体实现方式，而不至于将其束之高阁、致其被人遗忘。具体而言，在经济法治实践中，通过个人的长期博弈来发现所共欲、共享的共同利益，并将其上升为法律是较为可行的路径。而执法、司法及守法方面也要作出相应的调整以适应经济法社会本位的要求，如应侧重于行政主体的执法并要强调司法的能动性，以及时回应社会本位，且个人、企业等经济活动主体在法律及道德上都要受到社会责任的软法约束等。另外，经济法的具体子部门法也应围绕社会本位加以整合、协调，要根据经济法社会本位的不同层次，对规划法、产业政策法、财税金融法、反垄断法及不正当竞争法、企业公司法等作出合理的定位和安排，并在实践中予以实现。

## 四、该方法论凸显了法学研究的主体性和实践性

之所以表述为“先验与经验”而非“经验与先验”，并不意味着我们是唯心论者，而是为了更好地突出法的本位性及研究者的主体能动性。〔1〕先验不仅在提醒研究者时时刻刻批判、

〔1〕 事实上，本文之所以选择先验与经验来表述方法论，还有一个非常个性化的考虑。在学校时，笔者急切地渴望接触司法实务，觉得所谓的理论构建太虚、太缥缈，或说太“先验”了，其生命力究竟如何还是要看经验；而当笔者从事司法实务工作几年后，又觉得实务问题太个案、太“经验”，裁判尺度不一、规则体系冲突等问题时常困扰着自己，笔者亟待寻找“先验”的理论来解释，于是又转入到博士生阶段的研究当中去。就个人十年左右的学习、工作感受而言，学界和实务界在法学研究领域还是存在着一定程度的“隔膜”，由此导致的问题是：该统一的价值共识、处理原则并未真正统一和凝聚起来（可谓“该先验的未先验”）；该具体化的情形、该精细化的规则并未具体化、精细化起来（可谓“该经验的未经验”）。概言之，我们处于一种混沌的、模糊的价值、规则体系中。因此，统合先验与经验就成了我们的任务。

检视自己的理论预设，寻找本位的根由；也在提醒研究者充分发挥主体能动性及相应的法学构建力〔1〕。因为，法及法学研究虽从根本上受制于经济基础，但法特别是法学研究作为人类理性自觉的产物，应当具有相当范围的主体能动空间。这种思维方式对于摆脱机械主义的部门法划分及经济法的确立、建设是颇为有益的。概言之，研究者应立足目的论及法的社会功能对部门法作出划分。

之所以也强调经验，在于突出法的实践性。就法学本身而言，其具有极强的实践品质，如有学者所强调，它是经世致用之学〔2〕。主体能动性及相应的法学构建力最终要落实到实践中，方能显现出强劲的生命力。经济法更是如此，它和国家的经济社会发展实践紧密结合在一起，其所呈现出的系统性、动态性等特点无不与经验相关。经验在提醒研究者：经济法社会本位不是虚空的而是历史生成的，并要通过制度实践来实现；经济法社会本位不是抽象的，而是关注中国经济社会、关注具体制度和规则的社会本位。

---

〔1〕 有时候过于强调学以致用（经验、技术）并非好事，学以致知（先验、思想）反而更有发展的潜力。美国历史学家斯塔夫里阿诺斯认为："所有近代以前的社会所取得的进步的程度都受到了明显的限制。原因在于，匠人们仅仅对制作罐子、建造房屋或制造小船感兴趣，并不为根本的化学原理或机械原理操心……匠人关心的是技术上的实际知识，而不是科学上的潜在原因……掌握实际知识与了解潜在原因的结合，奠定了科学的基础，推进了科学的发展，使科学成为今日的支配力量。" L. S. Stavrianos, *A Global History: From Prehistory to the 21st Century*, Prentice Hall Inc, 1999, p. 402.

〔2〕 参见周旺生：《法理探索》，人民出版社 2005 年版，第 3~6 页。朱苏力也认为法学的重要特点就是务实和世俗。参见朱苏力：《制度是如何形成的》，北京大学出版社 2007 年版，第 149~157 页。

# 0.4 研究意义

## 0.4.1 理论方法层面

在理论方法层面，本位旨在以经济法社会本位为契机激发学界对法本位问题的研究兴趣，从而试图打通法理学与经济法等部门法学、经济法总论与分论及法学研究与法治实践之间的通道。改革开放以来的特定历史背景，让法本位的研究一度“炙手可热”，这一研究摆脱了以阶级斗争为纲的僵化法学范式，让法学回归了法本位，具有历史性贡献。然而，法本位的诸多争议、模糊之处并未在后续的研究中得到推进，其重要理论价值及实践转化也未能被有效地发掘、落实。经济法作为年轻的现代法，尽管在基础理论上亟待发展和成熟，正处于从意见（多）到真理（一）的竞争、统一的过程中，但从另一个角度而言，这也是复兴法本位等基础理论研究的极好契机。且事实上，改革开放以来近40年的经济法治实践也为这种基础理论的研究提供了一定的现实基础。然而，遗憾的是，学界对法本位、经济法等部门法的本位的关注并不够，多转向于分论部分的研究，其普遍认为：“经济法学研究风格从之前的构建模式逐步转向对社会现实问题的回应，这是一种有益于经济法学发展的趋势：经济法学人并未抛弃总论研究，只不过是更换了一种展示的方式。”[1]学界对于经济法社会本位也大多是在论述经济法的

〔1〕 姚海放：“变革时代的经济法学回应”，载《经济法学评论》2015年第15卷。需要指出的是，我们不是否认经济法关注社会现实问题及其对经济法基础理论发展的重要性，仅是强调这种研究并不等同于对经济法基础理论的直接建构本身，而现有经济法治实践的积累也为该建构提供了一定的基础，对于经济法基础理论又何尝不能作出一番尝试呢？

某些理念、价值、原则或相关具体制度问题时一带而过，据笔者掌握文献来看，并未有系统全面的研究。这就导致了法本位与部门法的脱节、经济法总论与经济法分论的脱节及它们与法治实践的脱节。笔者有感于此，特以法本位为切入点对经济法的基础理论问题进行探究，并以先验与经验的统合论为方法，论及法本位的界定、经济法社会本位的确立、特定内涵、相应的规范构建及实践等，以做到法学理论与经济法等部门法、经济法总论与经济法子部门法、理论与法治实践的紧密结合。希望对后来的研究者略有启发意义。

### 0.4.2 法治实践层面

经济法社会本位及其实现具有现实的法治实践意义。通俗地讲，它不仅提醒国家及其工作人员（经济管理主体）要对社会负责，也提醒老百姓（经济活动主体）要对社会负责。社会是一个独立于个人本身的有机体，是个人共欲、共享的利益载体。它虽不易为人们所识别，但确实存在，任谁也无法否认“皮之不存、毛将焉附”“利令智昏”“命运共同体”“社会正能量”等社会观感。一个显而易见的道理是，权力固然容易被滥用或失调，权利亦是如此，两者同样存在危及社会的可能，在此方面并无实质区别。只要真正地基于社会本位，对权力或权利的这种限制、协调就是正当的、必要的。进而，经济管理主体要对社会应担负职责，经济活动主体对社会应履行义务。当然，这并不是说，权力或权利的保障和实现不重要，而只是提醒我们：任何对权力或权利推向极致的做法都是值得警惕的。此外，基于社会有机体不具有自然的人格、社会自身的层次性及变动性等因素，对社会自身利益的直接识别、确定、保护就颇为困难、复杂，主体角色论、职责（义务）重心论、责任担当论的规范构建及其实践就是正当的、必要的。

此外，该命题还隐含着中国问题的意识，在某种程度上是对中国特色社会主义法治道路的一种反映。[1]既然是社会本位，西方有西方的社会，中国也有中国的社会，所谓的社会本位自然就应不同。大体来说，我国社会的重要特点是：在经济上既要补传统市场经济的课，也要面临市场经济的现代性问题等；在法律意识方面，一方面，受长期的封建专制历史影响，个人权利不彰且易受“官家”侵害，另一方面，社会自治能力差，诚信意识单薄，契约精神匮乏。因而，在遵循基本的价值共识的基础上，不要简单地被西方意识形态所“裹挟”，立足于中国现状开展经济法学研究及实践，也是本命题的应有之义。

### 0.4.3 文献表述层面

学术的贡献不仅在于命题、观点或方法，也在于文献和表达，本文在哲学文献的引入及某些表述是笔者自认为[2]的一种绵薄贡献。如果在文献方面有什么贡献的话，那可能是本文对

〔1〕 关于中国问题，正如邓正来曾指出，“尽管中国法学在这二十多年中的发展获得了很大的成就，因为它把我们从‘无法’状态或‘阶级专政’的法学时代中解放了出来，但是，我们必须即刻指出，就中国‘立法阶段’所存在的种种问题而言，这二十多年发展起来的中国法学也必须承担自己的责任，即它并没有因此而给评价或捍卫立法或法治建设提供一幅作为基础或判准的‘中国法律图景’……我所谓的‘中国法律图景’，乃是一种依凭对中国现实的‘问题化’理论处理而阐明或构建起来的中国自己的法律理想图景。”邓正来：《中国法学向何处去》，商务印书馆2011年版，第46页。

〔2〕 这里之所以表述为“自认为”，在于对意义的谨慎理解。意义有价值、作用之意，它来自于贡献，而贡献应由人评说才显得客观。故而在此说明本文的研究意义，难免流于主观甚或是极为不适当的。然而，朱苏力关于“什么是你的贡献”这一问题则是每个法学研究者都要面对和回答的，哪怕是主观性的回答。参见朱苏力：《法治及其本土资源》，中国政法大学出版社2004年版，序言部分。

于相关哲学文献的引入，特别是马克思的相关精辟论述[1]。时代在进步，这在外在的制度、技术方面表现得尤为明显；而人类在认知结构或说思维方式方面的进步却是相对缓慢和不易把握的。马克思就曾富有诗意地说："一代又一代故去的人们，其思想传统如同梦魇，在活着的人们之脑海中挥之不去。"人类之所以需要哲学，是因为哲学在某种意义上是"思想的思想"，它直达内在的初始本源，并将人类历史浓缩到简练的思维当中，显然，这十分契合法本位的研究。而本文之所以敢冒险作出这样的尝试，道理也在于此。当然，回到起点并不等同于保守封闭，而是因为搞懂了"来龙"才能知道"去脉"。因而本文也不是"故作高深"地"空对空"，而是特别论及了社会本位的实现，并结合了现实的案例或热点等，如"互联网+"引起的对相关经济法问题的关注等。

至于表述，本文力求简练、达意，因为任何多余的"码字"都是对作者及读者时间的浪费，特别是在这个信息大爆炸的年代，时间、精力及选择能力是尤其宝贵的。如果要以一句简练的话来阐释该论题的话，那会是："民法是权利之张，经济法是权利之驰，宪法行政法等是权利张弛有度的工具，它们统一于社会；经济法的社会本位在于它从真正的、直接的社会整体经济利益出发，要求国家担负职责、要求民众履行义务，这种要求在理念及实践中均要予以实现。"

---

〔1〕 笔者在念博士期间，印象最为深刻的一幕是：经济法总论老师史际春教授的第一课是关于社会科学的 ABC（主要是马克思主义哲学及其法学理论、基本观点等）。这不妨理解为是一种思想本位的回归，它与我们论及的方法论、法本位等问题具有内在的一致性和相关性。

# 形而上篇　由方法及先验

形而上与形而下相对。形而上，指无形的或未成形体的东西；形而下，指有形的或已成形体的东西。《易·系辞上》："形而上者谓之道，形而下者谓之器。"（唐）李鼎祚《周易集解》引（唐）崔憬言："妙理之用以扶其体，则是道也"，"体为形之下，谓之为器也"。认为形而上为用、为道，形而下为形质、为体、为器，形而上不离形而下。（唐）孔颖达《周易正义·系辞上》提出，形而上者为无体无形者，形而下为有质有形者。（南宋）朱熹认为："理也者，形而上之道也，生物之本也；气也者，形而下之器也，生物之具也。"（《答黄道夫》）清戴震提出另一解释："形谓已成形质。形而上犹曰形以前，形而下犹曰形以后。"（《孟子字义疏证·天道》）把未成形质的看作"形而上"，而把已成形质的看作"形而下"。[1]

需要指出的是，本文在宽泛意义上使用形而上、形而下，即：形而上篇相对抽象，侧重于方法原理层面的研究；而形而下篇则相对具体，侧重于规范构建及其实践应用。本篇偏重于形而上。一方面，本篇借助于哲学上的概念，提炼出先验与经验相统合的方法论框架，并将之运用到法本位暨经济法本位的界定中。另一方面，根据该方法论框架，论证了经济法社会本位的实践基础和历史必然性，并对其内涵作出具体剖析，从而

---

〔1〕 夏征农、陈至立主编：《辞海》，上海辞书出版社2009年版，第2568页。

明确了其对当下研究者的先验属性，以适用到形而下层面的经济法规范构建及其实践中。该篇包括：第 1 章先验与经验的方法论框架和法本位的界定方法；第 2 章经济法社会本位的历史生成；第 3 章经济法社会本位的内涵剖析。

# 第1章
# 先验与经验及法本位的界定方法

方法的重要性毋庸置疑。诚如皮尔逊所言："整个科学的统一仅在于它的方法，不在于它的材料。"〔1〕而基于研究目的、角度或侧重点的不同，我们会选择不同的方法或将不同的方法有机地加以组合，从而形成相对独立的方法论体系。与单纯的方法相比，方法论是一个体系，具有内在的层次性、多样性、关联性。应当说，一个学科成熟与否的标志就在于它有无自己的研究方法及关于研究方法的理论，而要研究经济法社会本位及其实现，就要理解并运用好科学的方法论。通过对哲学概念先验与经验的解析及提炼，本文总结出先验与经验的统合论，将之转化为法学范畴，并应用于法本位暨经济法等部门法本位的研究中。正如导论中所言，该方法论非常契合法本位这一主题的研究，该方法论包含以下几个层面：哲学层面的方法，它的解释度最广，能够运用到各级学科中，具有一般的指导意义；法学层面的方法，它根据法学的性质和任务而定，并吸收了其他社会科学方面的有益内容，以指导各个部门法的建设；部门法层面的方法，它是部门法的具体特色方法，与部门法的品格和所要解决的社会问题直接相关。

---

〔1〕［英］卡尔·皮尔逊：《科学的规范》，李醒民译，华夏出版社1999年版，第15页。

## 1.1 先验与经验之哲学原理

### 1.1.1 本体论意义上的先验与经验

在哲学上，人们一般是从本体论意义或知识的来源的角度来讨论先验与经验的。梯利认为："关于知识的起源问题，近代哲学对此有不同的答案：（a）……真理是理性天然所有或理性所固有的，那就是天赋或与生俱来，或先验的真理……先验论，也被称为唯理主义。（b）没有与生俱来的真理：一切知识都发源于感官知觉或经验……这种观点被称为经验主义或感觉主义。"〔1〕

#### 一、本体论意义上的先验

一般来说，"先验的概念"属于唯心主义认识论范畴，根据现代汉语词典的定义，先验论者认为，人的知识（包括才能）是先于客观存在、社会实践、感觉经验的，是先天就有的。〔2〕在中西方哲学中，先验论均有体现。中方有孟子提出的"不学而能"的"良能"和"不虑而知"的"良知"，以及王守仁宣扬的"万事万物之理不外于吾心"。西方则有柏拉图的"理念论"、莱布尼茨的"单子论"、黑格尔的"绝对精神"等客观唯心派理论，也有笛卡尔"我思故我在"、康德的先验论、胡塞尔的"现象学"等主观唯心派理论，其中康德哲学最为明确地论述了先验的内涵，因此有必要对其略作介绍。在康德看来，客观物质世界只能给人们一堆杂乱无章的感觉材料，而知识的构成则全靠人的头脑里固有的一些先天形式来加工整理。这些先

〔1〕［美］梯利：《西方哲学史》，葛力译，商务印书馆2015年版，第284页。

〔2〕中国社会科学院语言研究所词典编辑室编：《现代汉语词典》，商务印书馆2012年版，第1409页。

天形式包括感性的先天形式，即空间与时间；以及知性的先天形式，即因果性等十二个范畴。因此，先天形式与后天经验是构成知识的根本要素。[1]可见，康德并不否定知识是经验知识，他认为经验知识既包含后天经验性的成分、也包含先天形式，是两者的复合。只不过，康德强调先天形式的第一性，把知识的来源、必然性建立在主体固有的先天形式上，至于后天的经验性成分只不过是需要统合的“杂多材料”而已。据此，康德哲学中的先验概念有两个特点：其一是强调先天形式的决定性，事实上是主体性的拔高，即认识的过程不是对象为人立法，而是人为自然立法；其二是强调主客体的统一，先验本身蕴含着先天形式对经验性成分的统合，是能动性的概念。[2]

## 二、本体论意义上的经验

经验，在哲学上指感觉经验，也即人们在实践过程中，通过感官直接接触客观外界而获得的对客观事物的表面现象和外部联系的认识。经验论者认为，感性知识是知识的唯一泉源。因对经验的本原和内容看法不同，形成唯物主义的经验论和唯心主义的经验论。以洛克为代表的唯物主义经验论认为，感性经验是客观事物的反映，是人类知识的来源；以休谟为代表的唯心主义经验论认为，经验即人的内省体验，根本否认外界事

---

〔1〕 夏征农、陈至立主编：《辞海》，上海辞书出版社 2009 年版，第 2481 页。

〔2〕 邓晓芒教授在介绍康德哲学时特意对先天与先验加以区分，“虽然一切先验的都是先天的，但并非一切先天的都是先验的，因为先验的特指这样一种知识：它们虽然逻辑上先于一切经验性的东西，但它们正是有关经验知识得以可能的条件的知识。或者可以说，先天与经验（后天）的划分是逻辑上的层次划分，先验与经验的划分则是认识论上的层次划分，先天的东西不一定涉及有关对象的经验知识（如形式逻辑，只管形式的正确，不管真假问题），先验的东西则一定要涉及有关对象的经验知识（涉及内容，即知识的真假）。”参见邓晓芒、赵林：《西方哲学史》，高等教育出版社 2005 年版，第 212 页。

物为感性经验的源泉或拒绝回答外界事物是否存在的问题。[1]可见，两种经验论都轻视或否定理性的认识，它们从内在或外在的经验出发来理解认识。

### 三、唯物论观点的坚持

从知识的来源来看，我们主张唯物论（当然也反对唯心主义经验论），并不赞同先验论。事实上，所谓的先验并非凭空而来，正如早期经验论哲学所倡导的："凡在理智之中的，无不先在感觉之中。"[2]我们不妨以柏拉图的理念论作为批判的对象。柏拉图提出了理念论（The theory of Ideas）[3]，将普遍理念实体化和客观化，认为理念是作为独立于个别事物和人的头脑的客观精神而存在的，"正如木匠做床一样，具体的床是对木匠头脑中床的理念进行模仿的结果，每一张床在形态上固然互不相同，但是它们都或多或少地分有了'床'的理念。"[4]从床的生产而言，其确实依赖于人的理念设计、制造，但之所以有床的需求，在根本上乃是基于人类生活实践的需要。[5]

## 1.1.2 方法论意义上的先验与经验

需要着重强调的是，笔者无意也无力对先验与经验的哲学论辩展开探讨，上述简单论述仅仅旨在表明笔者的唯物论观点。

---

〔1〕 夏征农、陈至立主编：《辞海》，上海辞书出版社 2011 年版，第 1148~1149 页。

〔2〕 邓晓芒：《西方哲学史》，高等教育出版社 2005 年版，第 124 页。

〔3〕 汪子嵩等人认为应将"理念论"翻译为"相论"，参见汪子嵩等：《希腊哲学史》第 2 卷，人民出版社 2014 年版，第 548~555 页。

〔4〕 邓晓芒、赵林：《西方哲学史》，高等教育出版社 2005 年版，第 50 页。

〔5〕 这一论题颇为艰深、复杂，因其与本文主题不直接关涉，更非本人能力所及，在此仅表明本人唯物论的观点。

本文从方法论的角度借鉴、吸收先验与经验这对哲学范畴，并试图将其转化、应用到法本位暨经济法本位的研究中去。从方法论角度而言，先验与经验各有可取之处，当然，亦有各自的不足之处。

## 一、方法论意义上的先验

先验重视主体能动性，立足于理性或思想去寻求普遍必然的真理，这不妨称之为“先验导出模式”，这在形式逻辑上表现为从抽象到具体的演绎法。因而，只要有作为大前提的“公理、假说”，给定相应的“小前提”，就会推断出必然的结论，这种方法简单便捷，当然也就更容易满足人们追求整体和无限的内心需要。尽管人们一般会将先验同唯心主义联系起来，但就现实的人的认识来说，先验因素必不可少，所谓的“白板脑袋”是不存在的。事实上，在认识之前，前人既有的思想成果已被不自觉地运用了。正如凯恩斯所言：“讲求实际的人自认为他们不受任何学理的影响，可是他们经常是某个已故经济学家的俘虏。”〔1〕因此，承认认识中的“先验因素”，并不等于唯心主义。马克思本人也提到：“人们自己创造自己的历史，但是他们并不是随心所欲地创造，并不是在他们自己选定的条件下创造，而是在直接碰到的、既定的、从过去承继下来的条件下创造。”〔2〕而且，从康德的先验论来看，先验凸显了主体能动性且它和经验材料直接相关，就这个意义而言，先验论值得赞赏，“它恰好证明马克思批判旧唯物主义只是从感性客体的方面去认识和理

〔1〕［英］约翰·梅纳德·凯恩斯：《就业、信息和货币通论》，高鸿业译，商务印书馆1994年版，第400页。

〔2〕“路易·波拿巴的雾月十八”，载《马克思恩格斯选集》第1卷，人民出版社2012年版，第669页。

解的局限性的思想是非常到位的。”〔1〕

问题在于，先验论的先天形式（表现为知性、理性或范畴、范式、框架等）来自哪里？它不可能脱离客观存在。先验论主张先天形式为“人脑所固有”，却没有意识到人脑本身也是进化历史的创造，是时间的终极档案。事实上，先天形式无非来自于对前人思想成果的总结、提炼，而这些思想成果又是与当时的社会生活相关联的，依先天形式容量或解释力的大小，其也会对将来社会生活发挥不同程度的作用。我们注意到，一些生物科学、教育心理学的学者也提到了先验的经验基础：“它对个体而言是先天地而存在的，但同时它又是经验，是过去世世代代祖先的所有经验的精华，是固着在生物学层面的经验。这样，集体无意识（也即先验）这一概念便不是玄空的、形而上学的，因为它的发生学来源是纯经验的。”〔2〕不认识到这一点，先验论者就会完全不顾经验事实，从而滑向独断论的泥淖，错把逻辑真理等同于事实真理。〔3〕

---

〔1〕 参见刘国章：“论先验因素在人的认识活动过程中的作用”，载《哲学研究》2002 年第 5 期。

〔2〕 苗曼：“先验与经验：论人类的儿童期”，载《现代教育管理》2009 年第 2 期。

〔3〕 理解这一点，并不困难，中西哲学史出现的“阿喀琉斯追不上乌龟”“白马非马”等经典辩题就是最好的注解。“阿喀琉斯追不上乌龟”是由希腊哲学家芝诺提出的，他认为在竞赛中，追者首先必须到达被追者的出发点，由于追赶者首先应该达到被追者出发之点，此时被追者已经往前走了一段距离。因此被追者总是在追赶者前面。只要乌龟不停地奋力向前爬，阿喀琉斯就永远也追不上乌龟！关于这个故事，从三段论的推理来看，完全是符合形式逻辑的，因为它假定追赶者首先应该同时达到被追者出发之点，而两者在时间显然不具有同步性，所以，阿喀琉斯就永远也追不上乌龟。但这一结论显然与事实相悖，问题就出在大前提的谬误上，因为，追上与否应该是空间范畴而非时间范畴。“白马非马”是中国古代伟大的逻辑学家公孙龙（约公元前 320~250 年）提出的一个著名的逻辑问题，他的论证大概是这样的：“马”指的是马的形态，可包括有白马、黑马、黄马等，而“白马”还指马的颜色，而形态不等于颜色，所以白马不是马（白马非马）。同样地，从形式逻辑同一性的角度来看，白马只能等于白马，白马不等于而是属于马，然而，这也显然

## 二、方法论意义上的经验

接下来，就引入到了唯物主义经验论[1]的“经验导入模式”。这一进路在形式逻辑上表现为从具体到抽象的归纳法，通过对大量现实个案的研究，总结出一般性的规律。经验论的优势在于其能紧密联系丰富的社会现实，“更接地气”，但基于归纳天然的不完全性，人们获取的多是阶段性或地方性的知识，往往会缺乏基于历史纵深的宏观视野。相应地，与先验论相比，经验论容易忽视主体的建构能力。因此，脱离了先验的主体能动性，经验论者会陷入“以偏概全”或“只见树木、不见森林”的困境。关于方法论意义上先验与经验的比较，兹列表如下。

| | 逻辑方法 | 特点 | 不足 |
|---|---|---|---|
| 先验 | 演绎推理 | 建构性的逻辑体系，和事实存在一定程度的疏离；满足人们追求整体（全部）和无限（必然）的内心需要 | 独断论倾向；产生逻辑真理等于事实真理的悖论等 |
| 经验 | 归纳推理 | 现实性的个案反映，更贴近事实；地方性（局部）或阶段性（或然）的认识 | 归纳的不完全性；陷入以偏概全或只见树木不见森林的困境 |

（接上页）和事实不符。这些谬误提示我们，（形式）逻辑真理并不等同于事实真理，我们还需要对形式逻辑符号所指向的内容作具体的考察。参见陈敏光：“经济法的逻辑演进”，载《经济法学评论》2016 年第 16 卷。

〔1〕唯心主义经验论必然导致独断的唯我论，就认识的主客观统一而言，其探讨意义不大，故本文对此不论。

## 三、先验与经验的统合

先验论与经验论都只见其偏而未见其全，要实现较为全面客观的认知，就必须把两者结合起来。事实上，认识是主客观统一的过程，既要有经验的导入，也要有先验的导出，并要在历史过程中实现认识自身的发展。这实际上也是马克思主义历史唯物主义、辩证唯物主义哲学的基本要求。历史唯物主义要求不把先验当作“凭空的”或“天赋的”，而是要在历史中考察其由来、发展；辩证唯物主义又强调主体的能动性，反对纯粹的经验直观，两者统一于实践。

就时间维度而言，随着实践的不断向前，当经验现实超出了先验形式的统摄范围，就必然引起认识上的更新（具体表现为理念及诸多范畴等先天形式上的嬗变），因为，“任何经济学理论（对其他社会科学理论其实也是一样的）都要假设若干条件或因素可以略去或不变，否则不可能抽象出理论来。这种假设是与历史相悖的，因而，在应用时必须用历史学的特长来规范时间、空间（地区特点）和考察范围，使理论在小环境内起分析方法的作用。”〔1〕言外之意，先验只是相对静止的，要随经验之发展而发展，由此形成了认识本身的历史进程（表现为形式逻辑与辩证逻辑的交错发展）。〔2〕明乎此，我们就不难理解哲

〔1〕 吴承明：《经济史理论与实证》，浙江大学出版社2012年版，第290页。

〔2〕 基于思维相对于存在的独立性，形式逻辑立足于固定范畴，撇开事物的具体内容、提炼出抽象的形式，并由此来构建相关学科的概念、范畴及体系。辩证逻辑更侧重于从内容和形式的统一中研究思维，其客观内容及依据在于事物的绝对运动、不同事物间的对立统一性。它以变动范畴为基石，充分关注概念的辩证本性，而这一本性根源于客观事物的矛盾性。简言之，辩证逻辑视野下的概念、范畴及体系本身也是随着客观事物的运动变化而嬗变的。虽然形式逻辑的内容需要由辩证法加以填充、演变，但我们也应当注意到形式逻辑对于学科客观性的重要贡献，而且，辩证法只有借助形式逻辑才能获得逻辑的称号，否定了形式逻辑，就是否定了事物

学史、法律思想史等何以存在及各学说或范畴的逻辑演进。[1]

就空间维度而言，这表现为系统论的方法。马克思在《〈政治经济学批判〉导言》中对此作出了深刻的描述："具体之所以具体，因为它是许多规定的综合，因而是多样性的统一。因此它在思维中表现为综合的过程，表现为结果，而不是表现为起点，虽然它是现实的起点，因而也是直观和表象的起点。在第一条道路上，完整的表象蒸发为抽象的规定；在第二条道路上，抽象的规定在思维行程中导致具体的再现。"[2]马克思以经济学研究中人口研究为例进行了阐释，"经济学研究从人口（作为现实的前提）开始似乎是正确的，但离开构成人口的阶级，人口就是抽象，离开雇佣劳动、资本，阶级又是抽象，而雇佣劳动、资本却又是以交换、分工、价格为前提的，于是行程又得从那里回过头来，直到我最后又回到人口，但是这回人口已不是关于整体的一个混沌的表象，而是一个具有许多规定和关系的丰富的总体了。"[3]也就是说，从人口的具体表象出发"蒸发"出许多规定，进而在思维的行程中重新回到了具体，只不过这种具

---

（接上页）的相对静止，就会导致漫无边际的主观相对主义、诡辩论，也就不会有真正意义的辩证思维。参见陈敏光："经济法的逻辑演进"，载《经济法学评论》2016 年第 16 卷，第 4~30 页。

〔1〕 黑格尔曾深刻地指出了哲学史（当然也适用于各种思想史）的重要意义："如果我们要想把握哲学史的中心意义，我们必须在似乎是过去了的哲学与哲学所达到的现阶段之间的本质上的联系里去寻求。这种联系并不是哲学是里面需要加以考虑的一种外在的观点，而真正是表示了它的内在本性。哲学史里面的事实，和一切别的事实一样，仍继续保持在它们的结果里，但却各在一种特定的方式下产生它们的结果。"［德］黑格尔：《哲学史讲演录》第 1 卷，贺麟、王太庆等译，世纪出版集团上海人民出版社 2013 年版，第 11 页。

〔2〕 "《政治经济学批判》导言"，载《马克思恩格斯选集》第 2 卷，人民出版社 2012 年版，第 700 页。

〔3〕 同上引。

体是理性的具体。概言之，认识分为三个基本过程：第一个过程，形成关于事物的“混沌的整体的表象”；第二个过程，“形成片面的思维的规定性”；第三个过程，达到“许多规定的综合”和“多样性的统一”，也即从感性具体到理性抽象再到理性具体。〔1〕可以说，马克思主义认识论是先验和经验的交错推进，〔2〕它们统一于历史实践，推动着认识的动态发展和全面展开。

对于先验与经验的统合，可以概括如下：其一，先验并非凭空而来，有其经验基础，需要从历史中考察其由来；其二，对于先验的强调有其必要性，这既是认识的起点，更是主体能动性的发挥和对普遍必然性的永恒追求；其三，先验与经验并不完全一致，在历史实践基础上，不断丰富的经验会“跳出”既有的先验范畴，由此导致先验的历史更新和先验与经验的再次统合。

## 1.2 先验与经验在法本位中的应用

作为一般的哲学方法，先验与经验及其统合论还应转化为法学范畴，方能指导我们对法本位暨经济法本位问题的研究。既有的相关研究表明，法本位问题是一个历史的、宏大的、多视野的命题，与其对法本位直接作出“一劳永逸”的界定，不如运用先验与经验及其统合论来描述法本位的具体界定方法，以满足其动态性、全面性的发展需要。在该方法论下，我们会看到，法本位是规范与价值的统一体、历史与现实的统一体、

〔1〕 孙正聿：《哲学修养十五讲》，北京大学出版社 2004 年版，第 111 页。

〔2〕 关于这一论点，顾准先生也提到马克思的哲学是培根（经验论）和黑格尔（唯理论或先验论）的神妙的结合。参见陈敏之、罗银胜编：《顾准文集》，福建教育出版社 2010 年版，第 446~462 页。

一般与个别的统一体。从而，在具体界定中，就会涉及法律规范的内外关系、历史上各种法学流派、思潮对法本位观的充实和影响、一般法与部门法的关系等诸多方面。

### 1.2.1 法本位既有研究之纷杂

已如导论所述，法本位的研究主要集中在两个时期：二十世纪上半叶及我国改革开放十年后（1988 年）以来的一段时期。通览上述时期各种关于法本位的观点，我们发现，学者们对何为法本位的问题并没有统一的认识。而且，由于研究者价值偏好及视野角度的不同，学界形成了关于法本位的不同诠释。即使持相同的法本位论者，其论证路径也各不相同，可谓纷繁复杂。

#### 一、法本位界定之分歧

有些学者将权利义务的关系作为法本位研究的逻辑起点，实则并未直接突出法本位的外在价值属性。如欧阳谿认为：“当研究权利义务之先，对于法律立脚点之重心观念，不可不特别论及，即所谓法律之本位是也。”〔1〕张文显亦明确指出：“法的本位是关于在法这一定型化的权利和义务体系中，权利和义务何者为主导地位（起点、轴心、重点）的问题”。〔2〕需要指出的是，这并不是说这些学者是纯粹价值中立的。事实上，我们将在下文中看到，他们在讨论权利本位或义务重心论时，已然将自身的价值诉求隐含在内了。而这一现象，也可作为方法论

〔1〕 欧阳谿：《法学通论》，上海会文堂编译社 1933 年版，第 231 页，转引自童之伟：“20 世纪上半叶法本位研究之得失”，载《法学论坛》2000 年第 6 期。

〔2〕 张文显：“权利本位之语义和意义分析——兼论社会主义法是新型的权利本位法”，载《中国法学》1990 年第 4 期。

意义上先验存在的佐证，即所谓的“白板脑袋”是不可能的。

另一些学者则明确突出法本位的外在价值属性，认为从权利义务自身是无法把握法本位的。史际春教授认为：“在法的自身的这种中性价值背后，则站立着主体的需要和愿望。通过法，把一定的行为可能性和必要性确定为权利义务，正是反映了一定主体的价值判断……从法的规范本身或法的体系是侧重于权利还是义务，是不可能把握法的本位的。”〔1〕有学者还直接将法本位理解为法的基本观念、目的、基本作用，或将其理解为法律根据何种理由而立、何种观念派生〔2〕。

可见，第一种观点侧重于从法律规范的权利义务关系的角度来界定法本位，不妨称之为内在于法自身的探究路径；而第二种观点则有直接的、明确的价值指向，相对而言，其是外在于法本身的探究路径。

## 二、法本位的不同诠释

与法本位的界定相比，法本位具体诠释的差异更大，略论如下：

其一，权利本位论。权利本位论侧重于法的应然理想状态，反对特权、主张权利的普遍化，认为：“如果立法者把向人民施加义务约束作为首要目标，为了使人民更好地履行服从现行统治的义务，才略施恩惠，让人民享有某些权利，这就是义务本位。如果立法者把确认人民的权利视为首要目标，为了使人民的权利受到保障，才不得不向每个人施加平等的义务约束，这

〔1〕 史际春：“由民法看法本位”，载《法律学习与研究》1992年第1期。

〔2〕 参见王伯琦：《民法总则》，台湾编译馆1977年版，第31页；李昌麒：《中国经济法治的反思与前瞻》，法律出版社2002年版，第299页；李锡鹤：“论民法本位”，载《华东政法学院学报》2000年第2期。

就是权利本位。”〔1〕他们立足于此前提，在法律规范的构造上作出相应的设想。“权利是逻辑起点，权利是目的，义务是手段，法律设定义务的目的在于保障权利的实现；权利还是国家政治权力配置和运作的目的和边界。”〔2〕除此之外，权利本位论是从私法之精神中推导出来的。梁启超认为权利本位导源于罗马私法，并将其推而论之为法本位：“……而权利本位说，实罗马法之感化力致之。夫既以权利为法律之本位，则法律者，非徒以限制人民权利之用，而实以为保障人民权利之用。”〔3〕权利本位论受耶林等德国目的法学派的影响，侧重于突出权利的社会意义。朱采真认为主张权利是对社会的义务，为权利而斗争就是为法律而斗争等〔4〕。

其二，义务重心论或社会本位论。义务重心论侧重于法的实然社会控制，更关注法律如何实际发挥作用。张恒山基于义务先定论（义务是权利的代价，权利只能来自他人或社会的认可）、义务的可操作性（义务对于利益的保护更具有直接性、必然性）等，认为：“义务重心论是指，法作为社会控制、规范手段，主要通过义务性规范来实现自己试图达到的目的……立法者应将侧重点、注意力放在法的义务规范，以及违反这些义务规范所要招致的不利后果的精心设计上，以便使法具有可操作性。”〔5〕义务重心论侧重于从法的历史发展规律的角度来理解法

---

〔1〕 郑成良：“权利本位说”，载《政治与法律》1989年第4期。

〔2〕 张文显：“权利本位之语义和意义分析——兼论社会主义法是新型的权利本位法”，载《中国法学》1990年第4期。

〔3〕 梁启超：《论中国成文法编制之沿革得失》，转引自童之伟：“20世纪上半叶法本位研究之得失”，载《法学论坛》2000年第6期。

〔4〕 同上引，第4页。

〔5〕 张恒山：“论法以义务为重心——兼评权利本位说”，载《中国法学》1990年第1期。

本位，从而得出社会本位的结论。张知本、周邦式、欧阳谿、张映南均论及了法本位发展的历史规律，即经由古代法的义务本位到十八世纪以来的权利本位再到现代义务本位，如欧阳谿就精彩地论述道："个人不自觉时代，法律之观念，以义务为本位，及个人自觉时代，法律之观念，以权利为本位。今渐入社会自觉时代，而法律之观念，遂不能不注重社会之公益而以社会为本位云。"〔1〕

其三，权利义务一致论。该理论侧重于权利义务的共生性、统一性，龚钺、何任清、孙国华等均持此类观点。代表性的论述为："马克思主义认为：没有无义务的权利，也没有无权利的义务。权利和义务是一个问题的两个方面，一个行为，从允许做、能做的角度看，是权利，从要求做、应做的角度看，就是义务。权利、义务是辩证统一的。"〔2〕

其四，社会权利本位论。该论为童之伟所持，他认为："如果一定要谈法本位问题，那既不应是权利本位，也不应是义务本位，更不能是权力本位，而应当是人民权利本位或社会权利本位……就内容而言，社会权利本位也就是权利权力平行本位……主要理由是，这种提法以法律为基准，将权利和权力放在平等的位置，完全符合社会法律生活的实际，也符合法治社会的客观要求。"〔3〕

可见，在法本位的具体诠释中，混杂着权利与义务、个人与社会、本位与重心等不同表述，学界对其缺乏应有的界分。

---

〔1〕欧阳谿：《法学通论》，上海会文堂编译社 1933 年版，转引自童之伟："20 世纪上半叶法本位研究之得失"，载《法学论坛》2000 年第 6 期。

〔2〕孙国华："当前我国法理学研究中的几个问题"，载《法学》1996 年第 4 期。

〔3〕童之伟："对权利与义务关系的不同看法"，载《法商研究》1988 年第 6 期。

而学者在论证法本位的具体观点时又各有角度，应然法的角度、实然社会控制的角度、历史发展规律的角度、从部分类推整体等，不一而足。

### 1.2.2 先验与经验视野下的法本位

法学作为人类认知的一门学科，是主客观相统一的范畴，其以法律规范为实践中介和研究对象，借此对人类社会生活产生影响。因而，在法学研究中，不可避免地包含着先验与经验的方法因素，无论该研究对象为历史的法、当下的法还是具体的部门法。

#### 一、法学流派中的先验与经验

从历史来看，各法学流派及其相关理论都不妨被视为方法论。其中道理，正如熊彼特极有远见地把他那部空前浩繁而又缜密的经济学说史定名为《经济分析史》，因为伟大的经济学说，在历史的长河中都会变成经济分析的一种方法。[1]熊彼特的论断对法学研究也是同样适用的。而在各法学流派中，先验与经验的内在结构及倾向并不相同。大体来说，自然法学派、德国先验唯心主义法学较为鲜明地体现了先验主义的进路。自然法学派相信人的理性力量，习惯于从人天赋的自然权利出发来构建政治哲学、法律体系；德国先验唯心主义法学更是体现出先验色彩，它试图从既定的哲学观点和方法来阐述法律理论，通过形而上学来发现一些标准，进而构造法律制度、法律学说和法律概念的完整体系，其事实上是把法学当作哲学的一个分

---

〔1〕 吴承明：《经济史理论与实证》，浙江大学出版社2012年版，第345页。此外，熊彼特还指出：“经济学的内容，实质上是历史长河中一个独特的过程……由于理论的不可靠性，我个人认为历史的研究在经济分析史方面不仅是最好的、也是唯一的方法。”［美］熊彼特：《经济分析史》第2卷，朱泱等译，商务印书馆1992年版，第95~97页。

支。历史法学派、分析实证主义法学派则更多地体现了经验主义的进路。历史法学派反对从思辨的角度建立自然法的企图，主张关注法律的历史和发展过程，强调非理性的、植根于遥远过去传统之中的、几乎是神秘的“民族精神”观念；分析实证主义法学派则反对先验的思辨，力图将其自身限定在经验材料的范围之内，关注实在法的规范分析。晚近出现的社会法学派、法经济学无疑是经验主义倾向的，社会法学派直接将法看作是一种社会现象而以社会学的观点和方法研究法，它强调法在社会生活中的实际作用和效果，以及各种社会因素对法的影响；法学范畴的法律经济学[1]则基于制度（自然包括法）与经济的内生性、互促性，重点研究法律制度如何影响经济活动，并据此改革和完善法律制度。

需要指出的是，我们所指称的先验主义或经验主义进路，并不排斥对应的经验因素或先验因素的存在。如自然法学派不是凭空而来的，它反映了资产阶级革命的实践需求，且作为法律制度的“理想蓝图”，它最终又要回到基本的规范构建及其实践中去。分析实证法学似乎最“纯粹”，但实际上不可能绝对排除先验的因素，如分析实证法学派不可避免地要运用价值判断去解释法律条文。社会法学派、法律经济学与现实的结合更为紧密，但仍有主体的先验考虑，如社会法学的社会控制目的，法律经济学对经济效率、经济公平价值的关注等。

## 二、法学流派与法本位

法学流派作为分析方法，是思考法本位问题的重要学术资

---

〔1〕 周林彬将法律经济学区分为经济学范畴的法律经济学、法学范畴的法律经济学、研究方法范畴的法律经济学。如无特别指明，下文所述法律经济学指的均是法学范畴的。参见周林彬、董淳锷：《法律经济学》，湖南人民出版社 2008 年版，第 53~70 页。

源。在一定意义上说，对法本位的寻求乃是对法学流派的再发掘。

一个有趣的事实是，法学流派的勃兴通常与特定历史时期及相应部门法的产生、发展勾连在一起。就西方主要法学流派而言，自然法学派宣称的天赋自由、平等理念，并非空穴来风，而是立足于新兴资产阶级要求变革历史旧状、反对封建制度，主张把人从中世纪神学的枷锁中解放出来，法国大革命暴发以及法国民法典诞生的历史背景。[1]历史法学派出于法国大革命破坏性的反思，着眼于对法律历史传统的强调，反对从思辨角度建立自然法，趋于保守。实证主义法学肇端于十九世纪中叶，当时自然科学取得了巨大成就，人们将该领域的方法移入了社会科学领域，力图对法律规范文本作出更为纯粹的、更为精密的分析，它直接促成了法学学科的独立性。正如周旺生所评价："分析法学派的产生，是以十九世纪欧洲立法的广泛发展和普遍的成文法编纂运动为实际生活背景的，因而它能在十九世纪的法学领域长期占据支配地位，它对于确立和维护新政权的政治统治和法律秩序，特别是对于推动法学完成同其他学科的分离而最终形成一个完全独立的专门学科，是有很大贡献的。"[2]而晚近出现的社会法学派、法律经济学则分别与经济社会化、经济国家[3]的社会背景相关联，反映的是诸多社会协作的失调及经济、法律的内生性等方面的实际问题，直接的法律成果为法律的社会化、经济法等诸社会法的产生及发展。也就是说，相应的法学流派对应于特定的历史时期，与该时期经济社会条件

〔1〕 德国先验唯心主义法学也有类似的背景和要求，但基于德国人长于思辨的哲学特点，因而该学派的先验主义色彩更为浓郁。

〔2〕 周旺生：《法理探索》，人民出版社 2005 年版，第 47 页。

〔3〕 关于经济国家的介绍，后面还会涉及，可参见本文 71 页。

相关，从而具备突出的经验性背景及相应的价值指向。正如马克思所讲："这些抽象本身离开了现实的历史就没有任何价值。它们只能对整理历史资料提供某些方便。"〔1〕

需要指出的是，尽管法学流派与部门法的产生和发展有着大体上的对应性，但这并不意味其他法学流派对部门法的影响就不存在了。事实上，它们仍在一定程度上并以不同的方式影响着部门法的产生和发展。首先，无论如何，法及法学研究是以法律规范为中介对社会生活发生影响的，任何法学流派的起点及归宿均是围绕这一本位而对法作出反思、批判、改进、完善。显而易见，受自然法影响颇深的近代民法也仍要进行相应的规范建设，分析实证主义的运用必不可少。即使是在经济学研究方法大肆"入侵"社会科学领域的"经济学帝国主义"的背景下，法学研究仍要坚持这一立场。正如周林彬所言："法律的经济分析所提出的法律的改革方案，不是服从于经济学理论，而是服从于法学理论思考，研究的路径是法律—经济—法律。"〔2〕否则，法学将丧失其研究对象，也就不能称之为独立的一门社会科学。其次，各法学流派作为方法仍能在当前及今后的研究中发挥重要的作用。在某种意义上说，各法学流派的出现及发展是对法学研究的某个角度的提取和深化。特定历史时期的特定社会问题决定了法要以某种价值观及研究方法为主导，即要侧重于某种法本位观，但这并不排斥也无法排斥立足于其他角度的方法。例如，在社会化背景之下，民法的个人本位也受到了不同程度的抑制，社会法学派对其也产生了很大的影响。又如，即便是强调制度与经济的实践结合、研究什么样的法律规

〔1〕"德意志意识形态"，载《马克思恩格斯选集》第1卷，人民出版社2012年版，第153页。

〔2〕周林彬、董淳锷：《法律经济学》，湖南人民出版社2008年版，第64页。

则能够促进经济增长的经济法，也诉诸“实质正义”这一价值理想〔1〕。也就是说，先验与经验的方法框架能够兼容各法学流派对法本位的理解，并随着各理解角度的深入发掘而逐步丰富起来。最后，根据系统论的原理，专而不能顾及全局的各法学流派的深入发展，必将导致新法学流派的产生或各法学流派的复兴及融合，社会学法学的出现、自然法的复兴、以博登海默为代表的综合法理学派的出现就是典型例证。

### 1.2.3 法本位的科学界定

法本位可谓包罗万象，是先验与经验相统一的一个范畴。既有的法本位研究，可谓“各有各论、各有其理”，因为它们都从不同角度对先验与经验作出了提取。如张文显的权利本位论侧重于应然法，实质上继承了自然法学派的方法；张恒山的义务重心论侧重于实然的社会控制，与分析实证主义及社会法学派有较深的渊源；孙国华的权利义务一致说则是笼统性的说法；而张知本等人的社会本位论则是基于法的历史发展类型而作出的。〔2〕根据上述先验与经验的方法框架，我们将在下文细致地勾勒法本位界定应把握的几个方面，其间，也夹杂着对既有法本位研究的评述。

#### 一、法本位的界定应内外统一

法本位的界定应内外统一，既要立足于法律规范，也要外

---

〔1〕 实质正义强调针对不同情况和不同的人予以不同的法律调整，在这一点上，它包含着公共领域的分配正义的内容，而不仅是基于私法的校正正义。参见史际春、邓峰：《经济法总论》，法律出版社2008年版，第138~142页。

〔2〕 需要指出的是，尽管笔者对梁启超这位鸿儒充满敬意，但就理论推导而言，他的方法不足取。梁启超将私法权利推导至整体法，得出权利本位的观点，恰恰是经验主义进路的缺陷，即犯了以偏概全的错误。

在于法律规范去探究。从法规范这一整体来看，权利义务具有相对性和统一性，权利、义务分别包含着对应的义务和权利或权力，而就全体社会成员而言，权利义务又是统一的。因此，权利本位或义务本位的提法并不科学，它并没有明确的主体指向，在一定程度上将法规范自身的中性术语不当地掺杂到主体的价值诉求中去，容易混淆或模糊人们对于本位的理解和认识。如在逻辑上，权利本位也可指封建统治者的权利本位，它的实现恰恰要以广大劳苦大众履行苛刻的义务为前提。另一个困惑是，义务如果针对国家及其权力，将其放进制度的“笼子”或将其转化为职责，那么该法究竟是义务本位还是权利本位呢？就公民角度而言，是权利本位，而对国家而言，则又是义务本位了。因此，正如维特根斯坦所言的“世界的意义必定在世界之外”，法本位的客体也只能在法自身之外；而基于法学的性质及任务，它又要回归到法律规范本身，作为规范建构及其实践的根基。我们可以说，在规范的建构及其实践中，能说是以权利为中心或是以义务为重心，但却不能抽象地说是以权利或义务为本位。就这个意义而言，笔者认为个人本位、国家本位、社会本位的提法较权利本位、权力本位或义务本位的提法更严谨。〔1〕因为，该提法有着相对明确的主体及其利益指向，便于把握和应用，至于在法治实践中究竟是以权利还是义务作为逻辑起点，则又另当别论了。这种内外统一的法本位界说有助于我们剔除无谓的争议，发现和把握真正的问题。例如，张文显主张权利本位论，但反对将权利本位等同于个人本位，它并不

---

〔1〕 民法是个人本位的、行政法是国家本位的、经济法是社会本位的，类似的提法或表述也较为普遍，可参考邱本：《经济法研究》（上卷：经济法原理），中国人民大学出版社 2008 年版，第 307~309 页；徐孟洲：《耦合经济法论》，中国人民大学出版社 2010 年版，第 237~240 页。

排斥社会本位，“我们所说的‘个体’也不是人格化的个人或者绝对的自我，而是普遍的、‘一个个具体的’个体，是体现着个人、集体和社会统一的个体……以社会为本位的法亦可以是权利本位法。”〔1〕张恒山可能并不赞同权利本位说或义务本位说的提法，而是将其观点总结为义务重心论，偏重于社会控制视角下的规范建构及其实践。〔2〕童之伟则提出社会权利本位论，社会权利本位既然强调社会，那就是将主体范围放眼于社会而不是个人，反对个人权利的极端化、主张权利的普遍化（社会化）；社会权利本位既然强调权利，就是要在规范建构及其实践上以权利为逻辑起点。〔3〕三位法学家的论述颇值玩味，他们虽然没有明确提出社会本位的观点，但对此似乎都是同意的，其争议的实质是规范构建及其实践的具体展开方式。这也从侧面佐证了对法本位的界定应内外统一。

## 二、法本位的界定应纵横统一

法本位的界定应纵横统一，既要立足于宏大的历史逻辑，也要结合具体的经济社会条件。法本位虽然与研究者的价值取向、方法密切相关，有很强的主体性，但主体性绝不等同于主观任意性。根据马克思提出的社会决定法的原理〔4〕，这种价值

---

〔1〕张文显：“权利本位之语义和意义分析——兼论社会主义法是新型的权利本位法”，载《中国法学》1990年第4期。

〔2〕参见张恒山：“论法以义务为重心——兼评权利本位说”，载《中国法学》1990年第1期。

〔3〕参见童之伟：“对权利与义务关系的不同看法”，载《法商研究》1998年第6期；童之伟：“权利本位说再评议”，载《中国法学》2000年第6期。

〔4〕马克思曾说：“社会不是以法律为基础，那是法学家的幻想。相反，法律应该以社会为基础。法律应该是社会共同的，由一定的物质生产方式所产生的利益需要的表现，而不是单个人的恣意横行。”，载《马克思恩格斯全集》第6卷，人民出版社1961年版，第291~292页。

取向、方法只能以社会经济的发展历史为基础。因此，诸多论者关于法本位的价值取向、方法只不过是社会经济发展要求的不同侧面的法律反映而已。从大的历史维度来看，法既执行政治职能，即维护一定阶级统治的职能，也执行社会职能，即执行一定社会公共事务的作用和职能。〔1〕个人、各种社会组织、国家，政治、经济、社会、文化等范畴都构成社会的不同侧面，而且，法作为整体是不断地朝着社会公共性推进和深入的，因而笼统地说法都是社会本位的。但由于阶级性、社会性（其实是公共性）的力量对比在各时期、各国家有着不同的具体体现，法的社会本位的具体内容也不尽相同。在法本位的具体界定中，我们不能满足于大的历史逻辑，而要结合当前及将来一定时期的经济社会发展需要，将法本位具体化，剖析其具体的社会内涵。从这个角度来说，尽管权利本位的提法并不科学，其却很好地回应了当时的经济社会发展的要求，这一点，即使是权利本位的反对者也是认同的："权利本位说在法学领域配合着我国社会从以阶级斗争为纲到以经济建设为中心的历史性转变和改革开放、市场经济体制的发展，在一定程度上适应了这种转变和发展的需要。"〔2〕而在当前经济社会条件下，市场之发展进化远不同于原始市场经济阶段，"经济国家""社会连带"所描述的社会结构及态势对法及其本位提出了新的时代要求，亟待我们作出新的诠释。因而，笼统说法下的社会本位恐无多大实践

〔1〕 需要指出的是，虽然我们不赞同阶级斗争为纲，法的统治阶级意志论也饱受批判，但这并不意味着彻底否定阶级分析方法。事实上，强势社会阶层、利益集团也总是通过立法、政策制定等途径将本阶层、集团的特定利益表达为普遍的社会公共利益，对此作出解释的政府俘获的理论与阶级分析方法有着相通之处。因此，从大历史维度来看，阶级分析方法仍可适用，只是不能将之教条化，而应结合具体社会经济条件对其作出合理诠释。

〔2〕 童之伟："权利本位说再评议"，载《中国法学》2000 年第 6 期。

价值，重要的是，使其在各个历史阶段中具体化，探究出每个阶段的社会本位的具体内涵和侧重点，以及当今天人们在讨论社会本位时，它的具体指向。由此，法本位或社会本位又有了广义（纵的历史维度）和狭义（横的当前维度）之分。

## 三、法本位的界定应总分统一

法本位的界定应总分统一，既要立足于一般的法本位理论，也要探究其在各法律部门中的具体体现。一般来说，法本位的一般社会导向会不断促进部门法的分化及规则的精细化，而各个部门法的不同功能和任务的有机组合又形成了法本位的一般面貌。因而，在法本位的界定中，应考虑到部门法的不同功能、任务，特别在具体到部门法的研究时更应如此。具体说来，民法、宪法行政法、经济法、狭义的社会法是如何体现法的社会本位的，它们反映了广义社会本位当中的哪个方面，法的社会本位在它们当中又演化为什么样的具体的部门法本位，人们常说的经济法、社会法的社会本位与上述作为整体的法的社会本位有什么区别等，这些问题都需要在法本位的界定和应用当中加以深入探究和仔细辨析。

## 四、关于法本位界定的一般理解

综上，在先验与经验的方法论下，法本位的界定应首先立足于法律规范，最终又回到规范构建及其实现；但法本位不可避免地隐含着或直接显现着主体的价值取向，而对这种价值取向的探究应结合纵向的历史发展逻辑和横向的经济社会条件；法本位还是一个体系，随着经济社会实践的发展而演进，其表现为相应部门法本位的有机组合。具体而论，权利本位或义务本位的表述是对法律规范内在要素的提取，没有明确的规范外的主体价值取向，因而是不严谨的。就法的价值指向而言，法均体现社会性，在宽泛意义上，法都是社会本位的；而在法的历史发展中，社会性的具体表达和实现方式不尽相同、各有侧重，如通过个人实现社会、通过国家这一工具的改进来实现社会、直接促进社会本身来实现社会等，其一重要体现为具体的部门法及其本位的产生、发展。由于具体部门法本位在横向的比较上存在差异，因而当它们作为部门法规范构建及实践的根据时，就会形成不同的权利义务关系的配置，如以权利为中心或以职责（义务）为重心等，并依此开展相应的法治实践。

## 1.3 经济法市位的界定方法

法本位界定的内外统一、纵横统一对于经济法这一部门法本位的界定自然也是适用的，而总分统一则凸显了法本位向部门法本位的转化。由于对规范为本的强调已经很多，且法本位主要通过超越规范之外去寻找。故针对经济法本位的界定方法的讨论，我们集中在纵横统一、总分统一（侧重于经济法的本位方法、特色方法的讨论）两方面。应当说，这种研究更为具体，因为，如果不根据经济社会发展的要求及我们的研究目的对其作出进一步的合理限定，就无法将其运用到当前的法治建设中，从而缺乏现实的法律意义。

### 1.3.1 关于经济法本位界定的纵横统一

经济法本位的界定应纵横统一，“纵”指的是历史主义的纵向考察，“横”指的是部门法比较的横向考察。

#### 一、历史主义的纵向考察

众所周知，经济法产生于19世纪末20世纪初，对其本位只能从历史中去寻找。一个新兴的法律部门之所以出现，是因为出现了传统法律部门所不能单独调整的社会关系。“从认识论的角度来看，经济法的产生是对传统法哲学和经济学以及建立在这一理论基石上的近代法律体系反思的结果。”〔1〕从逻辑范畴而言，形式逻辑所对应的客观社会基础已发生了实质性改变，既有的形式逻辑的范畴、概念、体系（主要是民法、宪法、行政法的法律建构）等已不能满足甚至脱离了社会现实的需求，由此，既有的形式逻辑必须随着社会现实而发生嬗变，这自然是个历史的过程，但也需要借助形式逻辑形成新的概念、范畴、体系（主要是经济法、劳动法等社会法）。〔2〕因而，对于经济法本位的理解要着重于历史纵向考察，要有辩证逻辑的眼光和方法，一旦明确了经济法社会本位的历史基础，质疑经济法独立法律部门地位的声音就会“烟消云散”，而本位也就可以作为我们先验的理念、方法指导我们进行经验性的规范构建及法治实践。

这样的历史考察可以分为客观和主观两方面。就客观方面而言，法的关系既不能从它们本身来理解，也不能从人类精神的一般发展来理解，相反，它们都根源于物质的生活关系。〔3〕因此，对于经济史的考察，尤其是对经济与法律互动关系的考察，有利于找出经济法社会本位产生的客观依据。就主观方面而言，先贤的法哲学思想本身是对客观现实的主观反映和能动应对，因此，对法哲学思想本身作出考察，尤其是对产生经济

---

〔1〕 李东方：“近代法律体系的局限性与经济法的生成”，载《现代法学》1999 年第 4 期。

〔2〕 参见陈敏光：“经济法的逻辑演进”，载《经济法学评论》2016 年第 16 卷。

〔3〕 “《政治经济学批判》导言”，载《马克思恩格斯选集》第 2 卷，人民出版社 2012 年版，第 2 页。

法的思想基础进行考察，在一定意义上也是对“浓缩的客观历史”的考察，如同把生物进化史压缩在胚胎发育的十个月内，我们完全可以把经济法的产生理解为法自身历史发展的必然成果，并通过研究，在较短的时间内理顺、准确把握其中的内在逻辑。尽管主张法律只是非意图的、无意识的、纯粹历史力量产物的历史法学派已经消亡，但历史主义的方法仍应当被积极地加以吸收和利用，先哲对此也多有提示。恩格斯曾讲，哲学处于不断发展的变化过程，不同的历史时期对于哲学的理解也就很不相同，因此，一个人想要学习哲学，除了学习哲学史外，别无他途。[1]熊彼特也提到：“经济学的内容，实质上是历史长河中一个独特的过程。如果一个人不掌握历史事实，不具备适当的历史感或所谓历史经验，他就不可能指望理解任何时代（包括当前）的经济现象。”[2]此外，历史研究的另一大优势在于，后来研究者具有当时人们所不可能有的历史知识和更广阔的视野，可以克服“不识庐山真面目，只缘身在此山中”的历史局限性，从而像庄子一般“得其环中、以应无穷”，超脱、冷静、客观地吸收各种不同的批判意见，并能够看到当时不可能显现的历史效果等，据此作出公正的结论。

## 二、部门法比较的横向考察

历史研究毕竟是一种宏观性的、整体性的研究，对于理解经济法本位的历史正当性或确立根据是大有助益的，但经济法本位的历史正当性只是为我们提供了方向，它并不会自动地具

---

〔1〕 恩格斯语，转引自邓晓芒、赵林：《西方哲学史》，高等教育出版社 2005 年版，第 5 页。

〔2〕［美］熊彼特：《经济分析史》（第 1 卷），朱泱等译，商务印书馆 1990 年版，第 29 页。

体化为经济法本位的内涵，其实现仍然要结合具体国情，并依赖于人们的体系构建、制度设计及实现等。尽管经济法的产生极富辩证性、革命性，但基于形式逻辑的建构性对于经济法而言同样重要。否则，经济法本位就会流于“虚空”，或者，人们会拉着“本位”的旗帜，不受形式逻辑的规范，造就出诡辩的、价值不大的甚至混乱不堪的学说，这对学术研究及经济法治建设都是十分有害的。可见，同样重要的是对经济法本位作出横向考察，把经济法和其他相邻部门法的关系和区别搞透彻，从而获得对经济法本位的清晰认识。具体而言，不仅要回答为什么在法的历史进化过程中，演变出了经济法这一法律部门，还要回答经济法的独特价值和功能何在，尤其是其与民法、行政法等相邻部门法的关系，这些基于不同价值旨趣的合目的性规范群（部门法）如何在更高目的（正义）的统摄下分工协作，形成完整有序的法的体系，从而有效地对当前乃至以后的经济社会起着保护、促进的作用。需要重申的是，法律是社会生活的调控器，就此宽泛意义而言，各个部门法都具有社会性或是社会本位，那么，需要辨析的是这些社会性的部门法之间在具体法律本位上有何异同，即它们在理念、价值、功能及其实现方式上有何具体差异，事实上，对该问题的辨析也是部门法划分的意义所在。更具体地说，经济法、民法、行政法的法律本位分别是什么，其性质和内涵又是什么，为什么会在本位上有差异，统一的基础又在哪里。只有在法的“家族”体系中，既论证了经济法的“个性”（名），也论证了经济法的“共性”(姓)，对于经济法本位的理解才是完整的、具体的。

可见，历史主义的纵向考察和部门法比较的横向考察绝不是相互割裂的。历史主义的纵向考察从整体上、宏观上为经济法及其本位提供了正当性基础，但仅止步于此，我们得到的仅是关于经济法及其本位的“模糊表象”，更完整、更具体的理解只能在与相邻法律部门的对比分析的行程中进行，以获得一个个“规定性”，而这些规定性的“系统综合”又让我们对法的体系获得了崭新的认识，立足这个体系，我们会对包括经济法在内的部门法及其本位获得理性的而且是具体的认识。

### 1.3.2 关于经济法本位界定的总分统一

按照共性与个性的哲学原理，法本位应转化、落实到具体的部门法建设当中去，法本位自身也正是通过不同部门法的具体本位来展现的。

#### 一、经济法本位与其他部门法本位的协调

从系统论来看，部门法本位是相互协调、有机统一的。部门法本位通过相互间的协调，统一到作为整体的法本位当中，从而实现整个社会的秩序及正义。作为整体的法的社会性是逐步深化、辩证发展的。在经济法产生之前的其他部门法之间，也存在法本位的协调问题。在个人、社会“湮没”于国家威权的时期，国家权力及由此而维系的秩序就被理解为社会本身，表现为“诸法合体、以刑为主”的法律面貌，各法的本位并不清晰，混沌在一起。而在个人努力摆脱政治束缚并寻求个人独立、自由的理性时代，个人利益的相加乃是社会利益实现的根本逻辑，其表现为民法的勃兴及民法与行政法、宪法的对垒。然而，尽管民法高呼保护个人的财产、契约自由，但离开了宪法、行政法的权力支持，这显然又是不可能的。可见，所谓的对垒也仅是形式上的，内在的协调一直存在。

在个人主义极端化、进而危及社会有机体及强调社会协作的现代，关注社会有机体自身的相对独立利益，以此来促进个

人利益的可持续发展，乃是更为复杂的、新的社会利益实现模式。这种模式主要由经济法等社会法来体现，一方面，它是在个人利益的基础上发展而来的，并从社会有机体角度对个人利益作出正当限制，目的在于矫正个人权利滥用的倾向，实现其良性、持续的发展。因而，经济法的本位是在民法本位的基础上发展而来的，是对民法本法的优化。另一方面，经济法作为国家管理经济之法，其中所谓的经济是指市场经济而非单纯的、个别的经济活动；其中所谓的管理是从社会有机体角度而作出的，其目的在于消除市场经济的失灵或弥补其不足、缺陷等。这一管理内嵌于经济体系的运行当中，成为现代市场经济的一部分。既要管理经济，则必然要赋予国家及其机构、人员以必要的权力。而社会有机体也是相对于国家而独立的，国家作为社会之代表，并不等同于社会，不以社会为本与受自身利益驱动而不作为、乱作为的权力失职及滥用倾向总是存在的。因而，经济法本位就要借助宪法、行政法关于权力的保障、规范及控制方式，但并非单纯地强调国家威权，而是要将国家威权作为维护社会有机体的基本工具、手段。

限于法本位界定的这一主题，此处仅大致地提及经济法及部门法本位的协调性问题，在后文的经济法社会本位的确立、特定内涵中，我们会详细介绍。

## 二、经济法本位界定中涉及的特色方法

经济法本位的特殊问题与经济法自身的方法论相关。虽然，经济法学的研究方法是体系的方法，是以哲学方法论、一般科学方法论和法学方法论（或法学基本分析方法）为指导和基础

而形成的适合于经济法学研究的方法，[1]但经济法作为独立的部门法，还应当有自己的特色方法。这大概要以法律社会学、法律经济学的引入最为突出了。

其一，关于法律社会学的引入。经济法的产生是对经济社会化而产生的各种社会失调问题的回应，以社会协作、经济稳定发展及实质公平等为基本追求。它与社会学研究和解决社会问题的旨趣具有内在的一致性。社会学秉承实证主义和实用主义的方法及目的，把知识作为行动的工具，认为真理的标准在于它在应付环境的行动中是否有效，“有用即真理”，“真理就是效用”，等等。[2]社会学中关于社会有机体的体系化、相对性理解，以及角色扮演理论等都渗透到了经济法学研究领域中。如孔德认为，社会是一有机体，如果对社会管理得当，符合科学原则，那么社会自身是可以不断完善的；作为有机体科学（生物学和社会学），社会学对于人类社会的研究，是沿着复杂（整体）到简单（部分）的路线进行的。[3]庞德后来则将利益划分为个人利益、公共利益和社会利益，强调通过法律的社会控制。[4]这些理论通常被学者作为论述经济法社会本位的正当根据。而社会角色作为社会所期望的一套行为模式，在法律角色的设置、权利义务配置及责任担当方面均有直接的应用，如史际春提出的问责制理论。

其二，关于法律经济学的引入。法律与经济的关系在社会生活中日益紧密，相应的研究也从马克思等较为框架性的原理

---

〔1〕 程宝山：《中国经济法基本理论》，郑州大学出版社 2013 年版，第 289 页。

〔2〕 参见马远俊：《法律社会学——源流辨析与学理应用》，湖北人民出版社 2009 年版，第 8 页。

〔3〕 同上引，第 20 页。

〔4〕 参见［美］庞德：《通过法律的社会控制》，沈宗灵译，商务印书馆 2010 年版，第 41~47 页。

（如法律等上层建筑对经济基础的反作用）转入到更为具体细致的研究中，即具体的制度如何更好地影响经济增长。法律经济学也提出了一系列兼具经济学与法学意义的概念及研究方法，如诺斯提出的制度变迁、科斯提出的交易成本及成本收益分析、均衡分析、博弈分析等经济分析方法。在经济法研究中，程宝山明确地将经济学分析法、博弈论作为经济法学研究的重要方法，[1]张守文更是直接借用宏观调控、市场规制的经济学概念来构建经济法的体系。[2]这似乎让人产生这样的感觉：经济法学的研究似乎更像“经济学”而“法味”不足。关于这一问题，需要从两个方面来理解。一方面，制度本身的优劣确实对经济绩效起着很大的作用，这本身也成为法治实践中的重要考量，经济法的产生也体现出了经济、法律融合发展的趋势。从学科领域来说，任何学科都不是封闭的，需要相互借鉴、取长补短，在一定意义上，经济法学也可以说是当代交叉学科的典型代表，对于调整经济关系的经济法而言，经济法学与经济学有更多的亲缘关系，借用经济学的研究方法或成果是非常必要的。另一方面，经济法学毕竟是法学而不是经济学，这就提醒我们对于经济法的研究要回到法学的“本职工作”，以防经济法沦为经济学的附庸，因而，要在规范论层面多下功夫，对经济法的制度形成、作用方式作出探索、研究。这实际上是经济法的法律规范本位，是法本位界定的内外统一问题。而强调这一点也是非常有必要的。在我国，伴随着市场经济改革实践，经济法历经了与民法的争锋，尽管在经济法独立法律部门的正当性基础、方法视角上不尽相同，其独立法律部门地位最终获得

---

〔1〕 程宝山：《中国经济法基本理论》，郑州大学出版社2013年版，第294页。

〔2〕 参见张守文：《经济法原理》，北京大学出版社2013年版。

证成，也得到了社会和官方的认可〔1〕。可以说，经济法学的“革命工作”获得了成效，接下来的“建设工作”（即经济法规范论的构建及其实践）就十分重要了。

可见，在经济法本位的界定中要尤其关注法律社会学、法律经济学方法的引入，同时也要注意其与法律规范构建及其实践的结合。

### 1.3.3 关于经济法本位界定的一般理解

以上，大体勾勒出了经济法学本位研究的基本方法。概言之，遵循先验与经验的统合论，结合各法学流派的范式，多角度地对经济法进行全面系统地考察，这自然要包括经济法产生、发展的历史及其与相关法律部门的关系及定位问题，充分体现出现代研究中的系统性、综合性特征。同时，基于经济法经济社会化背景、经济性特点及其与社会经济实践的密切关联，我们要着重于法律社会学、法律经济学的分析方法的运用，既要考察经济法现象的具体经济基础，也要考察经济法规范构建、运行及其对经济效益的影响。而基于法学的特质要求，我们尤其要在更为精微的规范内容及作用机制方面作出细致的研究，让经济法的“法味”更浓。当然，先验与经验的统合性决定了这几方面的研究是不可割裂的，要有机地统一起来，通俗地讲，对于经济法本位的研究既要懂历史，也要懂经济，更要懂法，既要有理念价值、也要有规范方法，既要有宏观视野、也要有具体问题。

〔1〕 2001年，全国人大常委会提出，将有中国特色社会主义法律体系划分为七个法律部门，其中就包括经济法。关于经济法与民法在法学研究中的交锋及经济法的确立过程，可参见史际春：“求真务实、肩负社会责任的人大经济法学”，载《法学家》2010年第4期。

就目前经济法学的研究现状来看，似乎多偏向于具体制度的研究，总论研究在整体上处于式微，本位问题更是甚少涉及。应当说，这是对我国经济改革及经济法治实践产生的社会现实问题的回应，有其合理性的一面，此外，问题、对策式的研究也为经济法总论的研究提供了丰富的经验素材，我们并不能因此就认定学界已经抛弃了经济法总论的研究。事实上，鲜活、丰富的社会经济生活不仅提出了经济法的具体制度问题，也在更深层面对经济法的内在机理提出了梳理、辨析的要求。如“互联网+”经济背景下的网络预约出租汽车（俗称专车）规制问题迄今未有明确统一的共识，争论颇多。[1]而这些争论的背后是先验基础的缺失，由此形成的各行其是的政策争执，对于法制的统一甚有害处。另一方面，又表现出“一管就死、一刀切”的机械同一，完全忽视了经验的多样性及其相互间的和谐统一问题，对于法制的和谐甚为不利。[2]目前，经济法实践已经有了较大的发展，一度式微的经济法本位的研究也有了很好的经验基础，两者的结合研究是有条件且十分必要的，这实际上也是对既往先验研究的审视、修正和发展。

基于上述考虑，笔者将以社会本位为核心范畴作出下文新的尝试。“社会本位”是经济法研究中的“牛鼻子”，它既可以是先验层面的历史正当性、理念价值等，也可以通往并落实为

---

〔1〕 2016 年 7 月 28 日，交通运输部正式发布《网络预约出租汽车经营服务管理暂行办法》，宣告了专车的合法性，但地方立法的合法性、适当性仍异议不断，诸如本地司机才能开专车、对车辆的特定要求等。事实上，如何有效规制专车仍是一个未尽的话题。这方面的文献非常多，典型的可参见唐清利：“专车类共享经济的规制路径”，载《中国法学》2015 年第 4 期；熊丙万：“专车拼车管制新探”，载《清华法学》2016 年第 2 期；陈敏光：“网约车平台将成全球最大雇主——从司法实践的角度看平台与司机的法律关系”，载《中国交通报》2016 年 6 月 1 日，第 005 版。

〔2〕 这些问题，在后文的经验篇中还会涉及，此处不具体展开。

规范论的建设。社会本位与社会经济效益相关，对经济法社会本位具体内涵的探析将有助于区分经济法与相邻法律部门的特质及功能，对完善和谐的法体系的形成、充分发挥其对经济社会的作用也是大有裨益的。下面，我们就以经济法社会本位及其实现为核心展开先验与经验的统合性研究，以期为经济法学研究的大厦添砖加瓦。

第 2 章

# 经济法社会本位的历史生成

先验与经验具有相对性，理念、方法等对当下的个体而言是先验的，但从历史纵深来看，所谓的先验仍由历史经验形成，经济法本位亦如是。需要说明的是，本篇之所以冠以先验篇，也是从该角度而言的，即经济法社会本位的命题对当下主体而言是先验的。但对于先验的命题首先要进行批判，否则，错误的前提必然导致谬误丛生、混乱不堪的经济法治建设。而这一批判只能基于历史，要证明经济法社会本位是历史生成的，这可以从经济、政治、思想等几个方面来展开。

## 2.1 经济法社会本位的经济基础

学界公认，经济法源于现代市场经济，发端于经济社会化发展到相当程度的19世纪末20世纪初，在中国，经济法是从计划经济向社会主义市场经济过渡的产物，而社会主义市场经济也属于现代市场经济范畴。突出市场经济的现代性，似乎是为了将其与传统市场经济相区别。但对于何为传统市场经济、何为现代市场经济，学界目前都缺乏明确的界定，甚至对何为市场经济，也未有权威、统一的认识。根据马克思法根源于物质关系的原理，如果不能对市场经济、传统市场经济、现代市场经济有个确切的认识，就无法深入理解建立在其上的法的体系及其历史演变，从而也就无法准确理解经济法的本位。

### 2.1.1 市场经济的历史演变

根据经济史学家吴承明的考证，马克思从未用过市场经济一词，只讲商品经济。首先使用市场经济一词的大约是希克斯1969年出版的《经济史理论》，但也是偶尔使用，更多是用商业经济。[1]《辞海》将市场经济界定为市场机制成为资源配置的基本调节手段的国民经济运行方式。并将市场经济的特征总结为：①企业是自主经营、自负盈亏的商品生产和经营者；②一切经济活动都以市场为中介，生产要素的配置通过市场来实现；③市场平等竞争，所有的市场参与者在市场进入和买卖行为上都不具有特权，成本与效率原则是决定优胜劣汰的基本准绳；④政府不直接干预企业的生产经营活动，但运用金融、财政等经济手段和通过制定经济政策对宏观经济运行实施间接调控；⑤经济活动法制化，企业的微观经济行为和政府的宏观调控都受有关的法律法规制约，依法办事。[2]应当说，这一界定较为全面地概述了市场经济的内涵及特点，但其并没有正面回答何为市场机制，只是列举了市场经济运行当中的主要特征，此外，其中的第四点、第五点特征似乎又是现代市场经济而非传统市场经济的独有特点。这样的困惑源于市场经济本身就是历史的范畴，因而只能从经济史角度予以解惑。

首先，历史地看，市场从来就有，但市场经济确是近现代才有的，我们谈论的市场经济不是针对个别的市场，而是市场机制在资源配置当中起普遍作用的经济。其次，市场机制绝不是一成不变的，在发展的过程中，市场机制本身也在演进。一

---

〔1〕 参见吴承明：《经济史理论与实证》，浙江大学出版社2012年版，第256~258页。

〔2〕 夏征农、陈至立主编：《辞海》，上海辞书出版社2009年版，第2075页。

方面，它表现为资源配置的主体及时空范围更广、频率更高、精度更准，例如，生活在近代市场经济中的人绝对无法想象基于现代“互联网+”技术而产生的海量资源的规模化、精准化配置。另一方面，近代市场经济的失灵现象及其固有缺陷在历史发展中愈发凸显，并逐步地为人们深刻地认识到，由此人们开始探索修复市场机制及弥补市场缺陷的方法，它通常表现为国家管理、参与经济，而对于国家如何管理和参与经济，人们仍在探索、发展和完善中。我们不妨说，市场经济的奥秘仍处发掘当中，而人们的主观探索、构建融入其中，促使了市场经济的成长、成熟。

可见，现代市场经济显然不同于传统市场经济，犹如孩子长大了，人还是那个人（有着共性及继承性的内容），但毕竟是有了成人的独有东西。对此，我们应对市场经济作出阶段性的区分，以便于准确把握经济法社会本位的经济基础。

## 一、习俗经济、指令经济及其向市场经济的过渡

显然，传统市场经济与现代市场经济同属于市场经济，这种分类也是我们人为的分法，目的在于描述和理解市场经济的不同阶段。但在对此作出论述之前，首先需要明确的是，市场经济并非指个别的市场，而是指在一定历史阶段，市场机制成为社会经济资源配置的普遍手段。而且市场机制本身也有个不断进化的过程。吴承明提到，交换和市场自古就有，但历史上长时期内资源的利用不是通过市场调配的，一块土地种什么，主要是由家庭的需要、地租的需要、政府征税的需要决定的。比如朱元璋是个实物主义者，不但要征粮、棉、丝，还要按亩征布、帛以至红花、蓝靛，因此农民就得生产这些。[1]希克斯

〔1〕 吴承明：《经济史理论与实证》，浙江大学出版社 2012 年版，第 257 页。

对于经济史的研究也表明了这一点。希克斯认为世界经济发展的趋势是由习俗经济和命令经济向市场经济过渡或转换。习俗经济是人类最早的非市场经济模型，“新石器时代的或中古初期村社的经济以及直到最近在世界许多地区仍残存的部落共同体的经济，都不是由他的统治者（如果有的话）组织的；而是建立在传统主体上。个人的作用是由传统规定的，而且一直如此。一个组织的头领（王或酋长或高级祭祀或元老会议）自身就是传统结构中的一部分，强调这一点很重要。”〔1〕关于指令经济，他提到：“它在其原始形态上，几乎不可避免地具有军事的性质。当习俗经济被彻底扰乱时，它便直接过渡到军事专制主义。”〔2〕习俗经济、指令经济是非市场调配的两种极端形式，封建制度即是两者之间的混合类型，对于古代中国的官僚政治而言，无疑是指令性成分更强些。

可见，在古代社会也存在市场，但我们不能称之为市场经济，关键的原因就在于是习俗、指令而非市场机制在社会经济资源的配置中起到普遍作用。而习俗经济和命令经济向市场经济的过渡和转换则是世界经济发展的趋势，有学者明确将过渡到市场经济作为经济现代化的标志。〔3〕确实如此，以我国的经济实践为例，在计划经济时期，我们不当地将市场经济与资本主义相互等同，以至于认为可以超越市场经济阶段，结果走了

---

〔1〕 参见［英］约翰·希克斯：《经济史理论》，厉以平译，商务印书馆 1999 年版，第 11~24 页。

〔2〕 同上引。

〔3〕 吴承明：《经济史理论与实证》，浙江大学出版社 2012 年版，第 262 页。厉以宁的看法与之类似，“现代化是一个经济、社会、政治、文化的持续发展的过程，而以经济发展过程作为其主要的内容……至少从 19 世纪晚期以来的一百年的历史，都被承认是人类社会经济发展中的现代化阶段。”厉以宁：《比较经济史研究与中国的现代化》，商务印书馆 2013 年版，第 561 页。

弯路。自改革开放以来，我们明确地认识到了计划和市场只是资源配置的手段，与所有制并无直接关联，且经济类型也开始真正有意识地向市场经济转变。应该说，这一转变在今天仍在继续，较为普遍的“转型时期”的提法就蕴含着这样的含义。

## 二、传统市场经济及其理论渊源

通常认为，市场经济的理论发端于亚当·斯密的《国富论》，它推进了英国从工场手工业向机器大工业的过渡，并为后来的资本主义国家所效仿。斯密理论人们耳熟能详：总体来说，每个人在追求自身利益最大化的同时，社会利益也因此而得到增进。在具体的经济增长上，斯密以交换为驱动，而交换及其范围的扩大促进了分工的精细、效率的提高，进而使生产力获得发展。在自由、平等的市场主体之间，双方势均力敌，谁也不会让自己吃亏，虽然各人出于自利的考虑，但由于各有分工，基于本能，双方自会通过交换各取所需，因而也一定是对双方均有利的。可以说，斯密为我们展现了一幅利人、利己、利社会的逻辑图景。这种理论对于当时西欧的经济社会条件来说，是非常适用的。在当时，西欧正处于工场手工业向机器人工业的过渡时期，主体之间在经济地位上的差异并不明显、生产的社会结构相对简单，人人利己、互不吃亏就会让社会利益得到实现。此外，伴随着地理大发现而出现的是国际贸易的盛行，斯密出于对市场和分工的强调，自然反对国家干预贸易。可以说，市场经济体制提供的利润动力刺激人们最充分、最有效地利用资源，是社会经济发展的强劲动力；价格体制则是资源配置的信号，让生产资源在社会范围内得到有效配置；竞争则营造了不断进取的社会环境，让整个经济充满活力。所有这些都着眼于个人，一言以蔽之，个人利益的增长促进了社会利益，两者并不抵牾。因而，市场这只看不见的手将经济生活安排得井井有条，政府只要当好“守夜人”即可。这是斯密以来的传统市场经济的最大特点，它推动了西欧各国经济的快速增长，充分显现了市场机制在资源配置方面的巨大优势。马克思曾评价道：“资产阶级在它的不到一百年的阶级统治中所创造的生产力，比过去一切世代创造的全部生产力还要多，还要大。自然力的征服，机器的采用，化学在工业和农业中的应用，轮船的行使，铁路的通行，电报的使用，整个大陆的开垦，河川的通航，仿佛用法术从地下呼唤出来的大量人口——过去哪一个世纪料想到在社会劳动里蕴藏有这样的生产力呢?”〔1〕

以今天的观点来看，斯密关于市场经济的观点更多的是框架性的，其最大的贡献乃是他提出的分工理论。后来的经济实践及学说继承、发展他的框架，并把市场经济的特征总结为自由放任，尽管斯密本人并无“自由放任”的提法。与这些提法相关的具体学说有萨伊的供给自动创造需求理论、李嘉图的比较优势理论、古诺的需求函数等。期间，学界也不乏对自由放任观点的质疑。例如，法国蒲鲁东的无政府主义、合作主义，他强调通过自愿组成的自治团体与合作组织来形成社会秩序，通过生产者之间的合作、消费者之间合作来协调生产、贸易及分配问题；又如德国的李斯特主张国家主导型市场经济，他否认存在适用于任何时期和任何国家的共同的、普遍的经济规律，主张对内鼓励经济自由，对外则应实行贸易保护等政府干预政策来保护国内幼稚产业。〔2〕虽然如此，斯密的市场框架理论并未受到足够多的挑战，相反，新古典经济学中的边际效用、均

〔1〕“共产党宣言”，载《马克思恩格斯选集》第1卷，人民出版社2012年版，第405页。

〔2〕卫志民：《经济学史话》，商务印书馆2012年版，第47~49页。

衡价值理论等对这一框架作出了更精密的分析论证，似乎让市场理论坚不可摧。

## 三、现代市场经济及其发展

真正的挑战来自于 1929~1933 年的世界性大危机及凯恩斯革命。古典经济学已经不能很好解释经济大萧条长时间持续的原因，市场似乎不再是自动调节均衡的机器，或是这种调整过于漫长以至于无法忍受。[1]凯恩斯登上历史舞台，他宣称了市场经济内在不稳定的因素，诸如产能过剩、供需结构失衡，市场价格、工资不完全的弹性及非自愿失业等，他开出的药方则是对总需求进行管理和刺激，政府通过主动地运用预算赤字和公共工程、减税政策等来扩大需求，从而使得需求和供给能够有效配套、实现充分就业，摆脱经济危机。需要指出的是，凯恩斯在微观层次上反对限制经济自由，反对经济国有化及价格工资管制，只是在宏观上主张政府通过财政、税收政策对经济进行干预的必要性，他开创了较为系统的总量分析方法，被称为“宏观经济学之父”（在相对的意义上说，不妨称斯密为“微观经济学之父”）。但历史往往不那么简单。在 20 世纪 50、60 年代以后，西方许多国家先后走上了“福利国家”的道路，政府经济职能亦随之不断扩大，经济高速增长。然而，1973 年爆发的石油危机把西方资本主义国家推入到了滞胀的经济困境，经济停滞与通货膨胀并存，凯恩斯主义对此一筹莫展，于是新自由主义开始盛行。其中的货币学派认为财政政策最终通过货币的扩张和收紧来实现经济调节作用，财政政策只是在短期内对国民收入发生影响，而在长期，政府的支出对私人投资具有

〔1〕 凯恩斯曾说：“在长期，我们都死了。”参见卫志民：《经济学史话》，商务印书馆 2012 年版，第 168~176 页。

挤出效应而不是刺激作用，结果是引起通货膨胀和降低国民经济增长率。政府只需要执行单一的货币规则，尽量避免国家干预。其中的供应学派认为需求扩大不一定意味着实际产量的增长，很可能只是货币量的单纯增加，从而引起物价上涨、储蓄率下降，这又必然引起利率上升，影响投资和设备更新，导致技术变革迟缓，从而造成滞涨的局面。故而应该从提供供给着手，采用降低税率的方法来刺激储蓄，提高私人部门的投资，从而达到经济增长的目的。然而，在西方资本主义国家，经济体制模式并非铁板一块，既存在以货币学派、供应学派为理论指导的英美模式，也存在着深受社会民主影响的莱茵模式。英美模式的根本特点在于崇尚个人主义和充分的竞争，政府干预经济被限定在最小的范围内，但财政再分配政策有限，社会保障不足，两极分化严重。莱茵模式的根本特点在于以自由竞争为基础、国家进行适当调节，并以社会安全为保障，强调平等的竞争环境、相对的利益公平，但也面临着财政负担重、制度僵化或不适应经济瞬息万变的要求等问题。事实表明，两种模式并不能包治经济问题的百病，各国时常会面临一系列的矛盾和问题，从而开始了探索适合本国历史条件及国情的“第三条道路”。〔1〕

通过以上的描述，我们可以总结出：传统市场经济与现代市场经济都是市场经济，也即市场机制在社会经济资源配置中起着普遍性的基础作用。通过这一点，可以把市场经济与古代

〔1〕“第三条道路”政治模式是吉登斯此前建构和阐发的结构化理论及现代性思想与现实接轨的具体成果。通过对福利国家和市场原教旨主义的质疑并置风险概念于高度现代性社会之核心，吉登斯揭示了当今西方政策领域的多种两难困境，并在此基础上作出“第三条道路”的政治选择，以适应急遽的社会变迁，实现对古典社会民主主义政治和新自由主义政治的超越。参见李远行：“吉登斯第三条道路政治思想述评”，载《南京大学学报》2001 年第 3 期。

的习俗经济、指令经济区别开来。传统市场经济与现代市场经济的区别主要在于市场与政府的关系方面，在传统市场经济条件下，市场自由放任，能够自我达到均衡，政府外在于市场；而在现代市场经济条件下，市场失灵及固有缺陷日益突出，政府必须与之耦合，从而形成对社会经济资源的最佳配置。

### 2.1.2 市场与政府的耦合是现代市场经济及经济法的表征

市场与政府的耦合是理解经济法的惯常路径，它把握住了经济法产生及发展的基本方面，但仍限于表征层面，需要继续推进，以达至其经济法的本位。

#### 一、市场与政府耦合的研究进路

按照通常的路径，在论述现代市场经济及经济法的产生时，一般会着眼于市场失灵、市场缺陷问题，并强调现代国家管理、干预、参与经济运行，以修复市场机制及弥补市场之固有不足。市场失灵主要指垄断、信息不对称，市场缺陷主要指外部性问题及公共物品的提供不能、两极分化等。在经济法的形成上，也表现出同样的路径。关于经济法形成的客观条件，有学者精辟地指出，经济集中和垄断的社会化导致了深刻变革，使得原有诸法无法再于新的历史条件下继续承担维护社会经济秩序的重任。[1]该学者还把经济法由低到高区分为三个层次，战争经济法、危机应付经济法、自觉维护经济协调发展的经济法。战争经济法仅于浅表层次、以野蛮的方式回应着不期而至的社会化要求，是对社会客观要求的一种扭曲反映；危机经济法则是基于消极被动应对危机的需要，具有相当的盲目性，为应急往

〔1〕 史际春、邓峰：《经济法总论》，法律出版社 2008 年版，第 73 页。

往不计后果，不惜强行采取管制措施；自觉维护经济协调发展的经济法则代表了经济法发展的高级阶段，意味着国家自觉维护经济协调发展的因素日益增长。〔1〕这种区分在另一侧面也反映了人们对市场失灵及缺陷问题的认识的逐步加深，对于国家在经济运行中的地位和作用的认识也日益清晰、准确，两者的结合也逐步地完善起来。可以说，市场和政府的界分及互动、相应的规范构建及其实践问题一直会是经济法学研究中的主线，对此徐孟洲作出了精炼的表述，他在《耦合经济法论》一书中写道："两人并耕为耦。两个或两个以上相互独立的物体、体系或运动形式之间通过相互作用而彼此影响以至于联合起来的现象成为耦合。经济法是市场机制与宏观调控机制耦合的产物，是公法与私法耦合的结晶。经济法为促进和稳定市场机制与宏观调控机制耦合服务。"〔2〕

需要指出的是，我们认为"经济法是解决市场失灵问题的产物"这一论点并不完全准确。理由在于，首先需要划分市场失灵与市场缺陷，经济法对于两者产生的问题都要加以解决。市场失灵主要是指市场机制本身不能正常发挥作用，独立的市场主体及其平等、自由的行为乃是市场机制的基础所在，而不合理的垄断、信息不对称则对这一基础形成了挑战，从而导致市场失灵。市场缺陷则指市场固有的弱点，即市场机制正常发挥作用仍不能解决相关的经济社会问题，它主要表现为：市场主体基于狭窄的"个人视域"，往往不会自觉地顾及其行为对他人、社会产生的不利影响（负的外部性），也不会自觉地维护、促进社会整体利益，虽然这一社会整体利益在长远来看会惠及其自身（公共物品、正的当外部性等）；优胜劣汰、两极分化乃

〔1〕 同上引，第77~81页。

〔2〕 徐孟洲：《耦合经济法论》，中国人民大学出版社2010年版，提要部分。

是市场机制运行的必然结果，而这一结果又会影响到社会稳定，市场对此无能为力，自然也不是其要解决的问题。对于市场失灵和市场缺陷的划分有其现实意义。针对市场失灵，国家主要着眼于修复市场机制而不是代替市场机制，因此侧重于市场秩序管理。针对市场缺陷，国家则更有职责参与到经济的管理中，其作用力及范围应当更大，此时侧重于宏观经济效益，当然，这不意味着在具体方式中排除市场手段的应用。

这一路径的论证及解释确实揭示了现代市场经济及经济法的特征，但我们认为，特征不同于本质。特征是指一事物区别于其他事物的特别显著的征象、标志。[1]按照哲学的理解，特征是本质的外在表现。如果要深入理解现代市场经济及经济法，还要对特征作出更抽象的规定性，并将诸多规定性进行综合，这就必然涉及本质问题。否则，将表征等同于本质，就会犯"按图索骥"的错误，如在历史长河中，国家管理经济从来就有，个别的市场也一直存在，因而市场与政府的耦合在形式上也是存在的，但我们却不能因此说在古代就存在着现代市场经济及经济法了。此外，在下面的论述中，我们将看到，即使在最纯粹的市场经济及其理论中也少不了国家管理经济的影子，事实上，从市场经济史来看，国家管理经济经历了隐蔽的、被动的、主动的三个阶段，说传统市场经济时期不存在国家管理更多是为了宣传市场经济的好处而作的片面化的理解，而不是基于对市场理论所作的客观、冷静的分析。可以说，国家管理经济的行为在历史上一直存在，行为本身是作为表征体现出来的，然而这并不关键，关键的是行为背后蕴含的本质，这才最终决定了现代市场经济及经济法的品格。

---

〔1〕 夏征农、陈至立主编：《辞海》，上海辞书出版社 2009 年版，第 2231 页。

## 二、国家管理经济古已有之

国家管理经济古已有之。在古代农业经济及现代市场经济，这一点非常明显，毋庸过多阐释。而即使是在被号称为“最纯粹”的传统市场经济中，也在一定范围和程度内体现出国家管理经济的要求和实践。

第一，国家管理经济在古代农业经济及现代市场经济中的显著表现。诚如学者所言，“政府自始就不外于市场，比如与民间开展交易，对集市、货币、度量衡进行管理，从事盐铁等的生产和流通，等等。”[1]在古代农业经济时期，治理水患、兴建水利工程、盐铁官营都是国家管理经济的重要方面，征收税赋更是须臾不可少，这方面史料丰富，毋庸多言。在现代市场经济时期，学者提出了“经济国家”[2]的概念，并认为，市场失灵需要国家之手予以援助，市场之手、国家之手两手并用乃是现代市场经济的根本特征，故国家管理经济自不待言。可以说，在古代农业经济及现代市场经济中，国家管理经济的特征是非常凸显的。故而问题的重点在于：传统市场经济中，国家是否管理经济。为此，非常有必要结合当时的历史条件重新审视传统市场经济的奠基性理论，也即亚当·斯密的自由放任、国家不干涉经济的理论，而这也是本段论述的重点。

第二，斯密理论并不排斥、甚至蕴含着国家管理经济的内在要求。后人通常将斯密理论总结为自由放任、国家不干涉经

---

〔1〕 史际春：“政府与市场的法治思考”，载《中共中央党校学报》2015年第6期。

〔2〕 关于经济国家的论述，参考史际春、陈岳琴：“论从市民社会和民商法到经济国家和经济法的时代跨越”，载《首都师范大学学报》2001年第5期；冯辉：《论经济国家——以经济法为语境的研究》，中国政法大学出版社2011年版；孙天承：“经济国家与法治”，载《经济法学评论》2015年第15期。

济，而事实上，全面剖析斯密理论，我们可以看出：斯密时代的“最纯粹”的自由市场经济，是有其特定历史背景的，而且，国家对经济的管理、参与也是在一定范围、一定程度上存在的，斯密不是天然地、一概地反对国家管理经济，甚至，从其论著中我们能够看出国家管理经济的正当性要求。

首先，关于历史背景的分析。一般认为，斯密时代，西欧工场手工业正在向机器大工业过渡，国际贸易盛行，其理论要旨在于扫除残余的封建制度和流行一时的重商主义的限制政策，为自由资本主义鸣锣开道。这在大体上是无误的，但仍然要看到历史的继承性及事物的另一面。需要指出的是，重商主义以商人的眼光观察世界，把金银货币视为财富的来源并狂热追求之，要么开采金银矿，要么对外开展贸易并通过顺差获得金银，以此为出发点。它将国家力量与商人力量结合起来，采取进口限制、对外贸易垄断特权及开拓殖民地等具体政策。重商主义在把财富等同于货币这一观点上是狭隘的，它对国民经济缺乏整体性的理解，而斯密却是从劳动价值、交换及分工入手论及国民财富增长，此斯密所发展者；重商主义主张的贸易特权及不合理的政府管制逐渐变得不合时宜，此斯密所反对者，两者均为重商主义之不足。然而，重商主义主张国家扶持商业，与民族的兴起俱起，大搞殖民扩张，却是在客观上助益于资本之原始积累，为现代工业奠定基础，而其关于货币及信用制度的发展，也是希克斯关于“市场渗透”[1]的重要方面。英法两国本土狭小、市场不足，在斯密时期，建立在重商主义的这种资

---

〔1〕 希克斯市场渗透的四个方面为：适应新市场的法律、货币和信用制度的确立；政府财政、税制和行政管理的改造；货币地租通行和农产品的商品化；自由劳动代替农奴劳动，劳动力市场的形成。参见［英］约翰·希克斯：《经济史理论》，厉以平译，商务印书馆1999年版，第57～127页。

本原始积累之上，以政治及武力为后盾，通过商品、资本输出来实现工业革命，对外采取自由放任的国际贸易，对其而言，自是有利的，而对其殖民地而言却不尽然了。此外，从后来的经济史发展来看，斯密理论根据民族地域不同而有所差异，有其经验性的一面。例如，美国资本主义起初缺乏实力竞争殖民地和海外市场，因此利用幅员宽广、资源丰富的优势，实施以开拓国内市场为主的经济方针。当然，在资本的原始积累阶段，它也主要依靠了南部和西部的农业经济，使用黑人奴隶并对其进行残忍剥削。又如，德日作为后起小国，既无英法殖民地及海外市场优势，也无美国那样的国内市场优势，只能强烈地借助国家干预和政治力量，力促国民经济的发展，具体手段措施诸如通过国家财政建立国家银行、重工业和基础设施的国有化、贸易保护政策及教科文方面的经济支持等。它们与英美法虽同属于资本主义，但国家管理经济的色彩显然更浓。[1]

其次，关于理论本身的分析。在斯密的论著中并无自由放任或政府“守夜人”的提法，这是后人的概括，并不全面。①斯密认识到个人利益并不总与社会利益相一致。斯密理论的逻辑起点着眼于个人，自利的人类有着互通有无的交换倾向，而交换及其范围的扩大促进了分工的精细、效率的提高，进而使生产力获得发展。简述其理由，即“交换及其范围的扩大导致了分工的细化，这对于一国生产能力之进步有着重要的作用：每人各司其职，则必熟练而精巧，可免工作转换之烦扰，节省时间，且亦必自求改良，有所发明”。[2]一言以蔽之，每个人在追

---

〔1〕 参见高德步、王钰：《世界经济史》，中国人民大学出版社 2016 年版，第 177~230 页。

〔2〕 赵迺抟：《欧美经济学史》，东方出版社 2007 年版，第 102 页。在郭大力、王亚南译本的《国民财富的性质和原因的研究》中，对此也有类似描述，但赵文更为简练，故引之。

求自身利益最大化的同时，社会利益也因此而得到增进。但这绝不等于个人利益在任何情形下总与社会利益一致，有些时候恰好相反："虽然，不论在商业或工业之任何部门，凡商人之利益，在每种场合，每与公众的利益相冲突……根据人类的本性，认其自身之利益，未必与公众之利益相一致（The interest of the dealers , however, in any particular branch of trade or manufactures is always in some respects different from , and even opposite to, that of public…It comes from an order of men, whose interest is never exactly the same with that of public）。"〔1〕他甚至认为："同行同业的人士是很少会集合在一起的，甚至就是为了娱乐，他们也很少会这样做，但是，只要他们在一起聚谈，则最后产生的必是一种对大众不利的阴谋，或是一种哄抬物价的勾当。"〔2〕②斯密对国家职能特别是公共工程相当重视。在其名著中，斯密提到，除了维护司法行政（The administration of justice）、维护公安（The administration of defense）外，还需要建设并维持公用事业及公益机关（The duty of erecting and maintaining public works and public institutions）。关于公共工程和公共机关的费用，则主要包括便利社会商业的公共工程和公共设施、青年教育设施及各种年龄人民的教育经费。斯密认为，公共机关和公共工程对于一个大社会当然是有很大利益的（在斯密看来，一国商业的发达，全赖有良好的道路、桥梁、运河、港湾等公共工程），但就其性质说，设由个人或少数人办理，那所得利润决不能偿其所费。所以这种事业，不能期望个人或少数人出来创办或维持。〔3〕③国

〔1〕 赵迺抟：《欧美经济学史》，东方出版社2007年版，第102页。

〔2〕 卫志民：《经济学史话》，商务印书馆2012年版，第30页。

〔3〕［英］亚当·斯密：《国民财富的性质和原因的研究》（下卷），郭大力、王亚南译，商务印书馆2012年版，第284页。

外的一些学者也将亚当·斯密和政府必须干预经济的思想联系在一起。米尔顿·弗里德曼在其著作《自由选择》中提到，在斯密的论述中，市场经济应该是双方完全自愿并双方得益的交易，市场的价格机制促成交易的完成，可只有价格也是不够的，政府是另一个促成交易的重要因素。[1] W. 莱文在《剑桥欧洲经济史》中谈道："固定价格的法律史是表明政府干预经济的众多说法之一。例如 1777 年新英格兰各州通过了一系列相似'管理条例'（regulating acts）来制定农场工人、机械师和商人的工资以及农产品、加工品和诸如饲养马匹和训练马匹等服务的价格。"[2]

### 2.1.3 社会本位乃是现代市场经济及经济法的本质

本质与现象或表象相对，是事物的根本性质，是事物内部相对稳定的联系，由事物所具有的特殊矛盾构成。本质决定现象，总要表现为一定的现象；现象总是这样或那样地体现本质，它的存在和变化总是从属于本质。本质比现象深刻、稳定，现象比本质丰富、生动、易变。既然，国家管理经济在历史上从来就有，那么，就不能简单地将政府与市场的耦合作为现代市场经济及经济法的本质，而必须挖掘到耦合背后的稳定联系，我们尝试着从国家管理经济的历史类型中寻找这种联系。考察经济史，不难发现，现代市场经济与经济法的本质在于社会本位，这不是先天的或凭空而来的，而是历史的必然产物。而当它指导我们进行法治实践时，则又是我们必须坚持的先验的方

---

〔1〕 参见［美］米尔顿·弗里德曼：《自由选择》，张琦译，机械工业出版社 2013 年版。

〔2〕 葛正鹏主编：《西方经济史论》，北京理工大学出版社 2008 年版，第 210 页。

法。兹从以下三个阶段作出简单的考察。

### 一、前市场经济阶段的考察

按照希克斯的观点，市场经济以前，资源配置主要是以习俗或指令的方式进行的。这种方式所对应的经济形态主要是农业经济，土地是主要的财富，奴隶或农民是主要的生产主体，但却强烈地依附于共同体（奴隶主或地主），并不存在近现代意义的“个人”，而且，经济交往形式也非常的封闭和简单。当然，各区域或阶段也有着各自的特点，例如，马克思从共时性角度提出亚细亚的、古代的和日耳曼的三种生产方式。亚细亚的土地所有制形式是公有制，个人只有土地占用权，没有所有权，个人强烈地依附于共同体；古代土地所有制形式是公有地和私有地并列，个人对共同体的依赖性比较弱；日耳曼的所有制形式是私有土地，公有土地是私有土地的补充，共同体松散，个人对共同体的依赖性更弱。[1]在这里，国家管理经济乃是基于共同体，准确地说是统治阶级，经济也仅是被视为政治的附庸而已，因而，各国的法体系表现为“诸法合体，以刑为主”也就不难理解了。

### 二、传统市场经济阶段的考察

在西方，寻觅市场经济的形成轨迹，先是有 14 世纪、15 世纪的文艺复兴，把人从神学的禁锢中解放出来。在经济上，随着 16 世纪专业商人、重商主义的出现，城市间生产的分工、工厂手工业兴起；同时，地理大发现使得殖民主义扩张成为可能，市场不断扩大；民族国家的崛起则更是加剧了竞争的普遍化和激烈程度。市场总是在扩大，需求总是在增加，甚至工场手工

---

〔1〕 高德步、王钰：《世界经济史》，中国人民大学出版社 2016 年版，第 15~17 页。

业也不能再满足需要了，于是，蒸汽和机器引起了工业生产的革命。在这样的历史条件下，生产和交换的组织更为复杂，出现了合伙、公司等法律形式，经济交往不仅是区域性的，而是世界性的，交往的形式也日趋紧密和复杂。我们可以从希克斯的描述中感受到这种变化。“主要工业停留在手工业阶段，手艺人或工匠的地位便不会有很大的差别。他的确有一些工具，但他所用的工具一般并不十分贵重；而他的原材料的周转金才是其营业的中心……18 世纪后期的工业革命带来了新的情况，用于生产而不是用于商业的固定资本货物的种类，开始显著的增长了。”[1]不难理解，市场驱动之下的对资本的强烈需求必将催生出金融及组织形式的发展。应当承认，在相当长的时期内，被视为圭臬的自由放任的经济原则是有效的。这并不难以理解，工场手工业主之间并没有实质的差异，工业革命后相当时间内生产和资本的集中也并没有引起社会的不协调。在这里，个人的独立地位是被着重强调的，也是考虑问题的起点，只要不是损人利己，每个个人利益的实现就是社会利益的实现，而且，个人理性也完全能够认清和实现自身的利益。国家不应当操心个人的经济行为，它所应操心的是对个人经济行为的基础保障，最主要的就是财产权和生产、交易的自由。这种要求势必反映在法律等上层建筑中，其一就是限制国家权力染指个人经济行为的宪法等公法，其二就是直接反映市场经济要求的民商法。在这里，国家并不主动管理经济，而是间接地保护经济的运行，它着眼于个人的起点，从个人到社会，在法的体系中，民商法开始独立并集中体现了这个时期的法体系的时代特点。

---

〔1〕［英］约翰·希克斯：《经济史理论》，厉以平译，商务印书馆 1999 年版，第 129 页。

## 三、现代市场经济阶段的考察

第一，现代市场经济阶段，市场机制更趋于精密和复杂。事实上，无论是从市场机制的外在形成，还是从内在作用方式来看，其都有个演化的过程。首先，从外在来看，市场机制的进化表现为主体间交往的愈发频繁且受时空条件的约束愈发变小。从人的维度来看，市场主体的增多是与分工的精密相伴随的，而分工之愈精密，则整体之连带责任愈完密，以至于主体间出现“一荣俱荣、一损俱损”的紧密关系。从空间维度来看，大航海、铁路、飞机、电信及互联网逐渐地扩展了市场空间，“地球村”不再是梦想，但市场主体行为的外部性（无论是正的外部性或负的外部性）也越来越大。从时间维度来看，货币的出现及发展衍生出了经济周期问题及相应的财政货币政策，而金融技术的发明则使资源在不同的时期进行合理配置，如按揭买房就是把未来的钱变现到今天来用、股市就是公司未来价值的兑换机等。这三个维度交织一起、协同并进，使传统市场经济发生了“质的飞跃”，步入高度社会化的现代市场经济阶段。其次，从内在作用方式来看，市场机制也在进化。在马克思的理论体系中，决定商品价值的是社会平均劳动或抽象劳动，在交换比较简单、物化劳动比较直接的情况下，人们凭经验是可以把握的。16 世纪西欧进入资本主义后，市场空前扩大，竞争加剧，固定资产、流动资产的种类日益繁多，劳动时间难以有效度量，于是马克思提出了“商品价值转化为生产价格”的理论。随着市场经济的进一步深化发展，商品市场（货币自身也成了商品）、生产要素市场甚至于信息市场（如现代出现的诸多大数据公司）日臻完备，商品和服务的生产需要和上述诸多不同种类的市场发生关联，不仅如此，市场上也出现了无法用生产价格衡量的财产形态，如知识产权、金融产品、人力资本等，因此，市场机制又变了，出现了均衡理论来描绘极其复杂的交易中的各种变量。

第二，市场经济呈现出“合久必分、分久必合”的辩证法规律。它脱胎于前市场经济的粗放的共同体生产方式，逐步分化、专业化，分工越来越多，专业越来越精深，在促进经济增长的同时，却也引发了社会协调性问题。就这种社会协调性问题可以从消极面和积极面这两个层面来理解。首先，消极面是直接的。一方面，信息不对称问题更加凸显，在实质上架空了平等市场主体的假设；另一方面，由于缺乏整体目标的指引，分工容易滑向分裂，由于过长过多的分工链条，一个链条的“罢工”，引起的将是整个社会的不安。其次，积极面是主要的。分工是为了合作，即使在古典自由经济中，两人的交换在表面上看是专业分工的驱动，但效果上的各取所需却是合作的最好注解。不限于此，合作的社会基础事实上是非常广泛的。斯密在很早就重视交通等公共工程对市场经济的重要作用，在后来，更是演变出公共物品的概念，不仅仅包括基础设施等硬件，也包括适用于市场经济的政治法律制度等软件。“鲁滨逊式的个人”只是人们的臆想，人的社会性及市场主体所共享的利益逐步地获得了重视。另一典型的例证就是垄断。随着资本和生产的集中，垄断企业不可避免地会形成，但垄断企业并非天然就不合理，因为，垄断通常与产业链的整合相伴随，利于充分发挥规模效应，这本身就是更多市场主体合作的集中体现。而操纵市场、以大吃小只是垄断企业对垄断经济力量的滥用而已，并不是垄断企业的必然行为，因此，关键的问题在于为谁垄断及对滥用垄断经济力量行为的有效抑制。

种种方面表明，人们开始从社会整体角度看经济问题，遵循从社会到个人的思想路径，一是要防止社会为个人私欲所危及、绑架，形象地说即“皮之不存，毛将焉附”，二是要积极主动地为每个人搭建好共同发展的平台，形象地说即“一加一大于二”。本文认为，现代市场经济及经济法的现代性持的正是这种社会本位的立场。〔1〕正是本着这样的立场，国家管理经济的正当性才立得住，这也决定了国家管理经济的根本性质，而且这种管理更多地是主动积极的，由此，在法的体系中产生了经济法等现代法。当然，我们不能否认传统市场经济的历史继承性，这种社会本位并不是前市场经济中湮没个人的统治阶级的共同体（合），而是在个人、分工（分）基础上发展出来的新的共同体、合作体（合），是辩证逻辑中的螺旋式上升的必然产物。由于经济基础的内在关联，民商法与经济法势必也存在密切的联系，大体说来，民商法从个人本位出发调整经济关系，经济法从社会本位出发调整经济关系，二者分工合作，最终又统一于社会。

本文对经济法社会本位的政治基础的论述，是基于马克思主义国家和法的一般理论框架的指导，结合国家职能社会化的历史发展而作出的。本文明确指出，经济法是国家职能社会化的产物。

## 2.2 经济法社会本位的政治基础

### 2.2.1 马克思主义国家和法的一般理论框架

马克思主义国家和法的理论强调国家和法的阶级性、社会

---

〔1〕 漆多俊认为，现代市场经济最好称为“社会市场经济”。参见漆多俊：《经济法基础理论》，法律出版社 2008 年版，第 21 页。基于社会本位的立场，这种观点更为准确。而本文之所以表述为现代市场经济，是为了照顾类型划分标准及表述的同一性，即个人与社会相对应、自由与垄断相对应、传统与现代相对应。考虑到个人与社会的划分侧重于方法路径，但在表述上并非通称；自由与垄断的划分侧重于竞争状况，在表述上虽是通称，但所指的含义并不全面；故还是用传统与现代的划分及提法更好些。

性的辩证统一。阶级性以社会性为基础，随着历史实践的发展，国家和法呈现出这样的趋势，即阶级性的消解和社会性的加强。同时，马克思主义国家和法的理论不仅仅是革命性的，更是建构性的，是阐释经济法社会本位的政治基础的基本理论。

## 一、阶级性与社会性的内在统一

阶级性大体表现为，把国家视为阶级统治和压迫的暴力工具，并侧重于从政治职能角度来理解法，如对内确认和维护统治阶级在政治上、经济上的统治地位，建立相应的国家制度等。这种理解人们耳熟能详，究其原因，一方面是由于马克思主义理论形成于批判资本主义制度种种弊端的革命时期，另一方面则是受我国改革开放前“阶级斗争为纲”思维定式的影响。即使在今天，对于法的理解也仍有上述印记，如以张文显、朱景文为代表的观点认为，法是反映由一定物质生活条件所决定的统治阶级意志的、由国家制定或认可并得到国家强制力保证的、通过赋予社会关系参加者权利与义务的方式实现的规范体系。〔1〕社会性大体体现为国家及法的社会公共职能，即为了人类共同体的存续和发展，对一切有关社会的公共事务进行管理，包括发展生产、科教文卫、环境保护及建设和管理各种公共基础设施等。

阶级性与社会性是内在统一的。一方面，阶级性渗透在社会性之中，即使是直接社会职能的执行也隐含着政治职能的要求，如交通安全、食品安全的有效保障及相应的交通法规、食品安全法等是国家威权及其统治的重要基础。另一方面，社会性是阶级性的基础，社会职能如不执行，就会危及人类共同体，

〔1〕 朱景文主编：《法理学》，中国人民大学出版社 2007 年版，第 26 页。相同的观点，也可参考张文显：《法哲学通论》，辽宁人民出版社 2009 年版，第 167～172 页。

阶级统治也就无从谈起了。马克思曾对历史上的亚洲国家进行考察，他指出："在亚洲，从远古的时候起一般说来就只有三个政府部门：财政部门或者说，对内进行掠夺的部门；战争部门，或者说对外进行掠夺的部门；最后是公共工程部门。"〔1〕在古代东方，一切政府都必须执行举办公共工程的职能。后来，马恩更是进一步明确地把国家职能区分为政治职能和社会职能：政治职能主要是为统治阶级服务的，表现为阶级统治；社会职能主要是为社会整体服务的，表现为公共事务的管理。就社会职能的重要性而言，社会职能是政治职能的前提和基础。"政治统治到处都是以执行某种社会职能为基础，而且政治统治只有在它执行了它的这种社会职能时才能持续下去。"〔2〕

## 二、阶级性的消解与社会性的加强

这是就国家和法的历史发展趋势而言的。国家产生于社会又凌驾于社会之上，"国家是社会在一定发展阶段上的产物……这种从社会中产生但又自居于社会之上并且日益同社会相异化的力量，就是国家。"〔3〕虽然国家的存在是为了维护统治阶级的利益，但却以虚幻共同体的形式体现出来，即"国家异化为一种虚幻的普通利益和与社会成员相脱离的特殊的公共权力。"〔4〕同时，随着生产力的发展及交往的深化，国家必将逐步融入社

〔1〕"不列颠在印度的统治"，载《马克思恩格斯选集》第 1 卷，人民出版社 2012 年版，第 850 页。

〔2〕"反杜林论"，载《马克思恩格斯选集》第 3 卷，人民出版社 2012 年版，第 564 页。

〔3〕中共中央马克思恩格斯林宁斯大林著作编译局：《马克思恩格斯选集》第 4 卷，人民出版社 1995 年版，第 170 页。

〔4〕中共中央马克思恩格斯林宁斯大林著作编译局：《马克思恩格斯全集》第 3 卷，人民出版社 1961 年版，第 37 页。

会之中而自行走向消亡，社会自治不断扩大，最终走向“每个人的自由是一切人自由发展的条件”的“自由人的联合体”这一理想图景。相应地，在国家及法的职能方面，就表现为：“政治国家以及政治权威将由于未来的社会革命而消失，这就是说，公共职能将失去其政治性质，而变为维护真正社会利益的简单的管理职能……把靠社会供养而又阻碍社会自由发展的寄生赘瘤——国家迄今所吞食的一切力量归还给社会机体。”〔1〕也就是说，国家的政治职能将随着阶级的消亡而消亡，而社会职能作为任何社会不可或缺的部分，将随社会而继续存在。张恒山立足于该理论前提，对法的本质作出描述：“法的本质应当是指法必然要具备的如此性质：它不仅是现实中的法所显示的性质，也是将来的法所体现的性质；它不仅是法在实际上所体现的性质，也是理想中的法所应当具备的性质；它不仅是体现着法的现在，而且是代表着法的发展方向——随着人类社会历史的发展进程，法越是发展，就越是充分地体现出这种性质。如果不是这样，所谓的‘本质’就没有资格叫做本质……因而，法，从本质上来说，是在稳态发展的社会中满足着人们对公平、正义的需要而产生的规则体系。”〔2〕进而，对统治阶级意志论作出了相应的批判，〔3〕认为该论不利于当代中国的法治建设，并提出了三人

〔1〕《马克思恩格斯选集》第2卷，人民出版社1972年版，第337页，转引自荣剑：“马克思的国家和社会理论”，载《中国社会科学》2001年第3期。

〔2〕张恒山：《法理要论》，北京大学出版社2009年版，第128~154页。

〔3〕法的统治阶级意志论不利于当代中国的法治建设，理由在于：在中国社会现实已经无法作出统治阶级、被统治阶级的划分，国家权力属于人民；机械、硬性的划分就会人为地造成人民内部的政治分裂。这种划分蕴含着这样的危险逻辑：统治阶级就是要统治被统治阶级、并对之施以专政，两者的地位本来就不平等，因而造成的后果是，不利于人们形成对当代社会主义国家法律的尊重与认同的态度，也不利于在国家官员队伍中形成国家机关、国家机关工作人员自身应当守法的意识，转引自张恒山：《法理要论》，北京大学出版社2009年版，第135~140页。

社会的契约论，并将其作为当代中国法治建设的观念基础。[1]

## 三、如何适用国家和法的一般理论框架

应当说，马克思主义国家和法的理论不仅仅是革命性的（主要表现在对阶级性的理解上），也是建构性的（主要表现在对社会性的理解上）。固然，阶级性的提法富有革命色彩，尤其是容易和阶级压迫、专政、文革等惨痛历史经历联系起来，但其作为理论方法，仍有适用的必要和空间。因为，它指出了国家与社会相对独立、不完全一致性，而阶级性的消解也并不意味这样一个难题的消失："共同利益在历史上任何时候都是由作为私人的个人造成的。"[2]也即，利益集团总是试图将自己利益表达或伪装成社会整体利益，并以国家法律的形式固定下来。权力寻租、政府俘获、博弈论等理论无不揭示了这样的事实，不妨将其视为对国家和法的理论框架的丰富和完善。而就经济法等社会法而言，其产生发展更体现了国家和法的社会性强化的趋势，是法律社会化的重要成果。诚如有学者所认为的，法包括根本法、市民法、公民法，而社会法是市民法和公民法运行到一定的产物，越来越多地体现了人类的本质，是国家与法走向消亡之途径的基本规则形式。[3]

---

〔1〕 以三人以上组成的人类社会必然会基于社会公认、同意而产生一些最基本的行为规则；在三人以上所组成的社会中，以旁观者的身份出现、并总是占社会成员的绝大多数的第三方对行为人的行为评价是形成基本行为规则的根源；这种第三方的评价代表着社会的公认、同意，从而代表着社会的协议；基于社会公认、同意的这些基本规则是后来的国家立法所必须依从的原初协议，或基本原则。所以，从本源上说，法律来自于社会成员们的协议，转引自张恒山：《法理要论》，北京大学出版社 2009 年版，第 145~154 页。

〔2〕 中共中央马克思恩格斯列宁斯大林著作编译局：《马克思恩格斯全集》第 3 卷，人民出版社 1956 年版，第 275~276 页。

〔3〕 参见吕世伦：《社会、国家与法的当代中国语境》，清华大学出版社 2013 年版，第 310~313 页。

不难发现，上述张文显、朱景文与张恒山关于法的两种观点的侧重点有所不同。前一种观点抓住了法的阶级性，后一种观点抓住了法的社会性；前一种观点体现出了形式逻辑的静态性，后一种观点体现出了辩证逻辑的动态性；两者并无本质冲突，都把对法本质的理解与国家及其权力相关联，它们在马克思主义国家及法的理论中可以获得协调、统一。比较而言，从经济法社会本位的历史由来看，张恒山的观点因辩证、动态的特征而更富启发性。

### 2.2.2 经济法是国家职能社会化的产物

同样地，本文还是遵循历史主义的研究方法，从古代国家的政治职能、国家职能社会化的两次历史转折来论述经济法是国家职能社会化的产物。

#### 一、古代国家的政治职能

在奴隶制、封建制时期，虽然国家要履行一定的社会职能，但其主要是作为阶级统治的工具而存在的，社会职能依附于政治职能，社会淹没于国家威权。这一时期，国家的利益实质上是统治阶级单方的利益，如赋税就主要是政府机器的经济基础，以实现阶级统治或直接供统治阶级享受之用，不具有调节收入分配、调控社会经济的功能。尽管在西方古希腊罗马时代，个体意识发展到相当程度，提出了人是万物的尺度的哲学思想〔1〕，且罗马法更是表达了简单商品经济的要求，但个体用以对抗国家名义的行为仍然微乎其微，所谓的简单商品经济也只是局部

〔1〕 古希腊哲学家普罗泰戈拉提出：“人是万物的尺度，是存在的事物存在的尺度，也是不存在的事物不存在的尺度。”参见邓晓芒、赵林：《西方哲学史》，高等教育出版社2005年版，第31~33页。

的、并附属于整个专制经济体的。而后来的中世纪神学及封建制更是强化了这一专制经济体。就中国古代历史而言，国家一直是强于社会的，直到现在，仍存在这样的倾向，这在很大程度上根由于我国历史上超稳定的宗法封建制。

与社会淹没于国家威权相对应，这一历史时期的法面貌体现为“诸法合体、以刑为主”。从国家职能的角度来解释，那是因为奴隶制、封建制国家的职能主要是政治职能，即对内镇压被统治阶级的反抗、对外维护主权。从经济角度来解释，那是由于商品经济不发达，反映其要求的民商法也就无法从法的体系中分离出来，即使是这一时期相较而言较为发达的、建立在简单商品经济基础上的罗马法，总体上来说也是一综合法律体系。〔1〕

## 二、国家职能社会化的第一次历史转折

国家职能社会化的第一次历史转折点发生在传统市场经济前后，只不过这种社会化以个人主义表现出来。西欧文艺复兴、宗教改革，使得个人从封建及神学的束缚中摆脱出来，专业商人（后来演变为资产阶级）在政治上的影响力日益增强、甚至丁控制了国家政权，他们要求有产者的个人利益被放在最高的地位，这种个人利益主要表现为私有财产、自由交易，而国家政权的力量必须服务于此。一方面，国家职能延续着既有的政治职能，保障对内及对外的安全，这似乎在任何历史时期都是必要的。另一方面，基于对自由放任经济思想的信奉，国家职能又被收缩到必要的范围内。这种演化在法律中的集中体现之

〔1〕 例如，罗马法上的私犯包括市民法上的私犯和大法官法上的私犯，市民法上私犯有盗窃、对人私犯、对物私犯，大法官法上的私犯有强盗、欺诈、胁迫、欺诈债权人、教唆奴隶等。参见周枏：《罗马法原论》，商务印书馆 2014 年版，第 854~884 页。

一就是民法的独立，借助于罗马法个体主义的私法精神及其形式，《法国民法典》、《德国民法典》相继出现，它们的逻辑是：对个人意志、财产及交易自由的维护就是实现社会利益及社会秩序的过程。而国家只要提供安全秩序及相应的行政管理就好，对具体的经济事务无须插手也不能插手。进一步地，这在法律上又体现为宪法的萌芽、产生和发展，它保证政府在规定的权限范围内行使权力，并尊重公民的基本权利，包括人身权、财产权、交易自由的权利等。如1789年的法国《人与公民权利宣言》（简称《人权宣言》）明确宣示："每一个政治社会的目的，皆是保护人的自然与不可战胜之权利。这些权利是自由、财产、安全和对压迫之抵制（第2条）；财产是不可剥夺的神圣权利；除非以合法形式建立的公共需要明确要求，且在公正补偿被事先支付的前提之下，任何财产皆不得受到剥夺（第17条）。"〔1〕

## 三、国家职能社会化的第二次历史转折

国家的职能社会化的第二次历史转折点发生在现代市场经济前后，它提取了个人主义中的社会性因素，因而是直接、具体的社会化。大体而言，现代市场经济的发端可追溯至垄断资本主义时期，生产社会化和生产资料私人占有之间的矛盾日益尖锐，垄断使得市场机制失灵，世界大战、经济危机等更是不断地冲击着传统自由资本主义的经济关系。个人与个人的简单相加等于社会的肤浅认识被证明是行不通的：在法律形式平等的外衣之下，有的市场主体在实质上更强，他们会损人利己；有的市场主体会精明过头，他们会沆瀣一气、恶意串通损害第

〔1〕张千帆：《宪法学导论》，法律出版社2004年版，第81~82页。

三人与社会整体的利益，最终却搬起石头砸了自己的脚。在这个阶段，社会被理解为保证市场主体间的“平等武装”、关注市场主体间的共享利益、长期利益。由是，社会再一次借助国家的形式来表明立场，要求国家管理具体的经济事务，国家的经济职能（更为准确地说是经济职责）也就越来越多、越来越明晰。具体来说，不期而至的垄断扰乱了自由资本主义经济秩序，需要通过立法暨执法来规制垄断及不正当竞争行为，如德国在1896年制定的《反不正当竞争法》，美国在1890年通过的《谢尔曼法》。而在后来的危机当中，国家更是被动地介入到具体的经济生活当中去。如美国在大萧条时期对凯恩斯主义经济政策的贯彻，有增加政府支出、兴办公共工程、降低利率促进投资，进而降低失业率等政策。又如在20世纪70年代因石油危机而产生的滞涨时期，各国为了应对危机而产生的国家对经济的各种管制措施等。随着现代市场经济的发展，人们对市场的认识在逐步加深，对于政府经济职能的边界、作用范围、手段及方式等也有了更为清晰的认识，由此，国家职能的社会化获得了质的转化，也即从保护市场主体实质的经济自由、市场主体的共享利益及长远利益出发来自觉地（而非被动地或自发地）维护经济协调发展。尽管基于社会本位的国家经济职责在各国及各国的不同时期有着不尽相同的具体表现，但国家的经济管理职责却是国家职能社会化的必然结果。

## 2.3 经济法社会本位的思想基础

经济法通常被理解为现代法，[1]而现代性不仅仅体现在经

---

〔1〕 参见张守文：“论经济法的现代性”，载《中国法学》2000年第5期。

济基础、政治基础上，同样体现在观念上〔1〕。现代哲学理论、法律社会学、法律经济学等是经济法产生和发展的重要思想基础，择其与经济法社会本位直接相关的角度，分别是共在先于个在之哲学理念、法律社会化的思想逻辑、法律与经济相内生的思想逻辑。诚如德国法学家拉德布鲁赫所言："当立法者不再仅仅是在实现经济关系参与者之间公正平衡的意义上，而是优先地从共同经济利益、生产效率、经济性的视角观察和处理经济关系时，经济法就诞生了。当国家不再以纯私法的方式保障各种经济力量的自由放任，而是尝试着通过法律规范来把握社会学的运动规律时，经济法就诞生了——法律规范本身就是一种可能有效干预社会学运动的社会学事实。经济法就是组织经济的法律。"〔2〕本文就以上三个方面略作阐释。

### 2.3.1 共在先于个在之哲学理念

先验的理念虽然最终根源于实践经验，但理念具有相对独立性，正如大卫·休谟所言："尽管人是由利益支配的，但利益本身以及人类的所有事务，都受理念的支配。"〔3〕按照一般的理

---

〔1〕 对于观念上的重要性，林毅夫在中国现代化进程中有过相关论述，他提到中国自从鸦片战争以来与西方接触，首先是器物层面的变革，以洋务运动为代表，所谓中学为体、西学为用；但甲午海战还是失败了，于是转入制度层面的变革，如君主立宪制、共和制的制度变革；但中国仍是落后，饱受列强欺凌，于是不仅要有西方的组织状态，还要有西方的思想，五四运动遂开始提倡德先生（民主）、赛先生（科学）。参见林毅夫：《解读中国经济》，北京大学出版社 2014 年版，第 57～73 页。张维迎也非常重视观念的重要性，认为人的行为也受其持有的理念、世界观、意识形态的支配，他非常重视理念的力量，同时，认为理念来自思想市场。参见张维迎：《理念的力量》，西北大学出版社 2014 年版。

〔2〕［德］拉德布鲁赫：《法学导论》，米健译，商务印书馆 2013 年版，第 115 页。

〔3〕 休谟语，转引自张维迎：《理念的力量》，西北大学出版社 2014 年版，序言部分。

解，近代哲学以文艺复兴为开端，立足于独立化的主观精神去探究主观世界与客观世界的关系，反对基督教神学的束缚，对个人及其理性推崇到无以复加的地步，个人理性取代了信仰（faith），其座右铭就是“要有勇气运用你自己的理智”，“人为自然立法”等。[1]与此相关的法律反映是，在法律制度的转型中，表现为由维护神授的王权、特权的贵族阶层、教会的等级制度法律向形式化的平等法律转型，法律也不主要以旧的共同体形式如家庭、村庄、市镇、行会为中心而是走向了原子化的个人。而现代哲学则在不同程度上对这种原子化的个人提出了质疑和反思。其中，最为直接、也最为有力的当属共在先于个在的哲学理念，它与经济法社会本位观的生成也最为紧密。

## 一、人的物（理）、事（情）的双重属性

就物理世界而言，将人理解为“原子化”的个体尚可，而就社会或事情的世界来说，将人理解为“原子化”的个体则显然不妥，而应理解为个人。个人的指谓本身就蕴含着社会意义，“在事（facts）的世界中，每个人都是作为事情相关当事人的事中之在，一人之在不成事，事情必是众人之事。”[2]其实，我国古代的荀子也洞察到了这一蕴意，“人生而不能无群。”既然个体之间存在差异，各有分工而非全能，且资源是稀缺的，则必

〔1〕邓晓芒将西方哲学划分为四个阶段，即古希腊罗马阶段，有关客观世界的哲学，即自然哲学和本体论（关于客观世界及其原因或规律究竟是什么）；中世纪的基督教哲学，有关主观精神世界的哲学，即心灵哲学和一神论的宗教哲学；以文艺复兴为开端的近代哲学，立足于独立化了的主观精神去探究主观世界与客观世界的关系，反对基督教神学的束缚；现代和当代哲学，包括先验哲学、经验哲学、非理性哲学和辩证哲学等。参见邓晓芒、赵林：《西方哲学史》，高等教育出版社 2005 年版。

〔2〕赵汀阳：《第一哲学的支点》，三联书店 2013 年版，第 236 页。

然存在冲突与合作这一根本问题，并应有相应的分配和激励制度予以保障。故荀子说："物不能赡则必争，群而无分则争……人生而有欲，欲而不得，则不能无求。求而无度量分界，则不能不争；争则乱，乱则穷。先王恶其乱也，故制礼义以分之，以养人之欲，给人之求。使欲必不穷于物，物必不屈于欲。两者相持而长，是礼之所起也。"〔1〕可见，在荀子看来，人不可能孤立地生存，而必须生活在群体当中，人之所以有群，就是因为人需要合作所带来的利益（事实上不仅包括物，还应当包括精神利益）。

在某种意义上说，对个人的极端化强调实际上是机械地将近代物理方法移植于社会领域，它将个人等同于个体，进一步认为，个人的简单相加即是社会。这不仅割裂了个人所依赖的社会背景，也否认了个人的社会意义，显然是片面的。

## 二、共在为个在提供意义

个人是离不开共同体或宽泛意义的社会的，需经由社会而获得价值或意义。在近现代社会产生之前，无论是中方还是西方，通常认为氏族部落、家族或家庭而非个人是社会的最小的组成单位，诸如城邦、教会、城市行会、宗法家族等。"在亚里士多德的政治学中，城邦被定义为一个政治共同体，其组织原则规定参与这个政治共同体的人，不仅是居住在本地的人，还必须具有理性和参与政治的能力……唯有公民才具有这种能力……公民只能是合法而自足的家族统治者，也就是家长……古希腊和罗马之所以没有或不需要个人观念，是因为家庭内部组织在公共事务中不具正当性。以这种社会组织原则寻找最小单元时，

〔1〕 参见方勇、李波译注：《荀子》，中华书局2011年版。

是不可能发现个人的存在的。”[1]中国的宗法制家族实质上也与之类似，只不过古希腊罗马的家庭内部关系不属于社会组织原则，而中国的家庭与国家具有组织上的同构性，如家（孝）与国（忠）的相对称。在那里，个人的意义消解在传统的共同体当中。而近现代意义的个人是摆脱传统各种共同体形式的个人，是社会组织的基本单元，它受自然法的影响，认为个人成为自然权利的最终主体，个人拥有权利和表达权利。然而，个人也并非绝对独立，且毕竟要经由社会契约来形成国家，以满足公共需求，而公共需求显然也是个人利益的重要部分。有趣的是，尽管个人主义的术语发明于19世纪20年代的法国，并随着托克维尔著作的翻译而引入英语世界，但一开始，这一术语是贬义词，因为，如果把个人看得比社会更重要，就会导致利己主义盛行和政治解体。[2]可见，即使是摆脱传统共同体限制的个人也仍然需要所赋予的社会意义，并接受社会的必要限制。哲学家赵汀阳则更为直截了当，他主张在事的世界里，如果没有社会这个整体背景，个人行为将黯然失色：“任何行为能够形成事情，就必定形成一个共在状态。当某人或某物尚未进入某事，它的物质存在处于尚未在场状态，所以无事，也不成问题。某人或某物只有进入事中，才能确定其在场的价值。任何人或一切物皆因事而具有意义……选择一种事情就是选择一种关系，选择一种关系就是选择一种共在方式，就是选择一种存在方式，就是说，在事的世界里，共在先于存在。”[3]同时，他明确地指

---

〔1〕 金观涛、刘青峰：《观念史研究——中国现代重要政治术语的形成》，法律出版社2009年版，第154页。

〔2〕 Koenraad W. Swart，“*Individualism in the Mid－Nineteenth Century（1826－1860）*”，Journal of the History of Ideas，Vol. 23，no. 1，1962，pp. 77～90.

〔3〕 赵汀阳：《第一哲学的支点》，三联书店2013年版，第236页。

出，“共在性并非取消人性，与此相反，每个人正是通过共在而能够生成个人性……现代哲学对个人存在的想象是一种存在论谬误，其错误就在于把物理身份之在（is）混同于价值身份之在（exist），从而误认个体（individual）必定自动地具有个人性（individuality）。事实上，每个人只有在事中成为特定当事人，才具有了由当事人所定义的个人性，所以说，每个人正是在共在中才得以个性化的存在。”〔1〕而即便是强调人的自由而全面发展的马克思，也并非一概地反对抽象的社会，而是提到了将来的社会乃是“自由人的自由联合”，既然是联合，则必有共同的目标、利益及标准，也就是说，仅凭单独的个人无法获得社会意义。

正是在人的双重属性、共在为个在提供意义的哲学理念的指导下，才会有相应的社会为本的主张，并逐步地渗透到法学思想领域，集中表现为社会法学派，而在这主流中，又分化出法律经济学派，它们分别强调法律的社会化趋势及法律与经济的内生性。

### 2.3.2 法律社会化的思想逻辑

早在民国时期，法学家张知本即捕捉到法律社会化的趋势，认为：个人自由主义的核心观念（即财产所有权观念与契约自由观念）发展到极端，就会演变为一般有产者阶级依赖法律力量尽情发挥其资本力，造成生产机关为资本家所独占，小资本为大资本所吞并，贫富极端化，并伴随着犯罪、疾病等社会问题。进而强调：“法律为规律人类共同生活之规范，其目的，当然以调和全体人类之利益为主，若扬此而抑彼，即已反乎法律

〔1〕 赵汀阳：《第一哲学的支点》，三联书店2013年版，第237页。

之社会的目的。其基于此种目的而从事于法律之研究者，即社会法律学是也。"[1]这是精炼之论，概括出了法律社会化的基本趋势。学者在讨论法律社会化[2]趋势时多立足于经济社会化的角度，论及"私法公法化"或"公法私法化"，限于主题，本文从各法学流派的思想逻辑角度展开对法律社会化趋势的探讨。

历史地看，各法学流派在各个不同的历史时期占据主流，而随着时代的发展，又相继为新的学派或范式所替代。当然，基于历史的继承性，新的学派或范式也吸收了旧有学派或范式的合理因素。这颇有些"皇帝轮流做"的意蕴。

## 一、将社会从国家解放出来是古典自然法学派的社会因子

古典自然学派的历史功绩是无可辩驳的，它对传统民商法、宪法行政法等公法的发展影响颇为深远。对于民商法而言，古典自然法学派的革命性意义在于确立了个人平等、自由及财产的权利，顺应了当时资产阶级革命的要求。对宪法、行政法等公法而言，它实际上确立了现代国家及公法的理念基础。在古典自然法学派以前，法律被认为是主权者的命令。在逻辑上，作为国家的主权者可以任意修改、变更法令而无须社会的同意，法律既然出自主权者，主权者自无受法律约束、限制的空间。

〔1〕 张知本：《社会法律学》，上海法学编译社1931年版，序言部分。

〔2〕 法律社会化有三个层面的意义，一是社会学角度理解下的法律社会化，与政治社会化、道德社会化、宗教社会化相对，目的在于塑造健康的社会理想的法律人格；二是法律社会学角度理解下的法律社会化，法律社会学被认为是研究法律社会化过程及其规律的科学，它的研究重点是作为一种社会现象的社会与法；三是法律的社会利益本位理解下的法律社会化，指的是法律出于社会利益的本位，在经济生活中进行社会利益的协调和经济活动的规制。本文的法律社会化指的是第三种含义。参见周林彬、董淳锷：《法律经济学》，湖南人民出版社2008年版，第302~303页。

尽管古典自然法学派的具体理论关注点各有侧重，如霍布斯关注人的狼性，将国家视为“利维坦”，洛克则重视财产权对于个人平等自由的保障，卢梭则重视人民公意等。但一个显而易见的事实是，他们都从假设的自然状态出发，论证了国家只是基于社会需要、并以社会契约的形式产生出来的。从宽泛意义而言，不妨说，自然法学派也是社会本位的，其社会本位在于将社会从国家中脱离出来，既为将来的市民社会赢得了空间，也为国家受法律约束的必要性提供了理论支撑。道理很简单，既然国家产生于社会的需求，国家就不再是实质意义上的立法者，政治权力最终要受到社会公共意志即法律的约束。可以认为，古典自然法学派将社会从国家中解放出来远比其确立个人权利的意义更为深远，这实际上是社会法学派的形成、发展的根基所在。

## 二、强调个人的社会意义是功利主义法学流派的社会因子

如果说，古典自然法学派运用自然状态、天赋人权、社会契约等概念范畴来反抗国家对社会的吞并的话，功利主义法学派则在一定程度上继承了古典自然法学派的观点，并明确了个人的社会意义。边沁被认为是功利主义法哲学的开拓者，其功利主义乃一种个人的功利主义。概言之，个人乃是自己幸福的最佳判断者，而所谓幸福，即避苦就乐。如果社会作为当事人，则功利的原则应是社会的幸福。“社会所具有的利益不能独立于或对抗于个人的利益。社会利益只意味着组成社会的各个成员的利益之总和。”〔1〕而耶林可被视为社会功利主义者。耶林明确意识到了个人权利的社会意义，他在名著《为权利而

〔1〕［美］E. 博登海默：《法理学：法律哲学与法律方法》，邓正来译，中国政法大学出版社1999年版，第106页。

斗争》中富有激情地写道："牺牲一种被侵害的权利是怯懦的行为，人们的这一行为招致耻辱，招致对共同体的最大损害；为权利而斗争是伦理的自我维护的行为，是一种对个人自己和集体的义务。"[1]同时，耶林还进一步认为："从最广义的角度来看，法律乃是国家通过外部强制手段而加以保护的社会生活条件的总和……这些社会生活条件或基础不仅包括社会及成员的物质存在和自我维续，而且还包括所有那些被国民判断为能够给予生活以真正价值的善美的和愉快的东西——其中有名誉、爱情、活动、教育、宗教、艺术和科学。"[2]在这里，耶林已经有了"社会连带"[3]的影子，但仍不明确，且其所谓的社会生活条件多是伦理性的，尚未能脱离理性哲学之范围。

### 三、对社会利益的直接提炼是社会法学派的社会因子

狄冀的理论被认为是一种带有浓厚社会学色彩的自然法理论，而就其立场和方法而言，与社会法学派更为接近。他批判自然状态的假设，认为社会连带是人类共处的一个基本事实，法律的社会功能乃是实现"社会连带"，他反对个人主义的形

---

〔1〕［德］鲁道夫·冯·耶林：《为权利而斗争》，郑永流译，法律出版社2007年版，第79~80页。

〔2〕［美］E. 博登海默：《法理学：法律哲学与法律方法》，邓正来译，中国政法大学出版社1999年版，第109页。

〔3〕连带责任（Solidarity）的思想古已有之，起初主要是在法制意义上使用的，如罗马法上指各债务人对债款总额中所负的偿还责任，又如我国秦代的连坐、保甲制度等。后来，连带责任作为从整体看个人与团体间密切关系的学说，被贯彻到了更为广泛的领域。该说在法国甚为流行，如狄冀（1859~1928）认为社会连带是人类共处的一个基本事实，法律的社会功能乃是实现社会连带（Social solidarity），他反对个人主义的形而上学学说，并将社会连带引入到了法哲学领域。对此，下文还会论及。

而上学学说，“人，由于其生理组织结构和心理结构使然，不能孤立地生活，也从未孤立地生活；他们只能在社会中生存，而且除此以外别无生存之道……人不能先于社会而存在，他只能存在于社会之中，并且只能借助社会才能存在。这样的说法显然是不真实的：世界上曾经存在过自由、孤立而又独立的个人，他们走到一起组成社会……设想一种完全孤立的个人就等于设想一种从来都不存在，而且事实证明永远也不可能存在的事物。因此，社会人的概念是法学理论的唯一可能的出发点。”〔1〕把社会利益明确独立出来，并将其作为法学讨论范畴的是庞德。庞德将法律视为社会控制这一“工程”的工具，它的目的是承认、确定、实现和保障利益，而利益分为个人利益(包括人格利益、家庭关系利益、物质利益)、公共利益（包括国家作为法人的利益、国家作为社会利益捍卫者的利益）和社会利益（包括一般安全利益、社会组织安全的利益、一般道德的利益、保护社会资源的利益、一般进步的利益、个人生活的利益)。〔2〕

以上展现了社会的“生成之道”。社会首先从国家的束缚中解脱出来，并被理解为个人主义。然后，社会（利益）开始有了独立的主体地位，并与个人（利益）相区分。大体上，第一阶段对应于自然法学派，第二阶段对应于社会法学派。在第二阶段中，受社会法学派的巨大影响，法律在整体上表现为社会化的过程，最重要的成果就是经济法、劳动法等社会法的产生及发展。社会法直接立足于现实主义而不是形而上学的个人主

---

〔1〕［法］狄冀：《法律与国家》，冷静译，中国法制出版社 2010 年版，第 27 页。

〔2〕参见［美］罗斯科·庞德：《通过法律的社会控制》，沈宗灵译，商务印书馆 2010 年版，第 39~47 页。

义的方法论，它以社会利益为逻辑起点，并将社会利益的保护作为法律的核心。

### 2.3.3 法律与经济内生的思想逻辑

法律经济学与法律社会学有着共同的社会实践原因，即法律社会化。两者以不同的价值取向、角度直面社会问题，均坚持法律现实主义传统，反对对法作形式主义的研究。就法律经济学而言，它直接关注社会经济问题，以什么样的法律制度最能促进经济增长为根本主题。历史地看，随着市场经济的产生、进化，法律与经济的结合日趋紧密，最终内生于一体。限于主题，本文同样从思想逻辑的角度对法律与经济相内生的过程作出阐释。

#### 一、早期关于法律与经济关联性的研究

事实上，自古希腊罗马时期以来，学者们对法律与经济的关联性就有着或浅或深、自觉或不自觉的认识，这被认为是法律经济学的萌芽。例如柏拉图视经济分工原则为法律正义原则，亚里士多德关于公有、私有制度的利弊分析，休谟关于所有权稳定性、财产的约定转让以及约定的履行等三大法则，边沁的功利主义原则等。[1]早期的这些研究多具有自发性、零散性和片面性，而斯密和马克思的研究则要深入和系统得多。斯密将法律的重要角色定位为一种功利主义的工具，它有保护私人财产权以及促进公共利益的重要功能。“法律和政府似乎也只有这个目的：它们只保护那些积累了巨资的人，使他们能够平安地享受劳动的果实。由于法律和政府的作用，一切技艺

〔1〕 参见周林彬、董淳锷：《法律经济学》，湖南人民出版社 2008 年版，第 17~20 页。

日益蓬勃发展，并且它们所促成的贫富不均现象，也因之持续下去。”[1]而马克思关于上层建筑（自然包括法律）对经济基础的反作用的论述，则不妨被视为一种法律影响经济的框架性认识，已经具有突出的方法论意义了。

## 二、制度经济学直接融法律与经济于一体

制度经济学的产生与经济法的产生时间相近，有着相同的理论实践背景。就实践背景而言，制度经济学乃是垄断资本主义时期的国家管理经济的内在要求及各方面的实践；就理论背景而言，制度经济学乃是法律现实主义的兴起和影响，它将法律视为一种社会控制工具，[2]并最终促成了法律与经济内生于一体。以康芒斯为代表的旧制度经济学派倡导重视制度的经济功能，将经济关系的本质归结为法律上所有权的“交易”，提出了制度演化理论等。以科斯、诺斯为代表的新制度经济学派则以人们所熟知的产权、交易成本、公共选择、博弈论等范畴、角度进一步强化了法律与制度的内生性，直接将制度视为除禀

〔1〕［英］坎南：《亚当·斯密关于法律、警察、岁入及军备的演讲》，陈福生译，商务印书馆2005年版，第176页。类似的论述还有很多，如“总的来说，最好的政策，还是听任事业自然发展，既不给予津贴，也不对货物课税。”（该书196页），限于篇幅，不一一赘述。

〔2〕较为有代表性的论述，如现实主义法学家卡尔·卢埃林指出：“法律能够通过许多方式影响经济条件，包括它为经济秩序提供基础、影响竞争性市场过程的运行和产出（尤其是通过财产、契约和信用方面的法律结构），还将影响税收、社会福利的立法及公用事业的产出和分配。”又如本杰明·卡多佐认为：“司法判决和法律演进路径必然本能地受主观基本要素、信仰、信念及社会需求的影响。虽然先例重要，但当其与社会福利的利害关系冲突变大时，后者应该被优先考虑。”［美］尼古拉斯·麦考罗、斯蒂文·G.曼德姆：《经济学与法律——从波斯纳到后现代主义》，朱慧、吴晓露、潘晓松译，史晋川审校，法律出版社2005年版，第10~13页。

赋、技术和偏好之外的第四大经济学理论基石。[1]可以说，这些研究基本上是经济学家在发声，总体上属于经济学范畴。其后，波斯纳则直接将经济分析方法全面系统地引入到了法律制度和法律问题中来，并提出了著名的波斯纳定理，即法律的正义价值应该与效率相结合，如果因为交易成本过高而抑制了市场交易，那么权利应该配置给最珍视它们的主体。[2]基于这种法律为本的研究，“法律经济学才据以成为一个独立的法学流派”。[3]

## 三、制度经济学与经济法的亲缘性

法律经济学的应用非常之广，并不局限于经济法领域，在民法领域中亦有涉及。[4]而经济法之所以与法律经济学有着更多的“亲缘性”，就在于经济法本身是直接关注市场与政府的耦

---

〔1〕 科斯的交易费用的概念对于理解横向的长期合同关系、纵横一体化的管理方式的选择具有很强的解释力；相对于斯密定理的分工理论，他给出了一体化（即非专业化，准确地说是融合）的原因。诺斯继续就此向前推进，提出有效率的经济组织是经济增长关键，制度在社会中具有更为基础性的作用，它们是决定长期经济绩效的根本因素。这对于理解经济法的公私融合、经济性、社会本位都是非常有益处的。参见［美］罗纳德·H. 科斯：《企业、市场与法律》，盛洪校译，上海人民出版社2014年版；［美］道格拉斯·诺斯、罗伯斯·托马斯：《西方世界的兴起》，厉以平、蔡磊译，华夏出版社2009年版；［美］道格拉斯·诺斯：《制度、制度变迁与经济绩效》，杭行译，上海人民出版社2014年版。

〔2〕 波斯纳将法律经济分析的视角扩展至普通法的各个方面，包括财产法、契约法、家庭法、侵权法、刑法、法律史、法哲学、反托拉斯法、劳动法、公用事业法、公司法、证券法、信托法、税收法、程序法等。参见［美］理查德·A. 波斯纳：《法律的经济分析》（第7版），蒋兆康译，法律出版社2012年版。

〔3〕 Polinsky. A. Mitchell, *An Introduction to Law and Economics*, Aspen Publishers, 1983, pp. 38~42.

〔4〕 如周林彬曾系统地根据法经济学的方法研究过物权法，参见周林彬：《物权法新论：一种法律经济分析的观点》，北京大学出版社2002年版。又如蒋爱群运用科斯定理提出民商法建议，参见蒋爱群：《经济与法律：科斯四大定律猜想民商法建议900条》，中央编译出版社2014年版。

合的，它试图通过法治政府及相应的经济法律规制去更好地影响经济的运行。只不过，经济法的规制角度是整个国民经济的良性运行，并通过内在的结构化安排而具体到社会当中的个人。就大的方面而言，经济国家是经济法理论的基本预设。在经济法语境中，经济国家是指国家受经济属性的嵌入与公私融合的驱动，超越单纯的政治主权组织而成为经济、社会发展的内生因素与主导力量，在促进经济、社会发展的同时亦引发自身的组织及行为变革。〔1〕它是在批判市民社会与政治国家的二元对立的过程中形成的，并在后来的研究中予以深化。〔2〕就小的方面而言，政府与市场的具体耦合方式也是经济法所关注的，包括如何降低交易成本、促成社会合作，如何消除或内化社会总成本、负的外部性，以及公共物品的供给方式等。

可见，法律与经济从关联走向内化，该转变以制度经济学及法律经济学的出现为重要标志，而经济法与制度经济学的“亲缘性”体现在其对市场与政府耦合的关注上，且该关注是一种社会尺度而非个人尺度的关注。〔3〕

---

〔1〕 冯辉：“论经济法学语境中的经济国家”，载《法学家》2011 年第 5 期。需要指出的是，正是基于法律与经济的内生性，本文认为国家干预经济的提法并不准确，正确的表述应为国家管理经济。而本文有些地方之所以表述为国家干预经济，仅仅是因为转述的需要而已。

〔2〕 史际春、陈岳琴在 2001 年左右提出了经济国家的概念，参见史际春、陈岳琴：“论从市民社会和民商法到经济国家和经济法的时代跨越”，载《首都师范大学学报》2001 年第 5 期。之后比较有代表性的文献是陈乃新等：“略论经济国家——我国政府在经济全球化中的角色创新初探”，载《南华大学学报》（社会科学版）2003 年第 1 期；冯辉：“论经济法语境中的经济国家”，载《法学家》2011 年第 5 期；孙天承：“经济国家与法治”，载《经济法学评论》2015 年第 15 卷。

〔3〕 值得注意的是，尽管制度经济学或法经济学与经济法有“亲缘性”，但两者的差异也不容忽视，如法学毕竟是以法或法律为研究对象，有着正义的目的追求，而非片面的经济效率考量。可参见刘少军：“运用法经济学方法研究经济法面临的困境及其克服”，载《郑州大学学报》2008 年第 4 期。

## 第3章
# 经济法社会本位的内涵剖析

从历史生成来看，经济法的产生自始带着社会本位的“胎记”，它在现代市场经济、国家职能的社会化推进及各类社会化的思想中得到了展现。但这毕竟仅是背景意义或是“模糊整体表象”意义上的理解，实有必要进一步地将社会本位抽丝剥茧、条分缕析一番，以获得更为精确的认识或“诸多的规定性”。只有这样，经济法学理论的指导意义及经济法的部门法地位才会更加明晰。该章以社会利益及其实现路径为逻辑起点，将其引入到部门法的划分中，从而论述经济法社会本位的特定内涵。〔1〕

## 3.1 社会利益及其实现路径

社会的蕴意十分丰富，社会利益也远非个人利益相加那么简单，社会（利益）是个系统范畴，且具有多样性、层次性等特点，由此也决定了社会利益实现的不同路径。

### 3.1.1 社会的蕴意

社会是一个颇为宽泛和复杂的概念。社会通常在以下几种意

〔1〕 需要说明的是，本文之所以从利益角度切入，正是基于法律社会学（法律与经济的内生性是其更精微的一面）对经济法的重要影响。

义上被使用。一是将社会理解为由人形成的各种组织。[1]如社会在我国古代原指“村民集会”，后来演变为志趣相同的个人结合而成的某种团体。二是将其理解为公共领域。在西方语境中，这一含义是历史生成的。首先，是家庭领域与政治领域的区分，这些组织的形成并没有在人的意识当中，并非个人自愿形成的公共空间。其次，西方早在17世纪就普遍使用社会一词，所谓“市民社会”，它实际上是市场经济和公共空间形成的产物。再次，社会所蕴含的意义扩及至政治、文化组织，即人可以根据一定的目的自行组织起来，将私人的需求和愿望转化为公共性的意志。[2]三是将社会理解为经济基础和上层建筑的统一体，也即社会形态[3]。这方面的论述已很多，毋庸赘述。四是泛指由于共同物质条件而互相联系起来的人群。[4]我国清末时期，士大夫曾用群指涉西方语境下的社会，如严复将穆勒的《论自由》翻译为《群己权界论》，提到“群”者，群体、社会公域也；“己”者，自己、个人私域也；亦即公共领域和私人领域要区分清楚，各有其界限。[5]后来，基于社会结构的变迁以及西方文明的冲击，群的指谓又迅速地为社会一词所取代。

可见，社会一词有着非常丰富的蕴意。从外在形式上看，

---

〔1〕 Robert Allen, *Chambers Encylopedic English Dictionary*, Edinburgh, 1994, p. 1180.

〔2〕 参见金观涛、刘青峰：《观念史研究——中国现代重要政治术语的形成》，法律出版社2009年版，第180~225页。

〔3〕 夏征农、陈至立主编：《辞海》，上海辞书出版社2009年版，第1989页；中国社会科学院语言研究所词典编辑室编：《现代汉语词典》，商务印书馆2013年版，第1148页。

〔4〕 中国社会科学院语言研究所词典编辑室编：《现代汉语词典》，商务印书馆2013年版，第1148页。

〔5〕 参见［英］约翰·斯图亚特·穆勒：《群己权界论》，严复译，北京时代文化书局2014年版。

社会由国家、集体、各类组织及个人组成；就其内部而言，则又包含着各组成单位间的密切联系，在组织形成机制上又可区分为强制性的和自发性的；就其涉及的领域而言，包括经济、政治、文化等各方面。考虑到上述几种理解，结合关于经济法社会本位的探讨，本文对社会的理解侧重于这个角度：在经济领域中，各社会基本单位间的相互联系及社会利益的实现机制。简而言之，就是社会利益的特征、实现路径及其与法的关系。

### 3.1.2 社会利益的特点

#### 一、社会利益并非个人利益的简单相加——以社会利益与个人利益之关系为切入点

第一，个人利益的社会利益属性。从外在形式来看，国家、各类组织、个人均是社会的重要方面，且社会最终可还原为个人。从而，个人利益的相加会表现为社会利益，个人主义进路已明确地表明了这一点。应当说，个人主义的方法在分析以个人为单元的动机、行为及后果等问题是有效的。也就是说，个人利益并非和社会利益严格对立，亦有相通的一面。首先，社会并非空洞的名号，毕竟个体是社会的最终物质载体，而至于生成社会的基础究竟是专制的某个人、某些群体的权威或是个人间的契约则又另当别论了。而任何独断地以社会为名义的代表都是不完备的或虚幻的。其次，根据帕累托改进原理〔1〕，不损害他人的个人利益的简单相加确实会增加社会利益。故而，

〔1〕 这个概念是以意大利经济学家维弗雷多·帕累托的名字命名的，帕累托最优（Pareto Optimality），也称为帕累托效率（Pareto efficiency），指任何形式的资源重新配置，都不可能使至少有一人受益而同时又不使其他任何人受到损害。通常把至少一人的境况变好而没有任何人的境况变坏的资源重新配置称为帕累托改进，所以帕累托最优状态也就是不存在帕累托改进的资源配置状态。参见夏征农、陈至立主编：《辞海》，上海辞书出版社 2009 年版，第 1697 页。

从这个意义而言，个人利益也是有社会利益的属性的。

第二，个人利益与社会利益的冲突。从反面来说，对个人利益的极端强调会造成其与社会利益之冲突或不协调。“个人单位的提取”虽有如上的方法论意义，但这也意味着对社会这一系统的分割，忽视了个人、国家、社会整体间的有机联系，进而陷入到了“个人与个人之间的简单相加等于社会”的机械的形而上学的泥淖。事实上，单纯依靠孤立的个人来自发地实现自身的利益是不可能的，即使是个人主义所主张的自由交易，也必须有双方以上才能形成。可以说，这种机械还原的方法“生硬地”割裂了社会系统，忽视了国家、各类组织、个人间及此三者相互之间的密切联系，从而导致了与社会现实生活的抵牾。张知本在批判个人主义法律观念时，有力地指出：“以法律为保护个人权利之具，其极也，则使少数富有者得以本其既得之财产所有权，尽量发展其自私自利之欲，而不顾及贫者之利益。”〔1〕

第三，社会利益对个人利益的促进。从正面来说，通过对个人所共同欲求的社会利益的保障，能够保障及促进个人利益的深化。社会是一个有机体，且呈现出整体性、动态性特征。整体性意味着个人之间共享利益的存在，并经由相应的组织来予以表达和实现；动态性则意味着随着经济、政治及文化因素的影响，个人、各类组织、国家相互之间的关系不断地在博弈、变动，由此推动了社会的演变。孔德周立足系统论，对这一问题作出了明确的阐释：“社会是一个大系统，具有系统应有的整体性、和谐性（有机联系性）、发展性（即动态性）特点，国家与个体一样只是社会这个系统的一个组成部分。社会也不是

---

〔1〕 张知本：《社会法律学》，上海法学编译社 1931 年版，序言部分。

国家、地方、集体和个人等的简单相加，还包括上述各主体的利益间的相互促进、相互制约的联系，这种联系构成社会的秩序，社会是否和谐、社会利益是否能得到更好的实现，更主要地取决于其内在的秩序即各主体利益之间联系的性质；此外，社会是个开放的系统，随着国际经济全球化的发展，它还会越出国界，成为多个国家（地区）、多种因素构成的更大整体；而且，社会是一个动态的、不断发展的系统，它也不仅仅指当代的，我们生活于其中的静态的社会，而是发展中的，将来我们的后代还要生活于其中的社会。"〔1〕诚如亚里士多德所言，人天生是"政治动物"，不可能离群索居，否则也无所谓社会了。共同的价值、利益、意识等将人与人联结在一起，从而才赋予了个人以意义。赵汀阳进一步明确指出，社会共享的利益也是个人利益的重要组成部分，甚至是更为重要的组成部分。〔2〕宽泛意义而言，一些重大的价值共识如平等、自由及相应的制度建设，一些宝贵的情感需求如真切的爱情、友情，一些经济上的公共需求如道路等公共品、平等竞争的环境、免于生活困顿的社会保障，乃至于安全的食品及蓝天绿水等，都是每个人共同欲求的。它们是社会利益，也是个人利益的交汇点，实际上，对这些社会利益的保障和促进也是对个人利益的落实。

以下事实不言自明的：诸如皮（社会）之不存，毛（个

---

〔1〕 孔德周：《系统经济法论》，中国法制出版社2005年版，第152~153页。需要指出的是，这里其实还涉及经济法社会本位与涉外经济法律制度的关系问题，限于篇幅、涉外经济法律制度的复杂性、特殊性及本人的学识等，本文不再就此专门展开。

〔2〕 赵汀阳认为，在通常的分析模式中，个人利益的最大化仅仅计算到自己的专属利益，而没有把对自己同样有利甚至更有利的共享利益计算在内，因此才会把理性人定义为互相麻木不仁的人。赵汀阳：《论可能生活》，中国人民大学出版社2010年版，第338页。

人）将焉附；诸如利令智昏，捡了芝麻丢了西瓜（只顾眼前利益、结果失去了长远利益）；诸如植树造林，泽被后世（牺牲眼前利益，结果促进了长远利益）等。这不妨作为上述论点之佐证。

## 二、社会利益的多样性、层次性——以庞德学说为切入点

第一，庞德利益学说之简述。鉴于社会法学派对经济法的重要影响，我们不妨以庞德的学说为切入点展开阐释。庞德吸取了耶林的利益分类说，将利益分为个人利益、公共利益和社会利益。在其看来，个人的人格利益、家庭利益和物质利益，因其并不源于国家，而是法律迫于压力而作出认可，故此三者被归入庞德话语体系中的个人利益的范畴。而公共利益则是以有组织的政治社会的名义提出的主张，包括作为法人的国家利益和作为社会利益监护者的国家利益，国家在其眼中，显然是工具性的。社会利益则是存在于社会生活中为了维护社会的正常秩序和活动而提出的主张、要求与愿望。在庞德的社会利益的体系中，一是一般安全中的社会利益，确保社会生活不受威胁。二是社会体制中的利益，包括政治、经济、家庭、宗教体制等各个方面，套用时髦的话讲，体制制度实际上构成了社会的“软性的基础设施”，也是一种公共物品。三是一般道德的社会利益，它实际上是一个社会最基本的价值共识所凝聚而来的，例如诚实信用、廉洁等。四是保护社会资源的社会利益，这是基于社会可持续发展的根本要求，既包括自然资源，也包括人力资源等。五是一般进步的社会利益，指的是发展人类能力和增强人们对于自然的控制以满足人类需求，不断推进社会工程，包括经济、政治、文化发展的利益等方面。六是个人生活中的社会利益，即个人按照文明社会的最低标准进行相应的个人主

张，获得基本的生活条件及经济、政治、文化等方面的机会等。[1]

第二，多样性和层次性的体现。可见，庞德社会利益的范围非常广泛：既包括当前的，也包括将来的；既包括经济方面，也包括政治、文化、道德等方面；既包括社会体制等方面，也包括由社会辐射所达的个人生活等方面。需要补充指出的是，如上所述，个人利益与社会利益有相通之处，在一定意义上，个人利益也具有社会利益的属性。如果说，庞德关于个人生活中的社会利益是从社会促个人维度的理解的话，这里所谓的个人利益的社会属性则是从个人促社会维度的理解。两种并无根本的对立。也就说，本文事实上将与社会相通的个人利益也视为宽泛意义的社会利益。

对于利益的层次性问题，庞德并没有明确的列明，只是提到了利益的价值衡量原则，即将个人利益置于更大的背景中去考察，可以将它们置于社会利益之下，但这依然是个人利益与个人利益的比较，而非个人利益与社会利益的比较同时也提到应尽可能地保护被认可的利益，将整体利益的损害减少到最小。事实上，在大体上，社会利益是具有层次性的，如安全的秩序从来都是社会的根本需求，是个人开展其他一切社会活动的前提，因而可以作为第一层次的社会利益，这一需求一直以来由国家提供，并被作为国家最重要的职能。而平等、自由以及公平、效率等抽象的社会利益的权衡问题，则确实如庞德所言，是个经验的范畴，需要根据具体的情势作出抉择，而且，在特定的、具体的条件下，它们存在着动态的、层次性的区分的。例如，改革开放初期，生产力落后的背景下，自然是效率优先、

---

〔1〕参见［美］庞德：《通过法律的社会控制》，沈宗灵译，商务印书馆2010年版，第39~47页。

兼顾公平的抉择；而现时期，社会经济得到了很大的发展，但社会矛盾也变得愈发多样复杂，公平本身已经内化为效率的重要因素，再单纯地强调效率优先就不合时宜了。

### 3.1.3 社会利益的实现路径

#### 一、由个人及社会，通过个人利益实现社会利益

相对于其他社会利益而言，安全秩序是抽象的、外在的，它只能由社会委托国家来提供。但就具体的、内在的社会利益而言，又大致可分为个人独立实现的部分、个人须经由组织来实现的部分。前者“无为而治”即可，正如传统市场经济中的经典论述：交易是互利双赢的，每个人在追求自身利益最大化的同时，社会利益也因此而得到增进，政府只要当好“守夜人”就够了。〔1〕应当说，这种观点在一定范围内有效，特别是在国家提供了基本交易秩序，且市场主体差异不大、经济结构简单的情况下。〔2〕不妨说，这是由个人及社会的实现路径。但超出了一定范围，该路径就变得不适用了，因为，其理论前提是将社会视为个人的简单相加，这无疑割裂了社会的系统性。

#### 二、由社会及个人，通过社会利益增进个人利益

单纯的个人无所谓共享，个人与个人之间才有所谓的共享。为个人主义者所经常忽略的是，那些共享的社会利益、非相对

---

〔1〕 茅于轼抽象出“利人利己、损己利人、损人利己、损人不利己”的四种交往模式，并认为以利他性作为交易基础是不现实的。他以《镜花缘》中君子国的故事为例，对此作出了具体形象的阐述，在这个故事中，君子国的人，个个都以自己吃亏让别人得利为乐事，结果根本无法交易，反而引起了纠纷。参见茅于轼：《中国人的道德前景》，暨南大学出版社 2003 年版，第 7 页。

〔2〕 关于这一点可参考上文关于经济法社会本位经济基础的相关论述，此处不再赘述。

独立的个人利益仍是个人利益的重要组成部分，甚至是更重要的部分。其中道理，已如之前所论，共在先于个在，共在为个体提供了个人性，赋予了意义。如果失去了作为共享利益的社会利益，所有的个人性将因失去“舞台”而变得黯然失色。赵汀阳指出：“存在是共在问题得到解决之后的事实状态，而共在是需要抉择的未定状态，是创造性的动态互动关系，是幸福与不幸的抉择，所以是当务之急。”[1]具体而言，基本秩序、公正合理的制度、公共物品的供给对每个个人而言，都是须臾不可或缺的。而基于自利的短期本性及搭便车的心理，个人并无动力提供那些共享的社会利益，因此必须经由相应的社会机制来完成。从而表现为由社会及个人的实现路径，最终的结果，当然是社会利益的增进。如果说由个人及社会的路径是一种“加法”的话，那么，不妨说，由社会及个人的路径是一种“乘法”。因为，以社会有机体作为出发点，本身就蕴含着更大的“基数”。反过来说，立足于社会有机体对个人危害社会行为的抑制，也是具有同样效应的，只不过一个属于正向地增进社会利益，一个属于负向地消减社会危害性。广义而言，它们都属于社会利益的增进。

### 三、由国家及社会，通过国家工具来实现社会利益

社会虽然是一个有机体，但毕竟不同于自然人或经由自然人而形成的组织，其人格的天然性是无从寻觅的。为此，就必然有个拟制的组织来代表社会，这一组织尚无更好的选择，只能是国家，当然这不排除国家监管下的社会组织，但它们仍属国家范畴。一方面，通过国家的威权能够确保最基本的安全秩

〔1〕 赵汀阳：《第一哲学的支点》，三联书店 2013 年版，第 236 页。

序，在此前提下，由个人及社会或由社会及个人的实现路径才有发挥的余地。在个人及社会的路径中，个人自动生成社会，国家除提供基本的安全秩序、产权界定及实施机制外，在经济上处于超脱的地位。而在由社会及个人的路径中，基于“乘法”效应，国家不应是被动的，而是要主动识别有助于增进社会有机体的利益及有害于社会有机体的不利益，并设法加以保护或消除。另一方面，国家不是天然地具有代表社会的忠诚和能力的，国家作为利益主体与社会利益未必一致。因而，“利维坦”的倾向和乱作为、不作为、不到位的情况在很大程度上还是存在的。博登海默也强调：“政府官员可能会误识社会利益，可能会在制定和执行公共政策时犯严重错误，甚至还可能会将国家之船引向覆灭和灾难之渊。因此，把统治当局的希望、权宜之策和行动视为共同福利的当然表达而不考虑它们可能给社会带来的后果，显然是不现实的。”[1]这就意味着需要建立一种机制消除社会、国家委托代理链条中的不一致之处，而目前被认为有效的就是民主法治机制及其实践。

可见，国家是一种必要的恶。对其既要赋权，也要控权，国家既要有力，也要有理，应理力结合。具体而言，国家要根据社会利益实现路径的不同，合理定位自身的职责，并通过法律对国家机构的职权划分、运行程序与方式等方面作出合理的、可操作性的规范。

## 3.2 也论部门法的划分

受制于一国的具体经济社会条件及法律的能力和限度，并

〔1〕［美］E. 博登海默：《法理学：法律哲学与法律方法》，邓正来译，中国政法大学出版社 1999 年版，第 299 页。

非所有社会利益都能进入法律的视野。然而，法律确实是以利益为指向的，宽泛意义而言，法皆为社会本位，区别在于法对社会利益及其实现路径的择取。因而，立足目的论的部门法划分不失为一种有效的方法，在某种意义上说，它更利于揭示部门法（自然包括经济法）的法本位。

### 3.2.1 宽泛意义而言法皆为社会本位

法是调整社会关系的，社会关系的背后乃是社会利益，因而，宽泛意义而言，法都是社会性或社会本位的。如上所述，社会（利益）并非个人（利益）的简单相加，而是呈现出多样性、层次性、系统化的网状结构。形象地说，个人有如嵌入社会网络的“蜘蛛”。同一时期的法所截取的是社会利益的不同方面，如作为根本法的宪法是对社会利益整体布局的规定，行政法等公法着重于作为工具的国家利益的维护，民商法等私法直接关注相对独立的私人利益等。

同时，社会也是个历史的范畴，按照马克思主义的划分，存在奴隶制社会、封建社会、资本主义社会、社会主义社会、共产主义社会等阶段，在国家及其权力存在并发挥重要作用的情况下，每个阶段都有相应的法律。因此，宽泛而言，每个社会的法都是社会性的，体现了当时的社会要求，都是社会本位的。如在前资本主义时期，社会淹没于国家的权威，尚未被独立出来，人们因而称之为“国家本位”，但这仅是相对于后来时期的社会状态而言的，在前资本主义时期，国家本位的社会就是社会本身。又如在自由资本主义社会，每个人通过形式上的自由、平等实现自己的利益就是实现社会利益本身，其所谓的个人本位实际上也是社会性的另一面。

可见，宽泛地讨论社会本位并无太大意义，关键的问题在于确立某个阶段社会本位的特定内涵，并将其作为方法论基础与相应的部门法勾连起来，这才是富有意义的研究。

### 3.2.2 传统的部门法划分标准之困境

关于部门法的划分标准，早期继受于苏联的调整对象理论早已饱受诟病，略论如下。

#### 一、存在着双重标准，人为造成逻辑混乱

根据该观点，法律调整对象乃是社会关系，因而社会关系的性质及内容决定了部门法的划分。而对于社会关系的性质和内容为何，显然不存在着天然的可识别的客观标记，于是，又必须根据调整方法决定其性质和内容，故而引入调整方法来对其加以界定。如民法、行政法、刑法均同样地调整财产关系，但显然不能将它们归入一个部门，需要根据调整方法，即民事的、行政的、刑法的方法（或概括为民主或集中的方式，主要表现为责任形式的不同）来将之区分。这实际上又是通过调整方法来决定社会关系的性质和内容。逻辑矛盾，可见一斑。

#### 二、不利于新兴法律部门法研究的展开

马克思指出，是社会决定法而不是相反。作为系统的社会本身是变迁和发展的，让社会利益套入既有的、静态的法的形式逻辑框架中，而不运用辩证逻辑予以突破，就会犯削足适履的错误。根据上述划分标准，由于方法有限且无外乎民事的、行政的或刑事的几种方法，故而，法律部门的划分就只剩下三类了，即民法、行政法、刑法，对作为根本法、综合性的宪法，该划分标准无从解释。更重要的是，社会关系的性质和内容是不断发展变化的，且人们就某些社会关系的精神取向或价值维

护也是不同的，如果拘泥于上述部门法划分标准，就堵住了任何关于新兴法律部门的研究路径。可以说，过去关于经济法独立性的质疑都与这一机械思维相关。

## 三、不利于法治实践的创新发展

在法治实践中，我国法院根据该划分标准分别设置了壁垒分别的民庭、行政庭、刑庭，这虽然本着专业化审判的初衷，却在实践中造成了“循环诉讼”的怪圈，无怪乎有学者称：对传统调整对象理论的形式化、极端化的强调，已经遗忘了法治之一般。〔1〕从司法实践来看，即使在民法内部，相关部门法律制度也有单独出来的要求和趋势。如家庭法的提出，它旨在维护家庭伦理道德目标的充分实现，对于财产关系的处理也建立在此前提下，显然不同于旨在维护交易安全和效率、反映价值规律的财产流转的民事法律关系。而事实上，最高人民法院也在着手逐步推行家事审判的改革。〔2〕如果按照上述标准，家庭法是平等主体的人身关系，需要用民事的方法来加以调整，被认为属于一般意义的民法，就会不适当地将家庭法引向“唯金钱论”，从而忽略了伦理道德这一社会利益的维护，进而导致价值取向的混乱。同样地，根据上述标准，如虐待、遗弃家庭成员等行为上升到了刑事领域，则不属于民法而是刑法范畴了，

---

〔1〕 参见史际春：“法的部门划分与法治一般——从行政审判遭遇尴尬说起”，载《经济法学评论》2005年第6卷。

〔2〕 杜万华在部分法院家事审判改革工作座谈会上强调：“家事审判要以维护婚姻家庭稳定，依法保护未成年人、妇女、老年人合法权益为目标。要转变机械遵循辩论主义和处分原则等财产纠纷审判原则的理念，转变偏重财产分割和身份确认、轻情感修复的理念，转变片面强调审限内结案、忽视矛盾纠纷化解的理念。”杜万华：“锐意推进家事审判改革切实维护婚姻家庭稳定”，载《人民法院报》2015年12月7日，第1版。

这将会不适当地将家庭法引向过于强调刑事追责的刑法，而忽略对家庭受害人的情感修复及一般伦理价值的维护。

### 3.2.3 立足目的论的部门法划分

现有主客观统一的提法对于部门法的划分具有很大的启发意义，基于上层建筑的相对独立性及法学的建构性，不妨将之推进至部门法划分的目的论。

#### 一、主客观相统一的部门法划分观点

在一定意义上来说，部门法的独立或划分取决于其所“抓取”的社会利益的不同，在主观上则体现为对于社会性所对应的精神取向的不同理解。而且，在很大程度上，部门法的划分主观性成分占据了更为重要的地位。对此，有学者指出，任何法律部门的形成，都是社会经济、法治客观条件和有关主观学说这二者共同作用的结果。并强调，在理解经济基础与上层建筑的关系时，不能将基础的决定作用绝对化，恩格斯曾就此指出：经济和法的部门得以成立的重要前提之一，是社会上出现了与之利害攸关且仰赖其为生的利益阶层。如贸易和金融之所以成为经济部门，是因为社会上先后出现了专事贸易或信用活动、具有纯粹贸易利益或金融利益的群体；而职业法律家的新分工一旦成为必要，就立刻开辟出一个新的法律部门——民法。〔1〕

本文大体上同意这样的观点，但认为“主客观统一、并着重强调主观性”的部门法划分观点仍然可以进一步精细化。

#### 二、立足目的论的部门法划分标准

问题的关键在于部门法划分及其目的何在，因为一般意义

---

〔1〕 史际春、邓峰：《经济法总论》，法律出版社2008年版，第71页。

而言，是目的决定手段而不是相反。可以说，前述传统的部门法划分标准正是犯了“将方法当作目的”的错误。在目的指引下，可以运用一种或多种手段，也可以创新出另外的手段，正如交通目的（物理位移）的实现，可以是一种交通工具的运用或多式联运，也可以是将来创造出的新的交通工具的运用。

对此，不妨借助亚里士多德的“实体论”和“四因说”予以阐释。与柏拉图的理念论不同，亚里士多德把第一实体作为他的哲学支点。实体，在最严格、最原始、最根本的意义上说，是既不述说一个主体，也不依存于一个主体的东西。[1]实体，也就是具体的、个别的事物，他从一个个的客观事物出发（第一实体）出发作了相应的分类及种属划分，并认为这些属性是寓于这些第一实体当中的，而非独立存在。一个通俗的例子：苏格拉底（第一实体）——人（第二实体）——动物（第三实体），苏格拉底有人的属性，人有动物的属性，而抽象的人或抽象的动物并不独立存在，只能寓于第一实体当中。而四因说（质料因、形式因、动力因、目的因）正是探讨实体存在或产生的原因。如对房子而言，木料是质料因，房子设计图纸是形式因，工匠及其技艺是动力因，供人居住的目的则是目的因。正是目的本身使得房子成为房子而不是别的木料做成的桌子或椅子。目的本身是能动的，并非抽象僵化的形式，目的给质料赋形，使自己在质料中实现出来。法律作为人的自觉理性的产物或说人工产物，“四因说”对其也是适用的，在法律社会化的背景下，暂且抛开阶级性或政治性不论，法律在整体上是指向社会性的，这是由法律的目的所决定的。如果要在法律内部进一步划分部门法，首要工作是明确该部门法的目的，也即对社会

---

〔1〕 苗力田主编：《古希腊哲学》，中国人民大学出版社 1989 年版，第 407 页。

性构成的不同理解。只有在目的的指引下，才有动力从当时的经济、政治和思想条件中“攫取质料”，并组织相应的规范体系“赋形于质料”[1]。当然，巧妇难为无米之炊，没有质料，目的同样不可能。

## 三、社会利益的实现与部门法的划分

应当说，对社会利益择取和保护乃是各部门法的目的所在，如上所述，存在由个人及社会、由社会及个人、由国家保障社会的社会利益实现路径。基于社会利益的系统性、多样性、层次性等特征，首先需要提供最基本的安全秩序，其他社会利益才能在相应的实现路径中顺畅进行。在现代市场经济、国家职能社会化及现代社会化思潮的“质料”中，刑法的目的在于安全秩序的提供（由国家保障社会）；传统民法的目的在于保障个人利益的自主实现（由个人及社会）；宪法、行政法的目的则在于规范国家权力的运行，保障国家权威进而保障个人自由（由国家保障社会）；经济法等社会法的目的在于防止不特定的人为他人所侵害及增进社会合作（由社会及个人）。各种目的均组织了相应的规范体系，由此形成了不同的部门法[2]。

但需要指出的是，上述部门法与社会利益实现路径方式的对应性是大体而言的。因为，各种目的间有着彼此的有机联系及协调一致性，故上述目的主要是指主导目的，并不排斥部门

---

〔1〕 有学者区分法与法律，认为法律文件或法律规范只是法学研究的素材。法学分类的标准只有两个：一是独立的价值追求，二是体现这一追求的法律规范。纯粹研究法律部门的分类基本上不具有法学意义。该论点和表述与亚里士多德“赋形于质料”有异曲同工之妙。参见刘少军：“论整体经济利益与经济法主体”，载《晋阳学刊》2016年第2期。

〔2〕 需要说明的是，此处按照刑法、民法、宪法和行政法、经济法等社会法的顺序来论述，是考虑到社会利益的层次性及部门法发展的历史逻辑。

法对其他目的的兼顾。其道理正如交通不单纯是为了实现快速的物理位移，也可以顺便观赏外面风景。而正是基于“主导目的、兼顾目的”的复合性，才会有部门法间的“联结性”或“连接点”，从而构成了整个的法体系。例如，刑法中对于经济诈骗的规范就是以民法的欺诈交易为基础，并且是对交易安全的更高一层级的保障。又如，经济法等社会法如要对个人、社会组织发挥更好的作用，则非借助国家权威不可，同时，也要在“制度的笼子”中规范用权，这就需要借助宪法及行政法了。

## 3.3 经济法社会本位的特定内涵

经济法对社会利益的实现是直接由社会及个人的，这一方法路径直接决定了经济法区别于其他部门法的特定内涵，即指向不特定的第三人，指向职责主义，指向社会整体经济性利益而非其他非经济性利益。

### 3.3.1 经济法社会本位指向不特定的第三人——兼论经济法与民法的区别

从社会的构成来看，你我他三人方成其社会。就传统市场经济及民法的个人主义视野来看，经济上的帕累托最优及一般均衡，社会哲学上的利人、利己进而利社会乃是其一般逻辑。因而，在一定意义上可以说，民法的社会是“二人世界”，并非完整的社会。民法认为只要保证了交易的平等、自由就可以互利共赢进而有利于社会。虽然，交易可能会涉及第三人，为第三人设定权利或义务，但此第三人是特定的，牵扯面不大。有时交易也会对特定第三人或社会公共利益造成侵害，民法也会表达应有的态度，如欺诈、胁迫行为的可撤销制度及损害国家、社会公共利益行为及通谋虚伪行为的无效制度[1]等。但是，民法是反映市场交易价值规律的基本法律部门，受制于这样的基本属性和立场，决定了其不可能单独地以维护不特定的第三人或社会作为其根本目的，这些目的对其而言，仅仅是基于市场交易关系的衍生品而已。

现代市场经济和经济法则明显不同。经济的社会化决定了紧密的社会连带性，一荣俱荣、一损俱损乃是惯常的现象：某个生产者或产业、甚至某些关键企业的内部环节的“掉链子”会影响到整个经济体的健康，对房地产行业的调控影响力、石油危机、金融危机再明白不过地说明了这一点；一项重大交易（如滴滴与优步的合并）足以牵动社会的神经，千千万万的不特定的消费者权益都会受其影响。显而易见，立足“二人世界”的民法保护是消极的、不全面的。一方面，由于牵扯面太广，一项不正当的重大交易可能会造成巨大的、难以弥补的社会危害，此时再依据民法宣布无效并确立相应的法律责任，为时已晚。另一方面，受制于形式主义的要求，民法无法深入到企业内部治理，它通常只是作出关于法定代表或无权代表的一般性规定；受制于立足交易而非生产本身的局限，民法更是无法贯穿到产品生产流程及产业结构中，试图仅凭民法的单独调整来对不特定第三人的经济危害防患于未然，是不现实的。经济法之所以必要，正是因为其可弥补民法之所短，专司对不特定第三人权益的积极的、全面的保护，可以对涉及社会公共利益的企业内部治理关系和产品生产过程进行管理，对产业规划进行协调等。从这个意义来看，经济法社会本位是指向不特定的第三人的。

---

〔1〕 通谋虚伪行为无效制度，为刚出台的《中华人民共和国民法总则》第146条所确立。

### 3.3.2 经济法社会本位指向职责主义——兼论经济法与宪法行政法的区别

正是基于对不特定第三人权益的维护，国家就不应当无所作为。循此逻辑，国家奉行的就不应该是“市民社会”背景下对经济运行的不干涉主义。在现代市场经济条件下，国家调节本身已然成为国民经济的重要内生力量，根据国家调节和市场运行的贴近度来看，它主要表现为三个层面：一是直接介入到经济体的运行中，如在涉及国计民生的重要行业中的国有资本的进入，国家为维护金融稳定而进行的公开市场操作行为等；二是相对外在于市场经济运行的国家监管，如反垄断及不正当竞争、产品质量方面的监督管理；三是从整体上对市场经济体进行规划指导、优化结构，如通过规划和产业政策优化国民经济结构，通过财政、税收政策来平衡区域经济发展、调节收入差距，促进公平与效率的和谐统一等。国家代表社会且必须为社会负责。历史经验表明，传统市场经济的局限性和不足只有通过国家的手段来加以克服和弥补，离开国家调节这一经济内生力量，将损害整个经济体的健康运行，给社会带来巨大的灾难。苏联私有化的浪潮造成了剧烈的社会动荡，与其解体有着直接的联系，其中重要的原因就是国家不能很好地代表社会、对于经济职责的失守和不作为。因此，从这个意义而言，国家的权力不是其固有的，而是社会赋予其的不可放弃的职责，在法治化的条件下，这种职责获得了更为精细化的规范和表达，即角色和责任、过程和结果相统一的动态的问责制，既突出角色责任（responsibility），也突出行为责任（accountbility）和后果责任（liability）。概言之，权力和责任高度融合在一起并贯穿经济管理过程的始终。需要指出的是，由于经济体的进化演变是愈发复杂和精密的，经济事务的庞杂、多变势必需要社会赋予相关组织以更多的管理经济的权力，但基于国家及其权力的强制性优势，国家必然是经济管理中的核心力量。

一般而言，在行政法视野中，行政法侧重于规范（主要是限制）国家权力的运行，它在行政主体的确定、权限、程序、方式、责任等方面均作了细致的规定，以防止权力滥用对个体权益造成的不当侵害。也就说，行政法主要是从遏制权力滥用而不是从主动作为的角度来看待权力运行的。其中的根源就在于对个人权益实现及社会性理解的不一致。按照市民社会和政治国家二元对立的理论，在平等自由、产权得到有效保障的情况下，经济人足以自动实现自身权益，国家被界定为外在的经济运行屏障；而在现代市场经济的“经济国家”的背景之下，上述理解和实践显然是不全面的，社会需要委托国家权力或形成新的社会权力渗透并化为经济运行中的重要力量。当然，这并不意味能够忽略宪法、行政法等公法。为了适应整体经济的健康运行和经济的多变性，国家基于社会的要求会有更多的经济职责和更灵活的履职方式，但这并不意味着可以偏离社会整体经济利益的根本要求及基于此的基本制度框架，相反，经济法仍要借助宪法、行政法关于规范国家权力的基本范式，才能使得国家及其机构不缺位、不越位、不错位，只不过在内容上不再限于传统行政管理的内容，而是富有了经济性的内容。

宽泛意义而言，这种职责主义并不仅仅针对国家这一主体，相关社会组织基于社会本位形成的经济管理权也要遵循上一基本理论。不仅如此，经济活动主体也要受到社会整体经济利益的限制，而不单纯是权利要求的问题。其逻辑在于，人人都宣称和要求自己主张的自由，那么，人人都将没有自由。从这个意义而言，民法中的权利中心观并不适用于经济活动主体，经济职责主义（准确地表述应为经济义务主义）对其同样适用。[1]当然，应当对这种职责（义务）主义作限定理解。首先，经济活动主体自身能够实现权益且对社会无害的，不存在社会义务的问题。其次，职责主义的深层根基在于社会而不在于国家，其目的是为了更好地促进和维护经济自由，而不是异化为国家对经济的单向度的、任意性的专断管理。

### 3.3.3 经济法社会本位指向社会整体经济利益——兼论经济法与其他社会法的区别

部门法仅是法体系的组成部门，两者绝不相等。因此，经济法社会本位也仅是“截取”了社会性的一面。这一面，就是社会整体或说不特定第三人的经济利益。可以说，经济法是管理经济的法，是讲究经济性的法。经济管理与经济运行如此紧密相连，以至于二者成为不可分割的一个系统；效率与公平之间的对立性逐步消解，内在的关联和一致愈发凸显。于是，经济与法律获得了前所未有的高度融合，直接关注经济运行与经济管理的经济法更是得到了强劲的发展，而法律经济学作为一个全新的流派也开始兴起。在这个意义上说，经济法是经济学与法学的交叉学科。首先，它关注直接的经济整体利益而不是非经济利益，这一点将其与其他社会法区分开来。如劳动法关注劳资关系的实质平等，特别是劳动者的生存权、就业权及相应的社会保障等，虽然劳资关系及作为生产要素的劳动力的配置对经济运行有着明显的影响，但毕竟其在整体上并不属于经济领域，其他类似的如科教文卫体方面的法律亦如此。其次，

---

〔1〕 职责主要针对国家等经济管理主体而言，义务主要针对经济活动主体而言，在下面的经济法社会本位的规范构建一章中会详细论及。

经济法讲究经济调节手段的效益性，成本收益分析是其基础考量。在一定意义上言，市场调节与国家调节的耦合点正在于哪种调节更有效或哪种结合方式更为有效，它是随着实践及理论的完善而日益清晰和细致的。例如，政府在公共品的提供方式上，既可以直接经营提供，也可以引入社会资本运营，并由政府课以严刑峻法式的法律监管；对于自然垄断产业也可以作进一步的具体辨析，如网电分开，电网作为自然垄断品可由国有公司投资经营，电厂生产电力则不妨引入市场竞争机制。同样的，其他社会法对成本收益分析的考量并不直接和显著，而是更多地关注社会效应，如劳动法的最低工资制度就很难说是本益效果最佳的，它的重点在于劳动者的生存权和就业权。

### 3.3.4 经济法社会本位与其他部门法本位的协调

据上，虽然从宽泛意义上说，法都是社会性的，但经济法之社会本位有其特定内涵。从对象来看，经济法之社会本位立足于保护不特定第三人的权益；从性质来看，经济法之社会本位衍生出职责主义的要求；从内容来看，经济法之社会本位所“截取”的权益为直接的经济利益。该三者构成了经济法区别于民法、宪法行政法、社会法的整体价值取向。

需要反复强调的是，各部门法是紧密联系并统一服务于法律调控的社会目的的。民法对交易之外的不特定第三人的保护较为消极、片面，经济法则直接地以此为法益，积极、全面地加以保护，两者密切配合，共同作用于社会市场经济这一经济基础，从而实现经济活动主体间的普遍性的正义关系。经济法之社会本位是自由与集中的辩证统一，从形式上看，它对经济自由形成了限制，但此种限制的正当性在于实现普遍的经济自由，且从长期来看是进一步扩大自由的，绝不是“主权国家”

对经济自由的任意专断的限制。从这个角度来看，经济法从另一高度对经济活动主体提出了基于社会整体经济利益的要求，经济活动主体就不再是“个人本位（权利中心）”了，而是“社会本位（义务重心）”了。徒法不足以自行，受制于现有的经济社会条件，此种正当限制还必须主要借助于国家这一工具，并根据相应的事务为其设定经济管理职责；此种职责的履行构成了经济内生力量的重要组成部分，与众多经济活动主体一样，同样要遵循社会市场经济的规律和要求，并以法的形式固定下来。根据国家和社会关系理论，主权者不是形式意义的国家而是以个人自由为基础形成的社会本身，但基于工具异化的顾虑，社会仍要借助宪法、行政法所构建的关于权力滥用的防控机制，在这个基础上，经济法与宪法、行政法发生了内在的关联。当然，任何法的实施都需要借助国家权威，依靠强制力的最终保证，经济法也不例外，行政法关于权力公定力、确定力、公信力的要求，亦应同样适用于经济法。社会化的要求反映在经济社会生活的各方面，经济法不可能面面俱到，它与其他社会法部门各有分工，根据各自的性质和调整对象共同维护种类繁多的社会整体利益。

# 形而下篇　由规范及经验

上篇以先验与经验的方法论框架为切入点，分别从历史生成、内涵剖析角度阐释了经济法社会本位的必然性、具体性。本篇则侧重于形而下。一方面，本篇根据经济法社会本位进行相应的规范构建，从而突出经济法的规范属性。另一方面，本篇立足于博弈、实现机制、法治运行等层面，并结合具体经济法律制度，将规范论进一步延伸到经济法社会本位的一般实现和具体实现，从而突出经济法的经验属性。该篇包括：第 4 章经济法社会本位的规范构建；第 5 章经济法社会本位的一般实现；第 6 章经济法社会本位的具体实现。

## 第 4 章

# 经济法社会本位的规范构建

法作为上层建筑范畴，虽说不能偏离经济基础，但法体系的构建毕竟仍有很大的主体自觉性空间。先验论部分，我们论证了经济法产生的正当性。套用亚里士多德的说法，经济法作为一个部门法，其形成受其质料因、形式因的影响，质料因比如前述经济法社会本位历史生成中的经济、政治及思想基础，形式因比如前述关于经济法社会本位内涵的解析。而这种自觉性在法学领域中的进一步延伸即规范论的构建。如果说先验篇是外在于经济法并结合部门法的划分来看其社会本位，那么，规范篇则是从经济法自身来表达其社会本位，这也反映了前述关于法本位界定的基本要求。经济法社会本位的规范构建体现出了“法味”，并要据此对感性的社会生活特别是经济生活起到保障和促进的作用。

经济法的规范构建必然要体现出经济法社会本位的历史要求及特定内涵。经济法社会本位是社会性与经济性的结合。社会性体现了由社会及个人的进路，决定了经济法不应仅满足于定纷止争的基本要求，也不应仅满足于抑制、消除对社会的负的外部性（可谓消极功能），而是要通过对社会经济的规制来促进社会合作、增进社会整体经济利益（可谓积极功能）。经济性则体现了对直接的、社会整体性的经济利益的关注，决定了经济法不应满足于市场的自发反映，更应体现出经济国家的理性自觉，并由此衍生出专业性、政策性的手段以适应瞬息万变的经济形势。这就决定了经济法规范构建的基本面貌，不妨将其概括为主体角色论、职责（义务）重心论、责任担当论。

## 4.1 主体角色论

就经济法而言，主体角色理论蕴含着社会的期待和要求，在一定程度上体现了社会本位，它又可以具体化为主体资格的取得、主体的特点等方面。

### 4.1.1 社会角色理论及其法律体现

#### 一、社会角色理论的一般介绍

角色理论来源于社会心理学和人类学，米德在关于儿童自我意识的研究中提到模仿和角色扮演，林顿则把社会角色同一定的社会结构或社会制度中各种社会地位的权利和义务联系起来。社会角色的理论预设乃是将社会看为一个有机体，它以人在社会中的地位或身份为逻辑起点。生活在其中的人们总会有自己的地位或位置，这种地位是由人们之间的相互关系形成的，根据此种地位或位置，人们被赋予相应的行为模式。从内容来看，社会角色是一套关于权利和义务的规范。它表现为由一定社会经济条件决定，并反映出一定价值要求的行为规范的定型化、集中化。基于社会关系的复杂性、多元性，一个人可能存在多种角色，而角色不同，人的行为模式就不同。从意义来看，社会角色体现了社会对于处于特定位置上的人的行为的期望。行为模式是人们共同生活经验的积累和结晶，当某种行为模式被认为是有益于社会合作及发展的时候，就会被固定下来，形成相应的角色要求，从而体现出社会期望的特征。如法官应当是正义的化身，教师应是人类心灵的工程师等，他们要以此行事，才能符合社会主流价值观，进而获得社会的认可和支持。从过程来看，社会角色存在扮演的过程，由于对角色理解的差异及角色的多元性，就会存在角色混淆（如下级在私人生活中对上级毕恭毕敬等）、角色紧张（如身兼多任无暇顾及等）、角色冲突（如古代所谓的忠孝不能两全等）等典型问题。〔1〕

## 二、社会角色理论的法律体现

社会角色理论在法律尤其是主体理论中有着明显而典型的体现。在古代，与个体依附于特定的、非自发性的共同体相对应，权利义务关系的配置也与特定的血缘身份、政治身份相关联，如古罗马希腊时代的妇女、奴隶不是公民，不具有参与政治生活的资格，又如古代中国所谓的“刑不上大夫、礼不下庶人”等。在 19 世纪个人主义蓬勃发展时期，身份色彩日益淡去，由经济自由放任所决定的“法律面前人人平等”原则被确立起来，正如梅因的著名论断：“进步社会的运动，到此处为止，是一个从身份到契约的运动。”〔2〕实际上，这是传统市场经济的角色要求，是摒弃了其他因素（特别是政治因素）的金钱面前的人人平等、个人经济活动的自由。而在现代市场经济体条件下，社会化的要求正在塑型新的社会角色，即对社会公共性的追求与复归，进而对不同主体提出了不同的角色要求。在这个意义上，我们不妨仿照梅因的说法，认为这是从契约到身份的复归，只不过这种身份并非基于血缘、政治等级，而是基于社会公共性的要求。就经济法而言，在现代市场经济条件下，

---

〔1〕参见马远俊：《法律社会学——渊源辨析与学理运用》，湖北人民出版社 2009 年版，第 164~195 页。

〔2〕［英］梅因：《古代法》，沈景一译，商务印书馆 1959 年版，导言部分第 15 页。

经济分工和社会分化异常突出，适用于传统市民社会、强调形式平等（所谓相同情况相同待遇）的法人制度并不能完全适应实质正义的要求，因此，需要识别、筛选出损害或促进社会整体经济利益的主体及行为，通过法律对其加以类型化。此外，基于一个主体承担多种角色（也即复式角色）的经济社会现实，经济法律关系主体资格的取得不具有形式上的一一对应性，而是基于社会本位的“赋形”形成了多元性、层次性的主体结构。这一点，显然不同于基于形式化思维产生的法人制度及内含的主体间的横向平等性。

### 4.1.2 经济法律关系主体资格的取得

#### 一、复式角色与经济法律关系主体资格的取得

经济法领域的制度安排是为了规范相关主体的行为，调整主体之间的社会关系，从而实现经济法社会整体经济利益及实质正义之目的。从经济运行来看，有效的市场和有为的政府同样重要，其实质是市场和政府的合理分界及良性互动，经济法乃是这一经济要求的集中体现。在具体规范层面，经济法必须赋予相关主体以经济法律关系上的资格，并为其设置合理的权义结构。因而，经济法律关系主体资格的取得与经济法密切相关。但需要指出的是，应当摈弃画地为牢的机械主义思维，认为民法上的主体只能存在于民法上、行政法上的主体只能存在于行政法上，而是要承认利益主体多元性背景下的角色理论，这才是符合客观实际的。兹以国家机关为例，其既可以作为民法法人参与到市场流通中来，也可以作为行政主体行使行政管理职权，还可以作为经济管理机关参与到涉及社会整体经济利益的规制视野中来，从而成为经济法律关系的主体。因而，经济法律关系主体资格的根本标准在于其行为是否涉及社会整体

经济利益，以及是否进而被纳入到经济法律关系当中，民法主体、行政法主体或其他法主体如符合这样的标准同样可以成为经济法律关系主体。诚如有学者所言，“依据角色理论，同一主体，由于受不同的法律规制，因而其角色可能会有所不同……不应仅从某个部门法的角度对现实的主体进行人为地割裂，并进而割裂相关部门法之间的内在联系。而恰恰应当看到传统法的主体，同样可以成为经济法的主体，并可能在经济法中获取新的称谓。”〔1〕

可见，正是一个主体承担多种角色（即所谓的复式角色）的经济社会现实，决定了经济法律关系主体资格的取得方式。有学者为了突出这一点，明确地将经济法律关系主体与根据经济法主体制度设定的主体区分开来。认为，主体资格是由相应的法律部门赋予的，比如宪法行政法赋予政府以法律主体资格、经济法赋予国有企业及特殊企业以法律主体资格、公司法赋予公司以法律主体资格、民法赋予自然人以法律主体资格等。它们参加经济法律关系时，不必另作资格认定，而直接参加经济法设定的法律关系即可。〔2〕这一区分是有必要的。

## 二、经济法社会本位对主体资格的赋形

当然，法律主体资格的赋予虽然体现了主体构建的过程，但绝不是没有“客观原型”的，例如市民社会意义的“个人存在”要求民法赋予其独立民事主体地位，又如社会组织只有具备组织性特点（非松散性的群体，即要具备相当固定的组织形式和场所、必要的职能部门及人员、规章制度等）、财产性特点（有一定的独立的可以支配的财产），并经一定的法律程序（核

---

〔1〕 张守文：《经济法理论的重构》，人民出版社 2004 年版，第 347~348 页。

〔2〕 史际春、邓峰：《经济法总论》，法律出版社 2008 年版，第 174 页。

准、登记等）方能被赋予民法上的法人资格。事实上，这一"客观原型"对于各部门法而言并无二致，关键在于部门法目的及相应法律标准的赋予。民法法人从事行为涉及社会整体经济利益的，自然就被纳入到了经济法的视野当中而成为经济法律关系主体。从这个意义而言，是主体决定客体（或主体为客体赋形），类似于康德"人为自然立法"的意蕴，并不违反唯物史观，因为，法作为上层建筑范畴，应体现一定的主体能动性，而法学研究比法本身较之经济基础更远，主体能动性空间自然就更大了。此外，经济法律关系主体并非完全由其他部门法的主体转化而来，也有直接根据具体经济法而取得主体资格的，如根据国有企业法等经济法的主体制度而成立的主体或其他特殊企业。

需要指出的是，诸多著作中强调经济法上经济管理主体（调制主体）资格的取得主要与宪法、行政法等法律相关，经济活动主体（调制受体）资格的取得主要与民商法相连，从而经济法律关系主体资格的取得具有多源性或称非单一性，〔1〕对此，我们需要进一步辨析。根据主体为客体赋形的理论，各种法律关系主体的"客观原型"实际上是一样的，关键在于主体目的或精神的赋予。经济法律关系主体资格的取得从根本上说来自经济法社会本位的精神特质，其可以是间接地从其他部门法主体转化而来，也可以是直接根据具体经济法设立而来。即使是"间接转化"而来，也是仅仅因为其参与到了具体的经济法律关系中进而被赋予了经济法特质，与其原来的部门法资格并无根本的联系。例如，同样的国家机关，从民法的角度看是法人、从行政法的角度看是行政主体、从经济法的角度看是经济管理主体；不能因为经济法是后产生的就认为它借用了民法或行政

〔1〕 参见张守文：《经济法理论的重构》，人民出版社 2004 年版，第 355 页；史际春、邓峰：《经济法总论》，法律出版社 2008 年版，第 174~176 页。

法的主体，关键在于经济法从什么角度来看，当其从社会整体经济利益的社会本位看时，国家机关才具有了经济法意义。从这个意义而言，本文认为，上述著作的说法并不十分准确，经济法律关系主体资格必然要“穿透”到经济法社会本位才能获得真正的理解。

### 4.1.3 经济法律关系主体的特点

经济法律关系主体呈现出广泛性和层次性特点，这是由经济法社会本位的性质所决定的。经济法社会本位的视域在于社会整体经济利益，而不限于传统市民社会及反映价值规律的流转交易关系。一方面，当市民社会中的交易关系损及不特定第三人乃至社会整体经济利益时，经济法就有规制的必要，基于全局性的考虑，这种规制往往是事前、事中、事后的动态统一。另一方面，经济法又要立足并超脱于市民社会，从而作用于整个社会经济体，这就要求国家对生产、分配、交换及消费的各个经济环节都要加以有效组织、协调，从而满足社会整体经济利益和法的正义性要求。在这样的情况下，经济法所关注的主体范围就包括参与各个方面、层级、环节经济关系的经济管理主体、经济活动主体；而基于规制、组织、协调的内在要求，必然会形成平等性与隶属性相统一的经济法律关系主体体系。

#### 一、经济法律关系主体的广泛性

经济法法律关系主体的广泛性表现在它能容纳活跃在经济生活中的各种组织，上可以包括国家机关，中可以包括法人等社会组织和其他经济组织，下可以包括内部组织。[1]概括而言，

---

〔1〕 刘文华：《中国经济法基础理论》，法律出版社2012年版，第207页。

只要主体行为关涉社会整体经济利益，符合一定条件的，相应的主体均可以被作为经济法律关系主体。民法局限于对市民社会的关注，其法律表达抑是对价值规律流转关系的反映，体现着抽象的形式主义思维。这反映在主体论中，就是把交易主体看作是抽掉了一切具体差异的自然人或法人。法人是民法所拟制的，目的在于赋予符合法定条件（名称、组织机构、场所、财产、必要的审批或备案程序等）的组织以法律上的名义，从而得以参加对外的民事交易关系。只要符合法定条件，国家机关和企业、企业和企业之间在民法上都是法人，并没有性质上的不同，在财产权保护方面都是平等保护，在流转环节，都要遵循等价交换的规律、都要接受反映自由意思的合同约束。自然人同样如此，不论身份、地位、民族及财产之多少，在财产权保护及交易方面都是平等。而自然人与法人间的唯一差异就在于自然人的生理性与法人的拟制性，在民法上仅表现为权利范围略有不同（如自然人的亲权法人不可能拥有），但在权利性质上两者并无不同。经济法的视野和着眼点则不同于民法，它集中关注交易主体及其行为的社会效应，着眼于从整体经济利益角度来规划、组织、管理、协调，通过做大蛋糕的方式来促进个人经济利益。基于这种系统性要求，经济法必须注意到市场主体间的具体差异，根据一定的标准将其类型化为经济法律关系中的具体主体，为其在整个经济体中安排不同的角色并设置相应的权利义务。如果说民法用形式主义思维，在理念及立法技术上将千差万别的国家机关、社会组织及市场主体同质化为一类主体，它反映了经济生活中自发的价值规律的要求；那么，经济法则是运用实质主义思维，按照一定的标准将主体进行重新分类，它反映了经济生活中的自觉地价值创造的社会化要求。事实上，主体在数量上并无增减，只是根据经济法的标准，分类不再是单一的自然人、法人，主体种类显然更为丰富了。

## 二、经济法律关系主体的层次性

经济法律关系主体的层次性表现为主体“质地”的不同，它在事实上是主体广泛性的另一个侧面，两者有着密不可分的联系。既然经济法社会本位指向职责主义，国家及相应的社会组织有责任管理、参与到经济体的运行当中，就必然还存在着经济管理主体与经济活动主体之间的区分，但由于这种管理职责毕竟根由于社会且要遵循一般经济规律，因而，经济管理主体与经济活动主体在形式上看是隶属性关系，在根据及内容上却融入了平等性的经济内容，此可谓“公法私法化”。既然经济法社会本位指向社会整体经济利益，凡是社会效应显著、直接关系社会整体经济利益的生产、流通、分配、消费等具体的经济环节，经济法均要以国家的名义予以规制，因而，经济活动主体间在形式上看来是平等性关系，但从整个经济体来看，由于国家意志性因素的融入，相对于国家而言，此种法律关系确实存在隶属性的内涵，此可谓“私法公法化”。无论哪种情形下，具有经济管理权的国家或社会授权的组织始终是经济法律关系主体体系中的关键，它或直接地规制经济活动主体的行为，或间接地把国家意志纳入到经济活动主体间的行为当中去。这与传统市民社会及民法中的一对一的平等的交易主体结构是迥然不同的。事实上，由于具有经济管理权的国家或社会授权的组织的介入，经济法律关系主体必然表现为宽泛意义上的三方主体的平衡结构，即表现为：对于形式平等、实质不平等的两方经济活动主体，国家对其区别对待，国家自身也基于社会本位的要求作为一种平衡力量加入其中。

此外，经济法律关系主体的层次性不仅仅表现在经济管理主体与经济活动主体之间，就是在经济活动主体之间也会基于实质正义的视角而凸显出层次性。经营者与消费者、大企业与中小企业、国有企业与民营企业、垄断企业与非垄断企业，无疑都是经济活动主体，在民法视野中并没有层次性的不同，但经济法却从市场角色、规模、产权性质、垄断性等不同角度对其作出层次性的分类，对消费者权益予以特别保护，对于中小企业予以特别促进，对国有企业及垄断企业予以特殊规制，从而可以更好地落实社会本位的要求。

### 4.1.4 既有经济法律关系主体学说之评述——基于社会本位的视野

#### 一、关于既有的经济法律关系主体学说的介绍

既有的学说在总体上都体现了主体的层次性、广泛性，但具体的分类存在不同的标准，表述也不尽一致。略论如下：①将经济法律关系主体分为国家机关（权力机关、管理机关）、社会组织（核算组织、预算组织）、内部组织、公民个人、国家。权力机关指各级人民代表大会及其常务委员会，它们主要是在计划法律关系、财政税收法律关系中充当主体，在行使决策、审批和监督等职能活动时也常常作为经济法主体出现。国家经济管理机关是领导、组织、管理国民经济、执行组织经济职能的机关，在与企业组织之间发生的经济法律关系中处于决策者、指挥者、组织者、检查者、监督者、保护者以及公断者的地位。社会组织主要指企业，但并不局限于经济组织，有些事业单位如学校盖房、从事基建活动参加经济法律关系时，也可以是经济法律关系的主体。内部组织主要指社会组织的内部组织，它们有时也参加经营管理过程，如承包和经济责任制，也可以是经济法律关系的主体。公民个人如承包户、个体经营户、一般

的个人，在参加经营管理性质的经济法律关系时也可以成为经济法律关系主体。国家作为抽象的整体在对外签订贸易协定、举债及发行国库券时，从事经济活动、参加经济法律关系时，也是经济法律关系的主体。〔1〕这种观点较为全面，但更侧重于客观层面的描述。②借助经济学的概念，则将经济法律关系主体划分为消费者、经营者、管理者和其他非典型主体，并尤其强调“以消费者为本”的经济法理念，同时，也更为密切地联系了实在法的规定，如消费者权益保护法、反垄断法等都比较明确地运用了经营者、消费者的概念。〔2〕此种观点以消费者为逻辑起点，与实在法的关联更为紧密，但似乎侧重于经济法的权利属性。③将经济法律关系的主体区分为经济管理主体、经济活动主体两大类。经济管理主体主要是指依据宪法和行政法设立，由宪法和行政法明确其性质、职能、任务、隶属关系，承担决策、协调、执行、监督等国民经济管理职能的组织或机构。经济活动主体，主要是指依民商法、经济法、行政法设立，直接从事生产、流通、服务等活动的组织和个人。〔3〕这类观点意在突出经济法主体的二元结构，内在地体现了经济法社会本位的职责主义指向。③将经济法律关系主体划分为国家、国家机关、经营者、社会自治体和中间层、消费者和劳动者。〔4〕它直接突出了社会自治体和中间层促进经济发展的功能，体现了

〔1〕 刘文华：《中国经济法基础理论》，法律出版社2012年版，第214~220页。

〔2〕 徐孟洲：《耦合经济法论》，中国人民大学出版社2010年版，第94~127页。

〔3〕 史际春、邓峰：《经济法总论》，法律出版社2008年版，第174页。与之类似的观点是，借助经济学概念将经济法主体分为调制主体（宏观调控主体、市场规制主体）和调制受体（宏观调控受体、市场规制受体）。参见张守文：《经济法理论的重构》，人民出版社2004年版，第347~362页。但这种提法欠缺准确性，因为调制受体有的不是主体，仅是对象之嫌疑。

〔4〕 程宝山：《中国经济法基本理论》，郑州大学出版社2013年版，第146~148页。

政府管理职能转变的趋势和要求，但与第三种观点相比，该观点在主体逻辑体系的意蕴上似乎略有不足。

## 二、基于经济法社会本位的评述

相较而言，我们倾向于第三种观点的主张。这种观点较好地体现了经济法律关系主体的多样性和层次性的统一，基于经济管理的划分更加凸显了层次性特点及其背后的职责主义理念，进而可以与经济法社会本位建立联系。虽然，这种观点不如第二种观点那样与实在法有着直接的关联，但经济法学理论与经济法规范及实践保持适当的分离也是必要的、合理的，况且，称谓本身并不重要，重要的是称谓所指向的意蕴。另外，有必要在第三种观点基础上进一步补充说明的是，在经济法律关系主体体系中，更要关注经济活动主体的细致区分及在此基础上的各个具体的经济活动主体与经济管理主体之间的动态的、三角的平衡。例如对于经营者的垄断规制实质上是对消费者权益的保护或保障中小企业经营者的经济自由。单纯从经济管理主体与经济活动主体的体系分类中是看不出这样的意蕴的。从宽泛意义来说，不妨将与经济管理主体、经济活动主体相关的其他主体（如消费者、中小企业等）也作为经济法律关系主体，它们是经济管理过程中的普遍受益者，是经济法社会本位的集中体现〔1〕。但本文认为，经济法律关系内容中最为核心的、第一位的乃是基于社会本位的职责或义务，职责或义务的履行乃是权利普遍化、实质化的根本保证。因而，从这个严格意义而言，与经济管理主体、经济活动主体相关的主体则不宜作为经

〔1〕 徐孟洲在经济法律关系主体体系中以消费者作为逻辑起点，特别强调以人为本的落实，恰恰是这种思维的侧面反映。参见徐孟洲：《耦合经济法论》，中国人民大学出版社 2010 年版，第 94~127 页。

济法律关系的主体。

不妨以消费者权益保护法为例对此作一阐释。从经济法社会本位的职责主义指向看，消费者权益保护法不属于典型的经济法，因为，典型经济法应当是基于社会本位直接地对经济自由作出必要的、正当的限制，尽管其最终目的是为了扩大和促进经济自由。消费者权益保护法中对经营者的社会要求才是经济法的应有之义，这种社会要求更多地体现在反垄断法、产品质量法、食品安全法等典型经济法当中，消费者权益保护法主要是从彰显消费者权利的角度作出的。从这个意义而言，本文不同意这样的观点：我国消费者权益保护法没有规定任何消费者的义务，此为该法的重大缺陷之一。[1]宽泛意义来说，消费者作为与经营者相对的关联体可以作为经济法律关系的主体，但其本身并不直接接受国家基于经济法社会本位而作出的约束，消费者本身更多的时候是民商事主体，经济法对于经营者的规制正是为了修复或扩大其作为民商事主体的经济自由。因而，并不能一概地将消费者作为经济法律关系主体。只有在国家基于经济法社会本位对消费者提出相应的要求时，其才有可能作为经济法律关系主体，如消费者浪费资源的行为（如买一辆车、砸一辆车的炫富行为）就有可能要受到基于社会整体经济利益考虑的约束。

## 4.2 职责（义务）重心论

按照上述关于法本位的一般界定，本文倾向于将权利、义务理解为价值中性的，但不排斥其作为价值实现的工具。基于

〔1〕 徐孟洲：《耦合经济法论》，中国人民大学出版社2010年版，第94～127页。

社会本位的根本要求及规范操作的考虑，经济法律规范表现为职责（义务）重心论。[1]从而形成了不同于民法、行政法等部门法的权利义务结构。

### 4.2.1 职责（义务）重心论的基本理由

简而言之，职责（义务）重心论是指经济管理主体、经济活动主体均要向社会负责（对经济管理主体而言表现为职责、对经济活动主体而言表现为义务），服从于社会整体经济利益的要求。

**一、职责（义务）重心论是由经济法社会本位的根本要求所决定的**

经济法所关注的主体行为会对不特定第三人发生重大影响，具有突出的社会效应，而这种社会效应的性质，及其在各具体领域的层次和范围不尽相同。就性质而言，可以是负的外部性（或说社会经济危害性），也可以是正的外部性（或说社会经济增益性）。就具体领域而言，相较于反垄断、反不正当竞争领域或对个别的国企、公共企业的规制而言，规划、财税、货币政策等经济管理行为的影响更为长远、也更为广泛。当然，更多的情况下，各种经济管理行为是融合在一起的，是宏观与微观的结合，刻意区分影响范围或影响程度的大小，意义不大。而根据上述的共在先于个在的理念，以及经济法社会经济利益的实现方式（由社会及个人），社会整体经济利益在一定条件下无疑应具有社会优位性，经济管理主体和经济活动主体的行为无

[1] 因本位涉及主体价值取向问题，而本段重点论述的是规范构建层面，相对来说，权利义务是价值中立的。我们可以说经济法是社会本位的，但不能说它是职责或义务本位的，这是不够严谨的，因为仅凭权利义务的字面本身无法包含主体的价值取向。为了避免混淆，本文表述为重心论而非本位论。这在前面已有提及。

论会产生何种性质的外部性，都是“当务之急”。

之所以强调社会整体经济利益“一定条件”下的优位，是因为在“个人及社会”的利益实现方式有效的情况下，个体利益与社会整体经济利益是相通的，因此没有必要强调社会整体经济利益的优位性。从这个角度来说，经济法并不排斥民法作用的发挥。但需要反复强调的是，义务重心论恰恰是对权利滥用的纠偏和保护。此外，职责重心论也并非唯权力论。毕竟，是经济社会决定国家和法而不是相反，经济管理主体的职责来自于经济活动主体的授权，因而经济法社会本位的职责主义在深层次上还表现为社会与国家的良性互动，在法律上体现为对权利与权利、权利与权力边界的理性与动态界定，在外在上则表现为服务与管理的对立统一关系。

## 二、职责（义务）重心论是规范操作层面的应有表达

经济法社会本位指向于不特定的第三人。从逻辑上看，为了落实不特定第三人的普遍的、实质上的经济自由或说社会整体经济利益，有两种路径。一是由相关权利人来主张，即等到不特定第三人“特定化”之后再提起相应的主张或救济。这种路径的最大弊端是，待不特定第三人特定之后，社会经济的危害性已是“覆水难收”或是早已错失了社会经济利益增长的良机。但其优点也是明显的，即相关的权利主体毕竟是利益相关方，对“痛点”的把握更准。二是对经济法律关系主体施以特定的、明确的义务，及由相应的经济管理主体根据社会的要求动态地调适。该种路径显然能够弥补第一种路径之不足。但其缺点是经济管理主体可能不具有充分的社会代表性，对“痛点”的敏感度也相对较低，而这实际上又主要是宪法、行政法民主法治机制层面的问题了。

就社会整体经济利益的关注而言，与代表社会的国家相比，个人对共享利益、长远利益的理性考虑并不天然胜于国家，特别是在国家能够较好代表社会的情况下（如通过“优质民主”形成的“交往理性”），更是如此。而且，极端个人主义的膨胀将会毁灭整个社会，其害处远胜于国家异化于社会。两害相权取其轻，国家基于社会本位的要求对经济活动主体作出正面的限制就应是合理的选择，故而第二种路径应是经济法规范构建的总体选择，也即职责（义务）重心论。正如张恒山对于法律规则的理解：“首先，授权性规则仍然是对人们行为的一种限制。只是，这种限制是以另一种方式表现，以给予人们有限自由的方式表现罢了……其次，如果行为互动的双方中，一方作出的某种行为或不行为并不对他方造成损害，而他方若不作出相应的行为或不行为则对前一方造成损害时，这就有必要要求他方作出相应的行为或不行为。但法律规则无法直接就应作出的相应行为或不行为的一方的义务作出规定，因为，这种义务是待定的，是取决于前一方的选择和决定的。所以，法律规则只能就这种情况作出待定义务规定。而这种待定义务的实际规定方式，就是规定前一方的行为自由（权利）的方式。”〔1〕

这里有个特殊问题。就消费者权益保护法而言，尽管在形式上表现为“权利中心论”，但其在严格意义上并不属于经济法。因为，该法实际上与消费者个人的关系更为密切、特定化程度更高，由消费者行权更具合理性。而更重要的是，国家已经根据反垄断法、反不正当竞争法、产品质量法等对经营者及其他相关主体的义务作出了规定。

---

〔1〕 张恒山：《法理要论》，北京大学出版社 2009 年版，第 52~56 页。

### 4.2.2 经济法权力（利）义务关系的特点

经济法权力（利）义务关系借助了行政法的形式，从而与民法的权利义务内容形成了鲜明的对照，并在这些自由意志的基础上融入了基于社会本位的国家意志。但与行政法的权力、义务关系相比，经济法律关系又更加强调职责主义色彩。

#### 一、经济法权力（利）义务关系与民法权利义务关系的区别

权利（权力）与义务一直是法学特别是规范法学的核心内容，它明确了相关主体应当（义务性规范）、不得（禁止性规范）、可以（权利性规范）作出什么样的行为。在传统民法中，权利与义务呈现出一一对称性，也即一方民事主体的权利的主张、实现需要通过另一方民事主体的作为或不作为，一方享有权利意味着另一方为或不为一定的行为。对于同一个民事主体的行为来说，权利与义务是分离的，要么是权利，要么是义务，一般不会有具备权利义务的双重属性的存在。由于民法直接反映自发价值规律的经济要求，它在权利义务的配置中，强调当事人的意思自治，内在地含有彰显平等、自由及抵制政治国家不当干预之意，故而在形式上表现为以权利为中心的规范构建。经济法则不然，它反映了自觉经济管理的经济要求，且如上所述，基于社会优位及规范层面的操作考虑，它在形式上表现为职责（义务）重心论。而就经济法与民法、行政法等部门法的协调来看，经济法的重要旨趣乃是在社会本位的要求下借助公权力的手段来抑制权利滥用，这种纠偏功能决定了经济法权利义务的配置不能像民法那样围绕着权利中心来展开。具体而言，从权利义务关系的内容来看，基于经济法社会本位职责主义的指向，经济法的内容自然是以经济管理性质的内容为主导，突

出基于社会本位的义务，如反垄断法中规定的经营者的申报义务，财税法中的国家对于经济稳定增长、保障就业的职责等。从法律作为社会控制的手段来说，经济法的核心是职责或义务主义的，此种职责或义务的主体主要是经济管理主体（如负有经济管理职责的国家机关）以及在经济上处于“强势地位”或公共性的、具体的经济活动主体（如垄断企业、国有企业）等；当然，在一定情况下，平等主体之间的交易如果融入了国家意志因素，这种平等主体也可以作为经济法律关系主体（如农村承包经营户、作为政府采购的交易相对方等）。在这个意义而言，本文同意这样的观点，即经济法是“以公为主、公私融合”性质的法，它显然不同于私法性质的民法。

## 二、经济法权力（利）义务关系与行政法权力义务关系的区别

在行政法中虽然也涉及权力划分的关系，但主要是调整权力与权利的关系。基于安全秩序、国家权威的考虑，行政法除彰显权力防控的价值目标外，还要维系行政主体与行政相对人之间的命令服从关系，甚至在一定意义上说，权力防控主要是手段，目的在于落实这种安全秩序。这就容易给人以这样的判断：行政主体是权力的享有者，行政相对人是义务承担者，尽管权力的来源、范围、程序、方式都要被依法严格限定。行政相对人不能说没有权利，其权利主要是派生性的而非具体的或原生性的，即基于行政法对权力防控而衍生出来的，如要求说明执法的依据、理由，提起申辩、复议、诉讼等。行政法中从职权主义向职责主义转变是行政事务特别是经济事务增加，社会不足以自治而对国家作出积极要求的产物，职责将权力和责

任融为一体，在社会本位那里获得了坚固的根基。[1]而经济法等现代社会法的兴起更是加强了权力中的责任因素。市场失灵及市场固有的缺陷等都要求国家基于社会整体经济利益的考虑，将自身作为重要的经济力量融入经济体的整体运行中去，从而形成现代市场经济体系。在这个意义上说，经济管理主体的权力与其说是权力，毋宁说是一种义务，权力和义务获得了重合。对于经济活动主体而言，经济自由的正当限制是经济法的核心，当然限制本身不是目的，而是为了扩大、促进更为普遍持久的经济自由，因而对其而言，义务是侧重点。经济法活动主体的权利也主要是针对经济管理行为提出的权力来源、权限、程序、方式等方面的抗辩，因而，这些权利也是派生性的。

### 4.2.3 既有经济法律关系内容学说之评述——基于社会本位的视野

#### 一、关于既有经济法律关系内容学说的介绍

经济法律关系的内容与经济法律关系主体的提炼密切相关，主体理论不同，也导致了经济法律关系内容上的差异。大体上说，学术界有以下几类观点：①从形式上认为经济法律关系的内容包括经济权利和经济义务。经济权利按照其形成条件可划分为原生权利和取得权利。原生权利即经济权利主体依照经济法律法规、命令章程等法律规范的规定直接取得的，不必依赖特定义务主体的行为就可以行使实现的权利，许多经济职权就属于原生权利。取得权利指经济法主体必须通过参加经济法律

---

〔1〕 职权是权力的具体化，意在强调权力的划分及正当性，而职责有着更为明显的义务性、归责性的指向。参见吕世伦：《社会、国家与法的当代中国语境》，清华大学出版社 2013 年版，第 142~152 页。由于职责在很大程度上和责任勾连在一起，下文我们再进一步阐释。

关系，有特定义务主体为一定行为后才能取得的权利。它的实现，必须依赖于特定权利主体的行为，比如通过经济合同，才能取得一定的权利。经济义务是经济法主体依法必须为或不为一定行为的责任，这种责任是要求负责任的经济法主体，即经济权利主体，在经济管理过程和经营协作活动中，应该为一定行为，以满足经济权利主体的利益或要求，或者不为不利于经济权利主体利益的行为。该观点认为经济法的权义观是纵向经济关系中的权责一致、横向经济关系中的权义对等，对对方及国家均负有义务的统一义务观，该经济法的权义观具体体现为权利和义务一体化、范围的变化引起权利义务的相对变化，权利义务的不可舍弃以及权利异化（权利的不正确行使可能导致失去权利并可能承担法律责任）。相应地，将经济权利和经济义务的种类划分为所有权与正确行使所有权的义务、经济职权与经济职责、经营管理权以及正确行使经营管理权的义务、经济债权与经济债务、工业产权和正确使用工业产权的义务。〔1〕②提出经济法的经济权概念，并认为经济权是经济权力与经济权利的耦合，具体而言经济权也可划分为：经营权（经营者），包括自主生产经营的权利、依法自主定价的权利、拒绝摊派的权利、依法结社的权利、平等竞争公平交易的权利、获得救济的权利；消费权（消费者），包括享有获得产品或享受服务的消费权利、选择消费或经营者的权利等；经济管理权（经济管理机关），包括宏观调控权和市场规制权，具体也可以分为经济决策权、经济执行权、经济监督权等几个层次。〔2〕对于经济义务则没有作

〔1〕 刘文华：《中国经济法基础理论》，法律出版社2012年版，第243~273页。

〔2〕 徐孟洲：《耦合经济法论》，中国人民大学出版社2010年版，第128~142页。

进一步分析。③认为经济法律关系内容的特征在于权（利）力和利益的内在一体性、权（利）力和义务的一体性、义务的纵横一体性、行为或不行为、履行或违反义务后果之奖惩一体性，将经济法律关系的具体内容分为经济职权和职责、所有权和其他物权、其他权（力）利义务。[1]相类似地是，调制、受制主体论者认为，经济法主体及其行为具有非均质性或差别性，其中，调制主体可以享有特定的职权，可以依法从事调制行为，同时，这也是调制主体的职责；而调制受体则可以享有相关的权利，可以依法从事对策行为，同时，也要履行相关的法律义务。这些主体的职权与职责、权利与义务，在其排列、分布、组合上具有经济法的特殊性，从而构成了经济法的“权义结构”或“权义体系”。[2]④认为无论是平等关系中的权义对等，还是隶属关系中的权义对应，都体现为权责的统一，经济权利和经济义务归为一体，没有只享有权利不承担义务的主体，也没有只承担义务而没有权利的主体。并且，经济权利和经济义务往往具有同一性，同一经济法主体所享有的权利，同时又是其必须履行的义务。在具体经济法律关系中，无论权利和义务，相对于国家、社会来讲，都形成了统一的义务关系，都要受到国家和社会利益的制约。学界主要将经济法律关系的权利义务主要划分为国家机关的经济职权、经营者的社会经济义务。[3]

## 二、基于经济法社会本位的评述

尽管表述各异，大体上，以上四种观点都注意到了经济法

[1] 史际春、邓峰：《经济法总论》，法律出版社 2008 年版，第 191~196 页。
[2] 张守文：《经济法理论的重构》，人民出版社 2004 年版，第 396 页。
[3] 程宝山：《中国经济法基本理论》，郑州大学出版社 2013 年版，第 151~156 页。

律关系中的纵向性质，这与经济法律关系中主体的层次性密不可分，突出了经济法的公法性。但几种观点各有特色：第一种观点注意到了横向经济关系中的权义对等，并论及了各主体对国家亦负有义务；第二种观点仍然是从权利角度来分析经济法上的权利义务关系；第三种观点还论及了奖惩一体；第四种观点同样强调对国家和社会的统一的义务关系。基于社会本位论，无论是国家、非政府组织等经济管理主体还是企业等经济活动主体，它们的行为都要受到社会整体经济利益的制约，因而，其作为经济法律关系的主体对于社会而言都是承担义务的，经济职权实质上也是经济职责，经济权利也要直接地受到代表社会的国家意志的正当限制。而经济职权来自经济权利的授予，同样遵循权利产生权力的宪法、行政法原理，故而两者之间必然存在着动态的关联，这种关联的客观依据则在于“市场、政府两手并用”的客观经济规律，尽管这一规律的具体表现形态会基于时空条件的差异而有所不同。

本文认为，经济法律关系的内容中应着重强调职责或义务。首先，诚如第一种观点及第四种观点所言，放在国家和社会这一层面，经济法律关系主体的权力（利）实际上都转化为职责或义务了。对于经济法这一现代法而言，其方法论基础乃是系统论、辩证法，也就是从社会整体出发来看待问题，故而注重强调职责或义务乃是必然的逻辑结果。其次，强调职责或义务更有利于各法律部门功能的互补及协调。民法强调权利本位，虽然其时刻警惕、防止政治权力的染指，但权利一样有肆意滥用的扩张性，例如私有财产权本身即是最大的垄断，而背离社会的垄断实质上是更强大和异化的私权，因而更有限制的必要。经济法恰恰弥补民法这一不足之处以实现权利与权利之间的均衡，其所凭借的也正是代表社会的国家意志的贯彻，这就涉及对国家经济管理权的赋予和相应的职责要求。基于权力肆意扩张的风险，这种赋权和相应的职责要求必然要借助宪法、行政法的控权范式。只有职责主义制约权力滥用，义务主义制约权利滥用，法的体系才是协调有序的，经济法社会本位衍生出的职责或义务主义恰恰起到了这样的关键作用。最后，关于履行经济法义务的褒奖问题同样可以在社会本位论中获得解释，这也是非常重要的。既然有些义务的履行最终是直接对社会整体经济利益的维护或增进，那么社会性的奖励也是合理正当的。例如，有人就认为惩罚性赔偿制度实为奖励制度，是为了弥补政府监管之不足，通过物质奖励的方式，鼓励社会各界同各种不正当竞争行为或制售缺陷产品的行为作斗争。〔1〕由于这个问题与经济法责任密切相关，下文再详述。

## 4.3 责任担当论

由社会本位所决定，经济法责任应充分体现出全局性、过程性的要求，且经济法责任又与上文的主体角色论、职责（义务）重心论密不可分，基于这样的考虑，本文不妨称之为责任担当论。具体而言，它又表现为不同法律责任形式的融合创新。

### 4.3.1 责任担当论的基本理由

简而言之，经济法责任担当论是指，无论经济管理主体还是经济活动主体，均要对社会负责，它们应受此驱使而为或不为相应的行为，并且在整个行为过程中亦受此约束。

〔1〕 孙效敏："惩罚性赔偿制度质疑——兼评侵权责任法第47条"，载《法学论坛》2015年第2期。

## 一、从职权向职责的转化

经济法是“以公为主、公私融合”性质的法，其着眼点是立足于现代市场经济的国家经济管理，既要修复市场机制使其正常发挥作用，也要弥补市场机制之固有缺陷。就法律表现而言，其是对极端个人主义的膨胀及权利滥用的正当限制，也是对个人理性的局限及权利失调的有益补位。因而，经济管理主体应在经济法实践中起着主导作用，并要在社会本位的要求之下有所担当、积极作为。既有的职权划分理论一方面突出了权力的威严及国家权力具体化配置的要求，另一方面也有通过权力制衡、保护市民社会语境中的个人权利的技术考虑，但并未明确地将国家权力与社会经济体系紧密挂钩起来，体现不出社会本位的价值取向。而职责不同于职权，它直接地表达出了国家权力与社会公共利益的结合，明确了职权的运行方向，内在地蕴含着有所担当、积极作为的社会意识，表明了行为与责任的同步性。概言之，职责是权力、行为、责任的高度融合，它更符合于经济法社会本位的要求。诚如吕世伦所言：“由职权本位模式过渡到职责本位模式，就是要削弱传统权力中支配力的解读，激活和强化权力所蕴含的协商、合作、说服、影响等理念，变基于职权支配力的管理为基于职责驱动力的服务。”〔1〕

此外，既然经济管理主体的行为深植于社会本位，责任担当论的另一引申含义就是不能机械地遵循“法条主义”，而是要在代表人民的立法者的“概括授权”的幅度内，灵活地根据经济形势去行事。因为，法律本身滞后于经济发展，而经济发展本身又是不断变化的，且一国一地区的情形又各不相同，社会

〔1〕 吕世伦：《社会、国家与法的当代中国语境》，清华大学出版社 2013 年版，第 151 页。

对于经济管理主体的要求只能是概括的、弹性的。强调责任担当论，就是避免经济管理主体脱离社会本位的要求，机械地以“法无明文规定，政府不可为”作为其不作为的挡箭牌。当然，需要指出的是，尽管责任担当论强调经济管理主体的积极作为以及不作为的动态督促、约束、后果等，但责任担当论并不否认经济管理主体行为的边界（行为无边界在事实上也是不可能的），毕竟，有所不为才能有所为。从这个意义而言，责任担当论旨在突出社会本位对于经济法律规范的最终判断，不妨将社会本位视为规范层面的“元规则”，并据此辐射出全覆盖、全过程的责任体系。

## 二、企业社会责任的强调

如果说责任担当论是对经济管理主体的行为的动态督促、约束、后果等，那么，企业社会责任则是针对最为重要的经济活动主体（企业〔1〕）的要求。事实上，根据社会本位的要求，社会责任还应扩展至个人、企业内部机构等其他经济活动主体，这里仅是以企业社会责任为切入点对经济活动主体的责任担当作出阐释。

以企业为主的经济活动主体的行为，对社会整体经济利益而言，既可以有负的外部性，也可以有正的外部性，相应的抑制或增进主要依赖于经济管理主体的外在规制。原则上，社会经济的无害性规定了经济活动主体的行为边界，这是基础层面的；而社会经济的增益性规定了经济活动主体的行为取向，这是更高层面的。宽泛意义而言，企业社会责任是这两个层面的统一，但就社会担当角度来理解，企业社会责任着重于对社会

〔1〕 实际上，企业是个经济概念，准确的法律概念应当是各类公司、合伙等，这里为了行文方便沿袭既有的提法。

利他性行为（公益行为）的持续激励。而道德也是利他属性的，这恰恰表明了企业社会责任是法律与道德的连接点，它以社会本位为根基，融道德与经济法律为一体，实现了营利性（利己性）与公益性（利他性）的辩证统一。一方面，经济法鼓励企业依法经营，在不损人、不损社会的前提下尽可能营利，这样才不会成为社会的“累赘”，并有更多的能力回馈社会；另一方面，经济法对于企业利他、利社会的行为予以激励，诸如根据社会责任的履行情况来考虑对企业的财税、金融支持等，这又反过来增进了企业的营利能力。这些激励并不直接表现为不利的后果（即传统法意义上的责任），而是表现为机会或潜在利益的丧失，相应的法律规范被学界称为“软法”。[1]可见，经济法在某种程度上已经将基于社会本位的道德因素融入到了法律规范之中，对此，它并不是无所作为，而是形成了新的责任担当方式。事实上，即便是从经济活动主体的社会经济无害性这一层面而言，经济法也不是消极的、事后的，而是积极的、事前的，例如相关的信息披露制度、信誉罚、资格罚等，因为，社会本位必然会引申出“防患于未然”的要求。

### 4.3.2 经济法责任的特点

根据目的论的部门法划分理论，法律责任形式不应和部门法作严格的、机械的一一对应，诸多法律责任形式都不妨被经济法拿来采用或重新构建。同时，经济法也可以创新出新的责任形式。由此，形成了经济法责任形式的综合性、多样性、经济性、专业性等特点。而无论是既有法律责任形式的采用、重新构建，还是新的责任形式创造，均应有利于经济法社会本位

〔1〕 参见尹亚军：“引入软法机制的治理——以经济法利益实现为分析基础”，载《经济法学评论》2015 年第 15 卷。

的实现。可以说，经济法责任是立足社会本位要求的不同责任形式的融合、创新，这也正是责任担当论的具体体现。

## 一、经济法责任形式的表现

为了更好地理解经济法责任，徐孟洲区分了经济法责任及经济法责任形式，并认为，根据违法行为违反的法律规范性质不同，可以把法律责任分为违宪责任、刑事责任、民事责任、行政责任、经济法责任，而根据责任人承担违法行为的否定性法律后果的形式不同，可以把法律责任形式分为承担经济不利益的财产类责任形式、被强制为或不为某种行为的行为类责任形式、承担精神不名誉的精神类责任形式或剥夺自由或生命的人身类责任形式等。某一性质的法律责任可能综合采取几类责任形式，但以其中某一种形式为主。该进路和本文提到的基于目的论的部门法划分理论是相吻合的。接着，徐孟洲列举了几种不同性质法律责任及其对应的责任形式，其中经济法责任又和主体结构（经济管理者、经营者、消费者）相互关联，从而形成了纷繁复杂的经济法责任体系（详见后表）。[1]

徐孟洲的该划分系统清晰地展现了经济法的责任形式。不难发现，经济法责任借助了传统民法、宪法与行政法的责任形式，如赔偿损失、返还权益等是典型的民法责任形式，停止、纠正、调整或撤销违法经济管理行为或经济决策行为则又与行政主体停止违法行为、撤销违法决定或抽象行政行为、履行职务、纠正不当行为等责任形式类似。同时，有些责任形式又确实有所创新，如惩罚性赔偿、大企业的拆分、被宣布为市场禁入者等。这种创新的责任形式在我国实在法中也有所体现，例

〔1〕 参见徐孟洲：《耦合经济法论》，中国人民大学出版社2010年版，第172~174页。

如消费者权益保护法、食品安全法中确立了惩罚性赔偿制度，反垄断法中的责令停止实施集中、限期处分股份或者资产、限期转让营业等，缺陷汽车产品召回管理规定中的产品召回制度等。

| 法律责任＼责任形式 | | 财产类 | 行为类 | 精神类 | 人身类 |
|---|---|---|---|---|---|
| 经济法责任 | 经济管理者 | 赔偿损失、返还权益等 | 停止、纠正、调整或撤销违法经济管理行为或经济决策等 | 剥夺经济管理资格等 | 无 |
| | 经营者、消费者 | 惩罚性赔偿、罚款、扣减企业留利、不予或停止发放贷款或提前收回贷款、停止能源供应、取消优惠待遇、强制转移财产所有权 | 强制整顿、拆分大企业、转让部分营业、改变传统经营方式、产品召回 | 被宣布为市场禁入者、在专业传媒上公开解释或道歉、以等额广告费用在相应范围内公开更正、限制贷款资格与信用能力等 | 无 |

## 二、经济法责任形式的综合性、多样性

由于经济法所保护的法益乃是社会整体经济利益，经济法主体的违法行为不仅可能侵害第三人的利益，而且还会侵犯社会公益，因此，经济法主体违法行为的责任往往较重，通常会表现出多种责任形式的组合，如在财税金融法、竞争法领域中

都可能有行政责任、刑事责任方面的规定。这在另一侧面也表明了经济法作为现代法所具有的辩证性、融合性特点，即对多种责任形式的综合运用。当然，如上所论，从社会整体经济利益的保护及责任担当角度来看，经济法本身也创造了新的责任形式。

其一，关于惩罚性赔偿。有观点从信息不对称、强弱不平等的角度来论证惩罚性赔偿的必要性，形象地认为大人欺负大人和大人欺负小孩的行为性质是完全不同的，故责任方式也应有不同〔1〕。另有观点认为，惩罚性赔偿实际上是动用了社会的力量以弥补国家监管的不足或不及之处，换个角度而言，惩罚性赔偿实际上是对实施社会监督主体的一种奖励。〔2〕事实上，两种观点各有道理。前种观点立足于遏制损害社会整体经济利益的行为，彰显经济法的实质正义要求，后种观点立足于监管的充分有效性，突出了经济法的经济性要求。其他新出现的责任形式如信誉罚、资格罚等也具有类似特点。需要指出的是，不同的责任形式还与经济法主体的多元性、层次性相互关联，由此形成了更为纷繁复杂的责任形式，这方面的研究更为迫切，如国家宏观调控行为的责任属性及承担方式问题等。

其二，关于问责制。社会整体经济利益的保护不能等到违法行为发生之后再落实，要防患于未然，因此，事前、事中的监管尤为必要，在责任方面，这方面的典型法律体现当属问责制。有学者认为，经济法的调整，既需要市场机制作为外部治理力量，也需要公有部门和公有制主导的企业的内部治理机制

〔1〕 陈敏光："企业社会责任及其限定"，载《首都师范大学学报》2016年第2期。

〔2〕 孙效敏："惩罚性赔偿制度质疑——兼评侵权责任法第47条"，载《法学论坛》2015年第2期。

有效发挥作用，将某种组织管理关系特定化、具体化，形成经济责任制。经济责任制的起点是角色责任（responsibility），在角色定位清晰、权义明确、激励机制充分且适当的前提下，尚需对责任承担者不拘一格地问责并要求其不时地解释和回应（answerability），以最大限度地防止角色懈怠、错位或越位，否则行为人就应承担法律及社会的不利后果（liability），即传统意义上的责任和相应的救济、制裁。〔1〕显然，经济责任制是一幅动态的画面，因为其与社会整体经济利益息息相关。同时，与经济管理主体的职责相呼应，经济活动主体在义务、责任调整方面也是动态的，这集中表现在产品召回、市场准入等制度上。

其三，关于专业不名誉罚。专业不名誉罚实质上是国家或行业协会对企业的市场主体资格的取消或限制。〔2〕显然，此种责任形式具有釜底抽薪、净化市场的效果，同时对于经济活动主体也形成了很大的威慑力。现实中的诸多违法行为，往往违法成本低于违法收益或违法行为发现的概率不高，故传统财产性的赔偿责任并不足以遏制违法行为。而专业不名誉罚对于经济活动主体而言，能够对其长期经济利益形成重大影响，显然更为有效，基于社会整体经济利益的要求，此种责任形式理所当然地被经济法所采用。

### 三、经济法责任形式的经济性、专业性

从外在形式来看，经济法责任形式呈现出综合性、多样性特点，而从内在属性来看，经济法责任形式则体现出经济性、专业性的要求。经济性和专业性的要求源自社会整体经济利益

〔1〕 史际春、邓峰：《经济法总论》，法律出版社2008年版，第200页。

〔2〕 王全兴：《经济法基础理论专题研究》，中国检察出版社2002年版，第641页。

的要求，毕竟，社会整体经济利益仍然是经济利益。在现代市场经济体系下，科学有效的规则制度已然成为经济增长的“软性基础设施”，经济增长也是经济法所考虑的重要目标。既要关注经济增长，则不能不对经济运行机制包括市场机制、治理机制了熟于心（专业性），以此为据设计相应的规则，从而，经济法责任形式必然会体现出经济性、专业性。当然，这并不意味着唯经济论，“分好蛋糕”和“做大蛋糕”同样重要，社会公平正义的要求应融入经济增长中。有学者还直接将成本收益理论作为经济法归责基础的分析工具，指出基于私益与公益的保护，以及个体营利性和社会公益性矛盾的解决，对于经济活动中的私人成本和社会成本，必须通过规则来作出补偿，这就是经济法责任制度产生的原因，也是能够归责于相关主体的基础……历史上的无数事实一再证明，只有充分弥补各类主体的成本，充分兼顾其利益，才能实现一个社会的公序良俗和协调发展，而这恰恰是法律，尤其是经济法的重要调整目标。[1]不妨还是以上述三种责任形式为例加以阐释。

第一，关于惩罚性赔偿。从成本收益分析来看，违法行为不仅仅会损害具体的实际受害人的权益，其存在本身更是对抽象的潜在受害人的“现实威胁”，故对私人成本进行补偿的同时，对由此导致的社会成本也要进行补偿。而从实际受害人角度来看，其维权旨在获得对自己成本（即违法主体造成的自己的损害）的补偿，却也“无心插柳”般实现了对社会成本（即违法主体造成的潜在受害人的现实威胁）的补偿，这主要体现为现实威胁的抑制或消除。基于这样的效果，立法应当鼓励受害人维权，对受害人维权获得超出自己损害的部分，则不妨视

〔1〕 张守文：《经济法理论的重构》，人民出版社2004年版，第450页。

为对其的褒奖，并辅之以程序上的公益诉讼制度，进而形成严密有效的法律机制。虽然，这些成本的确定和计算较为困难，需要从技术上进一步精密化，但不失为一种有效的进路。

第二，关于问责制。问责制主要是针对经济管理主体而言的，是约束它的动态责任体系。由于经济管理主体主要由社会授权的国家机关来充当，如因其经济管理行为的违法或未履行提供公共物品的基本职责而使经济活动主体的权益受到损害，从应然角度来说，是应当通过一定的程序、方式给予受到损害的经济活动主体（包括潜在的、不特定的经济活动主体）一定赔偿的。然而，由于社会对于国家机关稳定性、存续性的要求，采用国家赔偿的责任形式是不现实的，而且，国家赔偿的最终来源仍是纳税人的税收，从整体来看，这种赔偿并非真正意义的赔偿，只不过将纳税人的钱转个圈子而已。因此，成本收益分析对于问责制而言似乎是不适用的。事实上并非完全如此，赔偿仅仅是经济性责任形式的一种而已，还要考虑到行为类、精神类的责任形式。在问责当中，解释和回应（answerability）是为了避免经济管理机关走不恰当的“野路子”，不利后果（liability）则更要考虑对社会成本的补偿。既然对经济活动主体的财产补偿是不现实的，不如考虑何种不利后果对于经济管理主体的违法行为的约束更富有针对性。这就需要从效用角度来考察哪种责任形式对经济管理主体而言是“痛点”，根据具体情形的不同，道义上的谴责、主要责任人员政治上的下台、行政处罚、刑事责任形式等均可作为选项。在这种情况下，成本收益分析实质上集中到了经济管理主体上，并且融入了主观性色彩较强的效用概念。虽然经济活动主体因财产性补偿的缺失或不足而对成本（损害）补偿的感受并不直接，但此种补偿是隐性的、长期的。因为，经济管理主体的效用责任方式会倒逼良好的政治团队及决策机制的形成，而这显然有助于实现经济管理行为的持续性、有效性。

第三，关于专业不名誉罚。这主要是针对经济活动主体的，对其而言，即使在对具体受害人予以补偿的情况下，其仍存在违法收益，这种成本收益分析会非常复杂，涉及违法行为发现概率、监管者俘获等问题。因此，一方面要加大执法力度和有效性，可以积极采用收缴其收益的责任形式，使得其违法成本远高于违法收益；另一方面，则要针对那些严重扰乱市场经济秩序的违法行为设置“痛感”更强的责任形式，此即专业不名誉罚，限制或剥夺其经济活动主体资格。与问责制类似，成本收益分析对于专业不名誉罚也是同样适用的，此不再赘述。

### 4.3.3 经济法责任的实现需要借力民法、行政法等其他法律部门

经济法作为现代法，是辩证逻辑的必然成果。从上文分析可见，经济法责任对于多种责任形式是不拘一格地加以采用的，只要有利于经济法社会整体经济利益目标的实现即可。其中，不少责任形式是在民法、行政法上开始使用的，基于上文有所列举，这里不再赘述。

本文需要着重强调的是，经济法责任的实现还需要借助民法行政法的相关机制。如问责制要落实成本收益的对称性就特别需要民主法治机制，让好的、能力强的决策负责人、执行人在恰当的岗位，人尽其用，并用好的制度让其能够有效地和民众沟通、合作，同时，也要施以责任的“达摩克利斯之利剑”，使其不敢不作为、乱作为。这些机制主要依靠宪法、行政法来完善是非常关键和迫切的，经济法对此力有不逮。又如经济活动主体的惩罚性赔偿、精神不名誉罚，其基础违法行为多是通

过其他经济活动主体的权利救济申请而被发现，在很多情形中，经济法上的违法性是在民商法违法性的基础上发展而来的，即侵害私益主体范围的扩大化。当然，基于经济法社会本位的实质正义要求，经济法更富有“穿透力”，对符合民商法层面“表象合法”的行为，会作出实质性的否定，只不过这种否定要有深厚的正当性根基，也要在规范体系当中寻求合理解释，因此，要更谨慎地适用之。但也要看到，这种基于实质正义的否定是对私益保护全面性和持续性的回归，是对民商法精神的提升。无论哪种情况，经济法责任的实现仍然需要借助民商法的范畴、机制，具体包括违法性基础的判断以及权利救济制度特别是诉讼机制等，如在司法救济中，脱离不了原被告的适格审查、审判程序的要求。当然，立足于传承的创新也是必不可少的，特别是具有经济法意义的公益诉讼制度的构建和完善等。

这种借力恰恰是经济法辩证性的高度体现，经济法是部门法在专业分工基础上的融合发展，是研究传统部门法关联与合作的综合部门法，但它并不否定传统部门法的专业性。就经济法自身而言，未尝不可以说，这种专注于辩证融合的法学研究暨部门法本身也是一种专业。而随着传统部门法研究的深入，责任形式日趋丰富和精密，经济法同样可以从中汲取营养，也可以创造出符合辩证融合的经济要求的新的责任形式，并对各种责任形式加以有机组合，以适应社会本位的根本要求。

# 第5章 经济法社会本位的一般实现

经济法社会本位是历史的必然选择，其指向不特定第三人的社会整体经济利益，突出了各层面主体对社会的职责或义务，可作为法治实践中的先验的指导理念，贯穿到经济法规范的构建中，即为主体角色论、职责（义务）重心论及责任担当论。

但这并没有完全落实。经济法作为实践性学科，还与一国的经济增长和经济公平的基本要求以及经济体制、意识形态等息息相关，它必须关注并解决现实问题，只有这样，经济法社会本位才能够最终实现。就经验层面而言，经济法社会本位须经由博弈而具体化，在其实现的过程中，需要考虑到社会本位的中国语境以及相应的实现机制。

## 5.1 经济法社会本位须经由博弈而具体化

经济法社会本位中的“社会”并非虚空或脱离社会实践的理念，它是基于个人的一个有机体；由于它不具有天然的、具象的人格，故经济法社会本位须经由个人的博弈而始能具体化。

### 5.1.1 社会是基于个人的有机体

可以说，经济法社会本位的实现是将理念转化为现实的一个过程，因而，首先需要解决的问题就是对经济法社会本位中的“社会”进行剖析理解。

## 一、理念论与实体论之争

对于社会与个人的理解可以上溯到一个基本的哲学争论，即柏拉图的理念论与亚里士多德的实体论。简要地说，柏拉图通过一般定义来寻找关于事物的普遍概念（理念），并将其实体化和客观化，将其看作是独立于个别事物的实在本体，认为理念是可感事物存在的根据，可感事物正是通过“模仿”或“分有”理念而获得其实在性的。一个通俗的例子是：正如木匠做床，具体的床是对木匠头脑中床的理念进行模仿的结果，每一张床在形态上固然互不相同，但是它们都或多或少地分有了床的理念。理念本身是完美无瑕的，而可感事物只是模仿或分有理念，因而其总是有这样或那样的缺陷的，故而完美的理念应当是可感事物追求的目标。亚里士多德的进路正好与柏拉图相反，他把个别的、具体的事物当作第一实体〔1〕。他从一个个的客观事物（第一实体）出发作了相应的分类及种属划分，并认为这些属性是寓于这些第一实体当中的，并没有独立存在的属性。一个通俗的例子是：苏格拉底（第一实体）——人（第二实体）——动物（第三实体），苏格拉底有人的属性，人有动物的属性，而抽象的人或抽象的动物并不独立存在，只能寓于第一实体当中。

理念论和第一实体论后来演化为中世纪的共相问题，即共相到底是独立于个别事物而存在的客观实体，还是只能寓于个别事物之中的普遍本质或抽象概念？由此导致了实在论（realism）与唯名论（nominalism）的对立。简言之，唯名论认为共相是人的归纳，而没有客观实在的某种普遍性，实存的只是人的独立

〔1〕 关于第一实体的概念，本文第 86~87 页已有涉及，此处略去。

经验和感知。实在论则相反，认为共相本身是客观实在，且先于人的经验的。

## 二、关于社会有机体的理解

将上述争议转换到经济法社会本位的研究领域，相应的问题就是，经济法社会本位中的“社会”究竟是独立于个人的客观实体（理念论、唯实论），还是仅仅是个名号而已（实体论、唯名论）？从社会的构成来看，其确实由个人组成，离开个人也无法谈社会，故实体论、唯名论在此意义而言是正确的，而且，它也能够避免人们将理念绝对化，对社会作出抽象的、武断的甚至凭空的理解。但是，据此就认为社会仅仅是个名号，进而否认社会相对于个人的独立性，则又难免流于偏颇，因为，历史已表明了社会基本形态的稳定性（它不是个人随心所欲就能够选择或决定的）及其进化的规律（它如有机体般有个成长的过程）。就此意义而言，理念论、唯实论又是正确的，而且，它也能指导我们对社会作出一定范围内的想象、构建、规划等。

据上，经济法社会本位中的“社会”乃是基于个人的有机体。一方面，它是在个人的基础上形成的，个人间的行为互动及相应的意识、道德、制度等构成了社会的基本方面。另一方面，社会有着相对的独立性，它反过来影响个人，个人性的生成和完善都离不开它，且社会有着自身的独立的发展规律。例如，斯宾塞指出社会是一个有机体，社会中的人们之间的联系则具有长期和牢固的性质。社会与生物有机体之间存在着许多相似之处，诸如生长过程、结构进化、功能分化、相互依赖等。[1]不妨说，民商法对社会的理解对应于第一个方面，即个

---

〔1〕 参见马远俊：《法律社会学——渊源辨析与学理运用》，湖北人民出版社2009年版，第26~33页。

人本位（实际上也是宽泛意义的社会本位）；经济法对社会的理解对应于第二个方面，即社会本位（实际上是直接的、社会自身的本位）。就经济法实践而言，自然应当强调社会有机体的相对独立性，要研究并把握好个人之间的内在联系、发展规律等，而不是简单地将社会看作是一个名号。但也要立足于个人行为的研究和把握，避免抽象地、武断地甚至是凭空地谈社会，而这也恰恰表明了民商法之于经济法的基础性。换言之，在经济法实践中，要找到个人与社会之间的连接点，研究它们之间的转化机制。对此，博弈论有着较强的解释力和实践属性。

### 5.1.2 博弈论与经济法社会本位的实现

博弈论与经济法在基础上是相通的，可以将其引入到经济法学的研究中去，而经济法社会本位的实现也要经由博弈这一过程。

#### 一、博弈论在经济法学研究中的引入

社会尽管是一个有机体，但它不完全等同于生物有机体。人体之于器官、组织、细胞等，具有天然的、具象的人格，而社会则不然，其主体性的体现是拟制的、模糊的。此外，不同于生物有机体将意识集中于机体的某个部位（大脑），作为组成社会的“细胞”的个人则都有程度相当的意识及感知能力。有学者也是立足于此来质疑经济法社会本位的，甘强认为：“社会作为一个实体的高度抽象性以及其代表的复杂性、多元性决定了经济法无法寻求到社会利益的合适承载主体，也当然不能将社会利益作为立法标准……（在价值导向上）我们没有任何理由认为社会利益就一定优先于个人利益和国家利益。”〔1〕这种观

〔1〕 甘强：“质疑经济法社会本位”，载《重庆广播电视大学学报》2002 年第 4 期。

点模糊地认识到了社会的相对独立性，对社会有机体的特殊性也有一定的认识，但它并没有对社会利益作出细致清晰的辨析，仅仅以现实的操作困难而拒绝对经济法社会本位的实现作出探究，是应当加以批判的。就现实而言，社会乃是由个人之间的博弈形成的，而且，如上所论，经济法所关注的社会本位亦不是虚无缥缈的，它体现了不同于民法、行政法社会利益的实现路径，故而经济法社会本位既可以作为价值导向，也可以作为立法标准。

事实上，完全可以关注个人博弈的性质、形态，并应经由相应的规制手段来实现经济法所追求的社会本位。博弈论为此提供了非常精微的视角和基础，从其基本定义及分类中即可见一斑。就定义而言，1944 年，著名数学家冯·诺依曼与著名经济学家摩根斯坦在联合出版的《博弈理论与经济行为》一书中明确提出了博弈论。博弈论，是指在有关决策主体行为发生直接相互作用的时候选择对自己最有利的对策以及对这种决策的均衡问题进行研究的一种理论。[1]形象地说，即上有政策、下有对策。就分类而言，博弈论基本分为合作博弈（cooperative game）与非合作博弈（non-cooperative game）。一般认为，如果人们之间的互动行为能够达成一个有约束力的协议（binding agreement），就属于合作博弈，反之，就是非合作博弈。当然，还有其他分类，如按照博弈主体信息是否完全，可以分为完全信息博弈和不完全信息博弈；按照博弈主体行动是否有先后顺序，可以分为静态博弈和动态博弈。[2]

博弈论之所以能够运用到经济法学中，是因为两者在基础

〔1〕［美］保罗·萨缪尔森、威廉·诺德豪斯：《经济学》，萧琛译，人民邮电出版社 2008 年版，第 117 页。

〔2〕张守文：《经济法理论的重构》，人民出版社 2004 年版，第 139 页。

上相通。首先，博弈论承认主体的独立地位、利益或目标，由此才有采用对策的前提。这与经济法社会本位中对于个体的尊重和最终维护是一致的。其次，博弈论研究个体与个体之间的依赖和管理，研究的是关系，经济法社会本位也需要着眼于整体性事宜（诸如公共物品、竞争秩序及国民经济体系等），就此而言，两者也是一致的。再次，博弈论的核心是实现合作博弈，在某种程度上即团体理性基础上的总体福利的最大化，这与经济法社会本位追求社会整体经济利益的旨趣是相通的。最后，博弈论在总体上是个体分析而不是整体分析，经济法社会本位也是矗立于民法个人自由交易的基石之上的，只不过它侧重于促进合作最大化、冲突最小化的内生的、良好的交易秩序的构建和实现。

## 二、经济法社会本位的实现必须经由博弈这一过程

首先，在现代市场经济条件下，各物质利益主体高度分化，经济角色及利益诉求不尽一致，社会整体经济利益的生成必然是全体参与人共同博弈的结果，而不是单人最大化行为的结果。也就是说，现实层面的经济法社会本位只有通过各物质利益主体的博弈才能展现出来，不存在抽象的、虚空的经济法社会本位。

其次，博弈论的原理，特别是著名的囚徒困境的例子表明，个体理性在某些情况下会导致集体非理性，也就是个体理性未必总是与集体理性相协调。具体到市场经济中，就突出表现为市场主体生产经营的自利性和盲目性，往往会侵蚀社会整体或长期的经济利益。这就需要国家作为平衡协调的经济力量参与到博弈中从而达到新的均衡，实现个体理性与集体理性的协调，从而实现经济效率、公平正义相统一的整体社会目标。

再次，博弈还是一个动态的、反复实践的过程。如果从博弈论的观点来看，人类历史进程实际上也是“合作最大化、冲

突最小化”的发展进程。各物质利益主体在实践中不断试错，慢慢走向成熟的团体理性，历史上各种正式或非正式的制度在特定阶段总是发挥重要的效用，它们是这种博弈智慧、经验的固化和积累。在博弈的具体过程中，国家凭借其占有的政治经济资源而占据主导性地位，而为了确保其经济管理行为与经济活动主体行为的协调性、有效性，从而实现理念层面的社会本位，就要细致地考察各物质利益主体的目标、偏好、占有的信息以及可能据此采取的策略，从而制定出科学可行的制度规范并有效地执行之。

最后，博弈论的应用重点虽然主要与现实层面的经济法社会本位相关联，但这并不意味着博弈论的应用不受理念层面的经济法社会本位的影响。国家在参与博弈的过程中是代表社会的，从理论上讲，抽象的国家应当是没有自己的利益偏好的，而这对具体的国家机构及其人员而言又是不现实的，两者存在着抽象和具体的根本矛盾，这一问题博弈论本身是解决不了的，可能的路径就在于民主及法治的建设。理念层面的经济法社会本位必须要渗透到具体的制度建设中来，转化为具体的规范要求，一方面要为经济管理主体行为设置职责要求及相关的问责机制，另一方面要为经济活动主体设置经济行为的边界或合法性标准。也就是说，国家是承载着这种理念、要求来进行博弈的，对于合理的均衡要进行促进和维护，对不合理的均衡则要打破、构建新的合理的均衡。可以说，博弈论对经济法社会本位实现的最大贡献在于提供了博弈均衡形成的一般条件及规律，即主体利益偏好、信息、策略的选择需要通过制度的构建来加以协调，而博弈也影响着制度落实的切实有效性。

概言之，博弈论揭示了多元利益主体的实在性及其相应的策略选择，同时，也提出了个人理性导致团体非理性的问题。

为此，必然需要权威的第三方力量的介入，加以平衡协调，方能实现团体理性。在人民主权论的框架下，这一力量来自于社会的要求，只能通过国家加以实施。在经济领域，国家对于经济法法律制度的创制和实施，恰恰是为了约束各利益主体的行为，从而实现整体经济利益的最优均衡。

## 5. 2 经济法社会市位的实现机制

博弈论仅仅是一般性的思路而已，为了实现经济法社会本位的理念，还需要依托经济法社会本位的实现机制，即明确经济法社会本位的基本目标、作用范围、手段方式及其中国语境等。

### 5. 2. 1 基本目标、作用范围及手段方式

基本目标、作用范围及手段方式构成了经济法社会本位实现机制的基本方面。

#### 一、基本目标

目标是理念的进一步具体化，属丁操作性范畴，它既可以是长远的目标，也可以是短期的目标；既可以是全局的目标，也可以是局部的目标。从最长远、最广泛的目标来看，经济法社会本位所要求的目标乃是经济合作的最大化、经济冲突的最小化。在这一目标之下，又存在相互联系的子目标。作为经济与法律制度结合之经济法，一方面要体现出经济性，即要考虑到经济的稳定增长（不妨通俗地称为做大蛋糕），另一方面也要体现出法固有的正义性，即公平分配的问题（不妨通俗地称为分好蛋糕）。两类目标应彼此间的协调本身就是社会整体经济利益、长远利益的重要体现。诚如有学者所指出的："经济法调整

的最高目标是促进经济与社会的良性运行和协调发展，这是经济法有效地解决了个体营利性和社会公益性的矛盾，兼顾了效率与公平的基础上，所形成的一种更高的秩序。”[1]再具体而言，做大蛋糕的目标还具体涉及经济绩效等具体的目标，例如公共物品的提供是完全由政府提供还是采用政府加市场的模式？若采用政府加市场的模式，具体的结合方式又是什么？公平分配的目标则又具体化为基本人权的保障，这在具体的领域中均有体现，例如基本生活资料的不课税、对消费者权益的特别保护等。

## 二、作用范围

经济法社会本位决定了经济法的作用范围涉及社会整体经济利益的相关行为。经济活动主体的经济行为如损及不特定第三人的经济权益、具有社会危害性，经济管理主体则要予以抑制；或经济活动主体的经济行为彼此不协调、影响经济运行绩效，经济管理主体则要予以协作。从经济活动主体角度来看，其行为如逾越了私人自治的范畴或忽视了作为共享利益的公益，其行为便具有了显著的社会性，则经济法就要予以关注和调整。由于这种调整是立足并超越于市场自发运行的基础之上的，因而必然与传统民商法紧密关联。另一方面，经济管理主体实质上也内化为参与整体经济体运行的博弈主体，其对经济活动主体进行的抑制和协作的行为影响国民的基本财产权，因而要根据社会的要求而为之，有必要规范化、法治化。在内容上，这种规范化、法治化必然要符合经济规律，体现出经济法经济性的要求；而在形式上，这又与职权的具体分配和权力的防控密切相关，因而又与宪法、行政法存在紧密关联。

---

〔1〕 张守文：《经济法理论的重构》，人民出版社2004年版，第322页。

以上大致勾勒出了经济法社会本位的基本作用范围，明乎此，才能准确理解经济法的基本功能，指导经济法实践。同时，也就不会过分拔高经济法的作用，使其更好地与民法、宪法行政法等传统部门法协调调整社会关系，丰富和完善法律体系的整体功效。

### 三、手段方式

基于目的论的考虑，凡是有利于经济法社会本位实现的手段方式无不可以拿来用之。由于对行为的规范主要通过责任来实现，这里的手段方式也就主要指的是经济法的责任。对此，在经济法社会本位的规范构建一章中，本文已经具体地探讨了经济法的责任形式问题，大致明确了几点：一是传统部门法的责任形式，经济法都可以不拘一格地加以综合采用；二是经济法可以根据自己的内在要求和实际需要创新出新的责任形式；三是各种责任形式的内化融合就形成了经济法的责任体系。在此，不必赘述。

## 5.2.2 实现机制的中国语境

在经济法社会本位的实现机制中，还要考虑到相应的中国语境，之所以强调中国语境，根本理由在于中国有中国的社会、中国有中国的国情。尽管经济法社会本位是历史生成的、具有一般性的内涵，但也不宜以现代性〔1〕、普适性的意识形态话语

〔1〕 关于现代性的理解，来自西欧社会发展的三个阶段，即古代社会、中世纪和现代社会。按照英国社会学家吉登斯（Anthony Giddens）的看法，现代性一般会涉及经济、政治及观念等三要素。经济上主要是指工业生产和市场经济；政治上则是共和的国家形式、大众民主；在观念上，经历文艺复兴、启蒙运动，个人及其理性更是被无以复加地推送到了神圣的光环之下，启蒙的座右铭就是“要有勇气运用你自己的理智”，个人理性取代了信仰（faith）。参见［英］吉登斯：《现代性的后果》，田禾译，凤凰出版传媒集团 2011 年版。

来淹没基于中国问题的法学主体性。基于该话题的庞杂，且本文意在突出强调中国语境的现实意义，故而仅从经济条件、权力作用、思想观念等大的方面略作论述。

## 一、经济条件

根据前述历史考察可知，市场经济是个历史的范畴。从时间维度看，它经历了不同的阶段，由前市场经济到传统市场经济再到现代市场经济。从空间维度看，基于国情的差异，它在各国中亦有不同的模式，英美模式、莱茵模式及第三道路等，不一而足。

中国由传统的农业国步入工业国家也仅百余年时间而已，而全面进行市场经济也仅是从改革开放开始，可以说，中国对市场及权利的渴求尤为迫切。但这种急切的心境容易被误导或误用，即拿初始阶段市场经济理论来兜售并指导一国的经济暨法治实践，从而导致自由放任意识形态的泛滥。事实上，需要反复强调的是，基于社会本位的国家管理经济已经内化到市场经济的运行当中，构成了市场经济的现代性。在本文看来，“自由放任”的经济思想更多的是基于意识形态宣传的需要，这无可厚非，特别是对于我们这样的市场不发达、权利意识尚未充分觉醒的转型国家而言，也是十分必要的。但也要充分认识到，宣传本来就有“意识形态”的输出效应，本身并不能代替冷静的理论分析，如果不进行彻底的理论分析，满足于拾人牙慧，而忽略了现代市场经济的更进一步的历史转型，那无疑是“捡了芝麻丢了西瓜”。

为此，本文有必要重申社会主义市场经济这一命题，事实上，这一提法比现代市场经济的提法更为准确。立足市场经济本身及市场经济的现代性或社会性，我们既要补市场经济的课、维护个人，也要走现代性道路，保卫社会，既要搞好民商法，也要搞好经济法，不应当有门户之见。

## 二、权力作用

毋庸置言，我国有着长久的封建专制历史，这造就了人们对权力的特殊感知，即一方面习惯于依附权力，另一方面又对权力有着潜在的反感。也就是说，人们对于权力暨背后的国家管理缺乏应有的理性认知。反映在经济领域中，以下两种极端情形都不同程度地存在着，即或本能地希望国家对经济生活包揽一切，或本能地排斥国家对经济的任何管理，而不是客观地、精细地研究国家管理经济的能力和限度、方式。

事实上，权力本身是中性的，如将其运用得当将对经济的发展起到巨大的促进作用，可以说，中国经济的奇迹在很大程度上受益于此。〔1〕这表明，通过一定条件的转换和应用，能够将历史包袱化为前进的动力，变劣势为优势。在本文看来，权力防控与否只是形式意义上的，实质的问题在于权力要回应社会本位的要求，在民主法治的框架下，既要有所不为，也要有所担当。例如，对于个人破坏社会整体经济的行为，如企业的食品安全、排污问题等，沉默的社会只有借助国家或其他组织形式呐喊出来。

至于精细化研究国家管理经济的能力、限度及方式，不妨以公共物品为例加以阐释。一提到公共物品人们可能会简单地将国家供给等同于国家经营。事实上，国家供给的具体方式是丰富多样的，既可以考虑设立国有公司直接经营管理，也可以

---

〔1〕 值得注意的是，有学者正面评价了重商主义与李斯特经济理论的重要意义，认为国家在推动民族国家的经济兴起中功不可没。参见何新：《反主流经济学——主流经济学批判》，万卷出版公司2013年版，第322~340页。

采取社会组织经营、国家监管的方式，如何选择则主要考虑效率。经济学家许小年就指出：“仅在政府的效率更高时，政府经营公共品才是可取的。即便像国防那样似乎是天经地义的政府专营品，历史上也存在着不少反例。”〔1〕根据其观点，中世纪出现的雇佣军实际上就具有购买—出售防务的色彩，后来民族国家兴起，基于巨大的军备成本，国家财政支持的常备军才显示出规模优势来，私人雇佣军退出历史舞台，政府成为防卫服务的唯一提供者。〔2〕

## 三、思想观念

如前所论，民法是权利之张，经济法则体现了社会本位要求下的权利之驰，经济法社会本位内含着政府与市场的耦合及平衡协调之意。可以说这与我国既有的中庸及和的哲学理念是十分吻合的，如将这些因素有效地注入权利之中，就会形成相应的谦抑性，从而顺应现代市场经济暨其法治的要求。

但还应看到，我国既有观念中能动性一面的缺乏。中国哲学是水的哲学，尽管能够顺应变化、因势利导，却是被动的、甚至是随波逐流的哲学；而西方哲学则是火的哲学，具有自我燃烧的能动性，且仍保持着相应的规范性，是能动性与规范性的

〔1〕 许小年：《自由与市场经济》，上海三联书店 2009 年版，第 26~27 页。

〔2〕 中世纪西欧城市的防卫经历过由民兵到雇佣兵再到常备军的演化过程。之所以由雇佣兵演化为常备军，雇佣兵的忠诚度是一个重要因素，但防务提供效率是个根本的因素。由于火药的传入，步枪、手枪、火炮开始被应用于战场，雇佣兵自备武器的情况就不适应新的形势了。“雇佣兵无法自备步枪，因为子弹的口径必须统一，只有靠城市自己供应，否则雇佣兵自备的步枪将无法持久作战。大炮更需要城市购买或制造，因为价格太昂贵，雇佣兵无法自购。炮弹的供给同样存在口径统一的问题，雇佣兵也无法保证炮弹供应。”参见厉以宁：《欧洲经济史》，中国人民大学出版社 2015 年版，第 154 页。

统一。[1] 这反映在经济法领域中，则是国家对于经济管理的担当性不够，如限于机械的法条主义该为而不为，对食品、药品安全及非法金融交易所的疏于监管等；以及对于经济活动的创新及风险收益的制度配置缺乏主动性的建构，例如对于破产法理念的认识不到位，忽视了破产法的社会资源的再配置功能及其内含的鼓励创新之意。

此外，更具一般性的问题是，人们似乎对权利或义务倾注了更多的主观偏好，认为权利就是好的，义务就是负担等。这既不符合基本的法治规则，更脱离了社会本位的深层要求。事实上，正如本文所指出的，权利、义务、权力本身是价值中性的，它们既可以为善，也可以为恶，权利和权力一样可能被滥用，而义务的履行在增进社会利益的同时也会增进自身的利益。在某种程度上说，经济法基于社会本位的要求关注权力及义务的善用，在规范构建及其实践中强调职责（义务）重心论具有正当性，人们遵守也是理所当然的，对于诚信观念有待强化、社会自治能力有待提升的我国而言，更是如此。这实际上是良序善治的基本要求，并不因为权利、义务或权力的字眼而有所改变！

## 5.3 经济法社会本位的法治运行

法治运行大致分为立法、执法、司法和守法等诸多环节。科学立法、严格执法、公正司法、全民守法一般被描述为法治运行的良好状态。一方面，经济法作为社会本位法，关乎社会整体经济利益，对于上述法治运行的基本要求必然是要强化的，

---

〔1〕 可参见邓晓芒：《思辨的张力——黑格尔辩证法新探》，商务印书馆 2008 年版，第 12~37 页。

无需多言。另一方面，经济法作为现代法，富有系统性、动态性等特点，又给整个法治运行提出了新的问题和挑战。

### 5.3.1 立法方面

#### 一、处理好民主与集中的辩证关系

根据博弈论，经济法应当尊重各利益主体的独立地位和多样性，这与民法上抽象、同一的法人制度是存在差别的。基于社会本位的要求，必然要求各利益主体独立、充分表达各自的利益诉求，在立法过程中畅通其意见表达的渠道，通过理性的协商让步来达成社会共识、确立社会公共利益。从这个意义上说，经济法法律规范的创制是一个协商民主的过程，绝不是由上而下通过国家命令来形成的。但另一方面，任何法律规范的创制必然要体现为一种集中，依托国家强制力而被赋予法律上的效力。这就涉及更深刻的命题，即民主与集中的关系问题。民主可以从两个层面来加以理解，作为应然价值层面的民主即人民当家做主，是千古不破的价值真理，而作为决策技术层面的民主即多数决原则，很难说其会必然走向真理，历史上多数人暴政的例子并不罕见。从意见（多）走向真理（一）是个过程，决策技术层面的民主也仅仅是一种技术而已，何种意见具有真理性与其支持的人数并无必然联系，支持人数多的意见优于支持人数少的意见在逻辑上是以众胜寡，并不具有天然的正当性。民主的意义一方面在于，博采众长、尽量消除信息的不对称，增强决策的科学性；另一方面在于，在很多情况下，有决定总比没有决定好。

据此，本文认为，在民主意识形态泛化的背景下，对于集中的强调是尤为必要的。一方面，对于历史经验形成的普适性的真理，必须集中地加以贯彻，如对经济活动主体的基本财产

权的保护、对市场机制作用范围和原理的准确认识和适用、对明显违法行为的追究等，对于这些底线绝不能以“臆造”的民主而加以歪曲。另一方面，对于一些新生事物，没有既定的经验和做法可资遵循，就需要多尊重相关利益主体的诉求及意见，同时也要多听取不同行业领域及各个角度的专业性意见，集中寻找好的办法及路径，从而形成相对较好的经济法律制度规范。例如，对于网约车这一新兴事物，存在着消费者的便利和安全、出租车经营者的竞争权、网约车经营者的营业权等诸多交错复杂的利益关系，各国的监管思路及方式也不尽相同，这就要求立法部门及监管部门多征求意见、多借鉴经验，通过协商民主达到理想的集中。经济法社会本位更是要求国家通过经济法律规范平衡、协调各利益主体的经济行为，达致“冲突最小化、合作最大化”的理想境界，不得没有民主，也不得没有集中，而是要辩证地处理好民主与集中的关系。对此，老一辈革命家陈云作了精辟之论，总结为：“不唯上、不唯书、只唯实，交换、比较、反复。”〔1〕

## 二、处理好授权与控权的关系

在立法方面一个重要的突出问题就是经济管理主体凭借其权力而行使的管理、协调行为往往会对经济活动主体的基本权利产生广泛而重大的影响，为了使其在社会本位的轨道中运行而不至于“跑偏”，就还要处理好授权和控权的辩证关系。对此，对于公权力运行中的法定原则就要加以强化，这自然要借用到宪法、行政法中的相关原理和制度设计。按照一般性的理

〔1〕中共中央文献编辑委员会编：《陈云文选》第 3 卷，人民出版社 1995 年版，第 46 页。而在笔者看来，还要加一个不唯下，因为多数人的认识有时也有偏差或被操纵的可能，这也是对学者独立性的一种要求。

解，立法权原则上应由立法机关独享，而为了应对复杂的现实状况，在有正当理由的前提下，可以就部分非重大事项对行政机关作出立法授权（也即法律保留原则）[1]；同时，对行政权力行使主体、权限、程序、方式及责任作出明确、科学的规定，切实做到依法行政。这些宪法行政法关于权力防控的原理对经济法同样是适用的，而且，基于经济管理行为的影响，这些原理还应当进一步强化。所不同的是，经济领域中的立法极为复杂，动态性、专业性的要求也较高，对经济管理主体授予部分立法权更为必要，也更为普遍，典型的即对宏观调控中相机抉择的尊重和认同。因而，授权和控权的矛盾在经济法视域中就更加凸显了。

为了处理好这对矛盾，一方面，在授权层面，要做好权力清单，分配好立法职权，目前，在很多具体的经济法领域还缺乏基本的立法，这与经济社会的客观发展需要是不相符合的。如国债领域还没有国债法；税收领域仍然缺少税法通则，有些税种适用的甚至还是暂行多年的条例[2]；在中央和地方财政收支划分方面缺乏基本的法律，致使央地之间的博弈缺乏透明的规则，摩擦不断；有关计划制定及实施的计划法目前也是空白。这些方面均涉及立法职权的具体分配等，也需要给予行政机关必要的弹性空间以适应复杂多变的经济运行，换言之，此种赋权应当是动态性、框架性的赋权。而在实际运行当中，具体机关的角色不同，存在着部门利益问题，并且各类利益集团的影响也在加剧，这就决定了对于经济管理职权必须有放有收。除

〔1〕《中华人民共和国立法法》第 8 条、第 9 条是法律保留原则的具体体现，这方面的研究也日趋深入。

〔2〕例如增值税领域中适用的一直是 1993 年由国务院制定的《中华人民共和国增值税暂行条例》，虽然相关部门在 2008 年对该法进行了修订，但仍然没有上升到法律层级，这与税收法定原则及法律保留原则是不符的。

了宪法、行政法一般性控权原理及机制的运用，经济法为了适应经济运行动态性、复杂性的情形，还发展出了问责制与之相协调，从而保证立法的法定性、规范性。当然，问责制最为重要的作用是基于社会本位的要求对立法实质合理性进行拷问，它已深入到经济性的内在要求当中。当前，问责制在经济法立法当中的实践并不成熟，既涉及行政体制机制方面的问题，也与责任形式的研究、发展的不足相关。此外，笨法、错法问题同样重要，立法质量及相应的纠错机制尤其值得深思。[1]

## 三、以网约车新政为例的阐释

还是以近期的网约车新政为例对上述相关问题作出阐释。中央层面将网约车合法化，并在原则上规定了网约车、驾驶人员的安全准入条件等，社会叫好，但在地方实施细则的制定过程中，部分地方政府却要求网约车的驾驶员必须为本地户口并对车型也作了苛刻的限制，对此学者批评不断，认为地方立法违反了行政许可法或侵犯了公民基本的就业权。[2]如果从经济法立法的赋权、控权论角度看，本文认为，首先的前提问题是网约车与出租车究竟是不是一回事，以此确定立法的层级问题；其次，基本财产权和就业权问题是底线，不可逾越，除非有充分正当的理由予以限制。申言之，地方利益（如保护本地人员就业）相对于社会整体利益是否具有正当性，网约车是否影响

〔1〕关于错法纠正机制，学界探讨较少，可参见史际春、冯辉："论错法如何纠正"，载《新视野》2010 年第 1 期；史际春、孙天承："论错法现象——以经济法领域为中心"，载《南京师大学报》2015 年第 2 期。

〔2〕相关文章可参考"张效羽：明显违反行政许可法的网约合地方立法"，载 http://blog. sina. com. cn/s/blog_ 5daa86ac0102x3xd. html，访问日期：2016 年 10 月 9 日；张维迎："地方网约车新规不应漠视穷人的权利"，载 http://finance. qq. com/a/20161017/038360. html，访问日期：2016 年 10 月 17 日。

交通安全及资源占用等问题需要通过对话和实证的数据来呈现，而不是通过政府的单方说辞予以确定。再次，如存在地方利益驱动的立法，影响了法律的整体性、实效性，应该通过相应的错法纠错机制予以纠正。就目前来看，备案审查制度的效果并不理想，可否以及如何借鉴域外的经济法公益诉讼制度来加以完善更是个宏大的问题。但无论如何，经济法立法如果偏离了社会本位，为部门或地方利益所要挟，法的社会性或公共性势必被削弱，这是不符合现代法治原则的。

### 5.3.2 行政和社会执法方面

#### 一、侧重于行政主体的执法

经济运行是动态和复杂的，事实上，人们对市场的认识至今未穷尽，市场与政府的关系问题将是个永恒的话题。政府作为经济管理主体需要直接参与到经济运行当中去，因而，其与市场必然更为贴近，而法院基于中立性与保守性的要求，与市场的距离则相对较远。而且，经济法社会本位又决定了权益保护的紧迫性、灵活性，故在执法上更侧重于积极的执法而不是消极的执法。故“经济法运行，与传统部门法运行的一个重要区别是，经济法的实施主体，主要是政府，而不是法院”。[1]此外，政府被赋予相关的准立法权和准司法权也是必要的。但目前，职权不明晰、滥用职权或超越职权的问题仍然较为突出，这与上述的立法方面也有着密切的关联，需要通过法定原则和问责制的贯彻和落实来加以解决。而在相对微观的市场规制层面，如税收征管、银行监管、价格规制、质量监管等，涉及具体的执法行为，经济活动主体也相对特定，但也不能忽视执法

〔1〕 张守文：《经济法理论的重构》，人民出版社2004年版，第472页。

的规范性。这是因为，宏观的经济管理行为立足于基础的市场规制行为，并需要通过基础的市场规制行为来加以实现，基础的规制行为与宏观的经济管理行为是统分结合的辩证关系。

## 二、侧重于本益分析的执法

除了法律因素本身外，经济政策、社会政策等因素也对经济法的执行起着非常重要的作用。这是因为，经济法作为现代法，在社会本位的要求下，既要考虑如何优化部门法之间的内在关联，发挥综合调整的优势和效用；也要考虑经济与法之间的内在关联和优化组合问题，促进经济与法之间的协调发展。可以说，经济法本身就融合了经济与法、效率与正义的双重目标。对于立法、执法而言，就不能不考虑经济效益问题，虽然，这不是唯一的因素。而在执法过程中，就应侧重于本益分析。当某些违法行为获益所得远高于违法成本时，屡禁不绝就不难以理解了。例如，《中华人民共和国城市房地产管理法》第45条〔1〕明确规定未获得预售许可证的禁止售卖期房，但实践中，还是有很多开发商通过预付款或优先购买权等方式来规避这一规定进而获得融资，从而人为抬高了交易的不对称性。基于维护广大购房者权益及房地产行业本身的特殊考虑，执法机关在执法上力不从心，他们往往通过补办手续等非规范化的做法来解决，这就削减了法治的权威和效果。对开发商而言，融资收

〔1〕 该条规定，商品房预售，应当符合下列条件：（一）已交付全部土地使用权出让金，取得土地使用权证书；（二）持有建设工程规划许可证；（三）按提供预售的商品房计算，投入开发建设的资金达到工程建设总投资的百分之二十五以上，并已经确定施工进度和竣工交付日期；（四）向县级以上人民政府房产管理部门办理预售登记，取得商品房预售许可证明。商品房预售人应当按照国家有关规定将预售合同报县级以上人民政府房产管理部门和土地管理部门登记备案。商品房预售所得款项，必须用于有关的工程建设。

益明显高于违法成本，违法冲动也更强，法律上是否可以考虑资格罚等责任方式就非常值得研究。

### 三、关于网约车规制的执法缺位

在网约车新政之前，网约车的合法性悬而不决，网约车处于是否属于“黑车”的尴尬境地，在执法上就容易出现饱受老百姓诟病的“选择性执法”现象，进而影响社会效果。而从网约车行业的发展来看，相应的执法机关并未积极履责。容易忽略的问题是，网约车早期发展过程中的补贴大战则并不属于“立法悬置”问题，对其所引发的无序竞争问题，执法机构理应基于社会本位的要求作出及时的回应。然而，执法机构显然是落后了，由此导致了“野蛮生长”，给社会带来了一定的不利影响。而由于执法缺位，相关的本益分析自然也无从展开了。

## 5.3.3 司法方面

### 一、司法必要性的重点

经济法回应的是复杂、动态的国民经济运行问题，社会本位时时涉及全局，为了避免“覆巢之下、焉有完卵”的后果，就必须充分发挥执法的主动性、动态性功能。而传统司法的根本特点是中立性、被动性、事后性。这就决定了司法因素在经济法运行中的相对弱化。事实上，很多经济法方面的纠纷往往通过政府部门的准司法前置制度予以解决，当然，这更多的是基于效率或专业的考虑。但无论如何，权力制衡的法治要求及司法救济的最终性决定了司法环节仍然是整个经济法运行的重要环节。职责主义乃是经济法社会本位的重要指向，就现有法治文明而言，政府暨其他主体的职责或义务是否很好地面向社会并得到有效落实，司法制度仍是基石所在。司法因素的弱化主要体现在“量”上，而在“质”的方面，反而应当加以强化。司法被动性、事后性绝不是司法不作为，经济法社会本位要求司法必须集中处理那些影响面广、涉众多等具有显著社会性的纠纷。而在纠纷解决的过程中，问责制中的不利后果（liability）的责任也必然要借助司法予以落实。

## 二、司法社会性的强调

镜头回到现实。不可否认的是，理念和现实之间仍然存在很大的距离。最突出的可诉性不强问题一直困扰着学界和实务界。长期以来，我国的法院系统基本上是民商事审判、行政审判、刑事审判思维相分立，在机构设置上也是民庭、行政庭、刑庭分别设置、壁垒分明。尽管早期也有关于经济庭的设置，但这一设置却与经济法并无多大关联。诚如有学者指出，“经济法与经济庭并不存在一一对应或称一一映射的内在联系，经济审判并非全部依据经济法来对案件进行审理和判决，实际上的经济审判已经有了泛化的意义，它与法学上界定的经济法的调整范围是不尽相同的。”〔1〕这导致的后果是司法社会性的消减。典型的例子即基于“原被告二人”而非社会整体审判思维下出现的虚假诉讼问题〔2〕，随后立法部门通过修改民诉法、确立第三人撤销之诉制度以应对这个问题，但叠床架屋，第三人撤销之诉制度在一定程度上与案外人申请再审制度相抵牾，而这实际上是缺乏大民事审判观的制度后果。又如，关于公益诉讼的

〔1〕 张守文：《经济法理论的重构》，人民出版社2004年版，第550页。

〔2〕 在审判实务中，最高人民法院将上诉人上海欧宝生物科技有限公司与被上诉人辽宁特莱维置业发展有限公司借贷纠纷一案首次认定为虚假诉讼，并将其作为指导案例，详见最高人民法院（2015）民二终字第324号民事判决。随后，最高人民法院又于2016年6月出台《最高人民法院关于防范和制裁虚假诉讼的指导意见》。

推进也是非常缓慢的，目前，主要限于消费者权益及环境保护方面，而且，在具体制度细节和程序上也缺乏实践经验。不可否认，上述现状与我国的政治体制及治理传统存在密切关联，但在实现经济法社会本位的过程中，对司法因素的重点强调却是殊为必要的。

### 三、关于网约车规制的司法缺位

不难发现，在此次的网约车新政中，出租车行业与网约车行业的博弈都缺少了司法的背景。网约车行业的补贴是否构成对出租车行业的不正当竞争只是反映在出租车行业的示威或相关的舆论中，法院则一直缺位。而地方立法部分条款的合法性（如就业权的限制）及问责制的落实等问题更是不可诉了，这些被限制就业权的“沉默的大多数”似乎并没有相应的司法救济渠道。这些状况反映了网约车规制的司法缺位，也说明了，由于能动性、社会性的不足，司法系统在经济法社会本位的实现中，作用十分有限。

## 5.3.4 守法方面

### 一、权利谦抑性的强调

法律如能获得民众的广泛认同并被自觉遵从，将会大大减少法治的运行成本。一方面这自然离不开立法的科学性、执法的有效性，另一方面也与民众的切身利益及法律意识息息相关。从法律意识来看，随着改革开放以来市场经济的发展及相应意识形态的变化，片面、不严谨的权利本位观被反复强调和弘扬，这对于拥有长期封建专制历史的我国来说，其重大价值不容否认。但需要注意的是，现代市场经济早已不再是原始的市场经济了，对于我国来说，既要补市场经济的课，也要加快落实市场经济的现代性，这无疑是艰巨的任务。在法律意识方面，权利至上与官本位的观念同样是不合时宜的。权利与权力一样有其边界问题。一方面，权利的背后是具体的利益，显然要与有限的社会资源的承载能力相适应、相协调。另一方面，权利之间不可避免地存在冲突或失衡、失调等问题，因而需要基于一定的价值判断来明确权利之间的边界、协调彼此之间的冲突及失衡等。如果说民法个人本位是为了彰显个人理性、自主性，旨在突出权利张扬的一面，那么经济法社会本位则是为了彰显团体理性、权利的适当性及权利之间的协调性，旨在突出权利谦抑的一面。只有权利张弛有度，才能实现稳定、持续的发展。民法个人本位观只是权利“张”的一面，从系统角度来看还是不全面的，它忽视了共享利益也是个人利益的重要组成部分、合作产生的增量利益远比我得你失的存量利益更为重要。经济法社会本位观则提供了权利“弛”的一面，社会通过国家经济权力的行使让个人权利在合理范围内运行，权利之间获得协调发展，从而使每个个人获得了更广泛、更长远的经济利益，也即社会整体经济利益最大化。

## 二、网约车问题的例证

可见，在守法方面，民众的法律意识不能仅仅停留在片面的、不严谨的权利本位观这一狭小领域，而应长远地放眼全局，要有社会意识和社会责任感，这对于经济法社会本位的实现来说，是至关重要的。在现实中，基于片面的权利本位观已导致了诸多问题。如网约车平台公司早期基于抢占市场的考虑，通过巨额补贴实现“野蛮生长”，虽然其打着“互联网+”或共享经济的大旗，但不可否认的是，这些行为存在着不正当竞争之嫌，特别是对出租车公司的公平竞争权构成了妨害，出租车公司及其员工的罢工、抗议也是此起彼伏。学者媒体在给予“互联网+”或共享经济耀眼光环的同时，绝不能忘了网约车平台公司同样负有的企业社会责任，而网约车平台公司的守法意识、权利意识也要与其“互联网+”的现代性相匹配。只有这样，各主体的相关利益才能获得平衡协调，从而实现更持续、稳定、健康的发展。

# 第6章
# 经济法社会本位的具体实现

经济法社会本位的具体实现还应贯彻到经济法的具体制度中去，它们从各自的角度丰富了经济法社会本位的内涵，彼此之间亦存在内在的联系，并统一于经济法社会本位。

从社会本位的视野来看，私主体的短期、局部物质利益应让位于长期的、全局的社会整体经济利益；而基于多元的社会阶层结构，社会整体经济利益并非铁板一块，因而，小范围内、短期内的地方利益或集体利益应当互相博弈、沟通和民主权衡，以实现并让位于更广泛的、长期的全体利益。这种基本要求的实施有赖于国家代表社会，通过经济法律制度将社会本位的理念贯彻到最基本的经济单位（主要是企业）中去。由此，就形成了层次鲜明、内在统一的经济法具体制度的结构。根据系统论的要求，各具体制度之间存在内在的关联，且具有社会本位的内在统一性。故在体系上，应该呈现出自上而下的连贯性和协调性。具体而言，规划和产业政策法具有目标导向的功能，规划法在全局上指导、引领着国家对经济的管理，产业政策法则将目标具体化为若干产业部门，分门别类、因时因地地加以调整、落实；财政法、金融法则为上述目标的展开提供了坚强的物质基础，同时也发挥着固有的国民经济调控职能，为社会提供良好的国民经济秩序和环境；反垄断暨竞争法则与市场机制有着直接的关联，其根本任务就在于修复市场机制；企业法则将上述规划、产业政策、财税金融、反垄断暨竞争等方面的要求内化为企业的基本制度。

需要指出的是，企业固有的市场主体地位和市场机制的自发调节作用并未因此而取消或削减，民商法权利张扬的禀赋和功能仍值得肯定。只不过，权利应张弛有度，平衡协调方能健康长远，国家代表社会调控经济乃是弥补市场机制之缺陷、补位其不及之处或修复其失灵之处，其本身要建立在充分理解、尊重市场机制的基础之上，对其成长予以关爱、扶持而不是简单地代替，故而，国家的经济调控本身亦要受到规制。唯此，自发的市场之手和自觉的国家之手才能统一于社会，耦合为最为有效的资源配置机制。

## 6.1 对规划法的社会本位审视

规划法立足于社会本位，对国民经济的发展予以指导、引领，发挥着目标导向的作用。规划及规划法的脱法性依社会本位性而定，其应在理念、内容及方式上对社会本位作出回应。

### 6.1.1 规划（法）的社会本位性

规划作为人类有目的之行动方案，在进行统筹安排时既要考虑到整体，也要考虑到长远，所谓“凡事预则立，不预则废”。就内容来说，规划不单纯是经济事务，还包括了诸多社会事务，我国的1982年宪法将国民经济计划调整为国民经济与社会发展计划，再如《中华人民共和国人口与计划生育法》等。当然，从经济法角度来说，本文讨论的规划主要涉及经济事务，而在现代市场经济条件下，经济事务与社会事务是水乳交融的。就性质而言，规划是立足现在、面向未来的，在一定程度上要超越现有法律框架之下的利益构造，故而表现出一定的“脱法性”。此种意义的“脱法性”在本质上是基于经济资源更加公平有效的配置的考虑，为主动调适法律等上层建筑以适应变动的经济基础提供有约束力的指引，因而，具有相当的合理性基础。有学者指出，“规划是事先主动配置资源、协调府际利益冲突的机制……规划可以发挥其优先于立法的优势，预先设计利益调和机制。”〔1〕当然，和其他领域中的政府权力一样，规划也存在着因权力恣意倾向而导致的“脱法性”，而此种意义的“脱法性”显然不同于上述意义的“脱法性”。

从工具和手段意义而言，计划和规划是等同的，它与各国的经济体制并无必然联系，并被广泛使用。诚如邓小平所言：“计划经济不等于社会主义，资本主义也有计划；市场经济不等于资本主义，社会主义也有市场。计划和市场都是经济手段。”〔2〕我国素有计划统筹的理念和方法，但在我国完善社会主义市场经济的时代背景下，基于对指令性计划的敏感，为避免不必要的意识形态之争，计划往往被表述为规划。自2006年十一五规划期开始，我国将以后五年计划改称为规划。与此形成鲜明对照的是，罗斯福新政在事实上也采取了计划的手段，罗斯福复活了美国规划的使命感，将美国全部规划理论完全呈现在新政之中，但舆论将话题放在政府干预市场的合法性上，忌讳使用计划一词来解释历史事实。〔3〕

可见，规划是关于经济社会事务的全局性、长远性构想，它作为手段应紧密地与社会本位联系起来，而这一基本路径即规划法。

---

〔1〕 宋彪：“规划立法论”，载《经济法学评论》2016年第16卷。

〔2〕 中共中央文献编辑委员会编：《邓小平文选》第3卷，人民出版社1994年版，第373页。

〔3〕 See Patsy Healey, “Tradition of Planning Thought”, in Susan S. Fainstein and Scott Campbell eds, Readings in Planning Theory (1st edition), Willey Blackwell, 2012, p. 219.

### 6.1.2 规划法对社会本位的回应

首先，从理念上说，规划应把握好发展为了人民、发展依靠人民、发展成果由人民共享、发展由人民做主等要求。[1]规划法自然应把回应社会关切作为规划的基本出发点和落脚点。其次，就具体方式而言，规划要群策群力，通过博弈和民主集中制充分调动社会力量来参与公共决策。规划法就要据此设计出各种程序和手段来保障公众的参与权、表达意见及参与决策的民主权利，而绝不能让政府来拍脑子办事，否则，就会蜕化为“简单粗暴”的计划指令。再次，就具体内容而言，规划还要兼顾好现实性和前瞻性，特别是要处理好市场和政府的动态性问题。市场在资源配置中起决定性作用和更好发挥政府作用，[2]在不同历史条件下表现出不同的具体形态，规划法既要考察现实形态，也要从未来趋势上对其加以想象和构建，并作为全国各族人民共同的行动纲领。最后，规划法的落实也需要其他相关子部门法的配合、协调。例如，对于民众参与决策权利的保障、政府权力恣意的约束就需要通过宪法、行政法来完成；对于规划法实质内容的落实，就需要将其与预算、财政、产业等政策相衔接。有学者提到，规划与财政、金融政策是目的和手段的关系。规划是基础和依据，确定经济社会发展的主要目标和总体要求，财政、金融根据规划目标确立财税、货币政策，并利用各种经济手段实施这些政策。[3]

---

〔1〕 参见杨伟民主编：《发展规划的理论与实践》，清华大学出版社2010年版，第22页。

〔2〕 党的十八届三中全会通过的《中共中央关于全面深化改革若干重大问题的决定》明确指出，经济体制改革是全面深化改革的重点，核心问题是处理好政府和市场的关系，使市场在资源配置中起决定性作用和更好发挥政府作用。

〔3〕 宋彪：“规划立法论”，载《经济法学评论》2016年第16卷。

可以说，上述理念、方式及内容充分体现出规划法社会本位的几个不同层面。就现实而言，理念仍需不断加强，特别是要避免回复到计划指令时代，在方式上则应更多地落实民众参与性，并细化出可操作性的制度规范，在内容上则应进一步厘清市场和政府的边界及其互动关系，统筹各种经济手段和方法来促进社会整体经济利益的发展，使其惠及人民。

## 6.2 对产业政策法的社会本位审视

产业政策法将规划法所确定目标具体分解为若干产业部门，并分别加以调整和落实。产业政策是必要的，关键在于以社会本位为基点对其加以完善，使之立足于民主与市场之上，从而与其他具体法律制度进行有效衔接，同时也要理顺其与竞争法之间的关系。

### 6.2.1 产业政策（法）的社会本位性

随着现代市场经济的日渐深入，产业政策及相应的法治建设本身是否必要的问题被重新提出来，并引起了广泛的关注和争议。在经济学上，以张维迎为代表的否定派认为，由于人类认知的局限和激励机制的扭曲，产业政策会导致寻租行为，使得套利比创新更有利可图，误导企业家投资选择并且特别容易导致不公平竞争，因此，产业政策是注定要失败的。[1]以林毅夫为代表的肯定派则认为，经济发展有产业政策才能成功，经济学家不要一概反对。在经济发展过程中，发展中国家的政府

〔1〕 参见“张维迎再就产业政策怒吼：人类认知局限和激励机制扭曲无人能解决”，载 http://comments.caijing.com.cn/20160922/4179139.shtml，访问日期：2016 年 12 月 1 日。

可动员和配置的资源有限，不可能满足各种可能的技术创新和产业升级所需的外部性补偿，和完善所有相应条件的要求。因此，和企业一样，发展中国家的政府也必须对可能的技术创新和产业升级的经济和社会回报做出甄别，按“伤其十指不如断其一指”的精神，以“产业政策”集中有限资源，协助企业家从事那些回报最高的技术创新和产业升级，只有这样才能促进经济最好最快地发展，避免陷入“低收入陷阱”或“中等收入陷阱”。[1]

事实上，产业政策确实存在着上述的利弊问题。而产业政策法的社会本位性恰恰体现在对产业政策的兴利除弊上，并不因为产业政策之弊而因噎废食，而是要通过发挥法律所固有的规范和保障功能，让市场和民意群策群力来甄别比较优势产业并通过政府组织资源加以扶持，同时要消除可能存在的寻租和政府俘获问题。一方面，法律既不能让产业政策越位挤占本应由市场机制发挥作用的领域，也不能让产业政策在应由其发挥作用的领域缺位。[2]另一方面，应当通过主体、权限、程序、方式等方面的规范来对政府的产业政策的制定及执行加以约束，并通过动态的问责制及司法审查来加以保障，对权力的缺位、越位及错位等进行有效遏制。

---

〔1〕 参见“林毅夫为产业政策正名：经济发展有产业政策才能成功经济学家不要一概反对”，载 http://business. sohu. com/20160912/n468293666. shtml，访问日期：2016 年 12 月 1 日。

〔2〕 史际春主编：《经济法》，中国人民大学出版社 2010 年版，第 206 页。

### 6.2.2 产业政策法对社会本位的回应

**一、应根据国情强调产业政策的善用，而不是一概反对，这是产业政策法存在和发展的基本前提**

从经济理论上说，诚如新结构经济学的观点所言，现代经济增长的本质是技术的不断创新、产业的不断升级以不断提高劳动生产率的水平，以及与产业、技术相适应的硬的基础设施和制度（软的基础设施）的不断完善以降低交易费用的结构不断变迁的过程。[1]产业政策的框架是产业甄别和因势利导。简言之，甄别出潜在的比较优势产业并集中优势资源加以扶持，并配套地完善相应的软硬件基础设施以降低交易成本，鼓励创新并按照合理的激励机制给予创新者外部性补偿。从历史经验来看，工业革命的深入及各国产业升级无不有产业政策的影子。而且，即使在任何成熟的市场经济条件下，市场亦不是万能，需要有为的强力政府对其失灵、不及之处加以修复、补位，而产业政策作为一种政府行为，一直是政府管理公共经济的基本工具。就我国现实而言，随着改革开放后的市场经济的巨大发展，自由市场意识高涨甚至于被打上了意识形态的标签，部分学者、民众在缺乏严谨的科学研究的基础上便对国家管理经济一味地反对或存有偏见。同时，我国作为发展中国家，产业升级远未完成，要实现后发优势，就不得不强调产业政策。从这个意义而言，尽管产业政策制定及落实存在着局限和不足，但我们绝不能因噎废食，产业政策不是要不要的问题，而是要结合具体国情，通过产业政策法对其加以改进、完善。对此，日本学者的相关研究值得我们借鉴，如金泽良雄集中关注于产业

〔1〕 林毅夫：《解读中国经济》，北京大学出版社2014年版，第355页。

结构的改善，根据其国国情，他特别提到了中小企业、农业结构及渔业结构等方面的改善法，并针对特定不景气产业及特定不景气地区中小企业采用临时措施法。在规制手段上则区分为非权力性规制（诱导方法）和权力性、强制性规制两类。非权力性规制具体分为计划、关于资金的确保和贷款、补助金、事业及职工的转业和职业的训练、指导和劝告进言、关于特定机构设置；权力性、强制性规制具体分为共同行为和规制令、一定行为的规制等。[1]这些研究很好地结合了产业政策法的一般性要求与特殊性要求、稳定性要求和灵活性要求。

## 二、应摒弃计划经济的思维，将产业政策法立基于民主和市场之上

潜在比较优势产业的甄别绝不能由政府机构及其职员拍脑门决定，而应由市场和民主来决定，让真正了解市场和对产业政策目标有社会诉求的民众通过法律程序充分表达意志，并参与到产业政策的研究和制定中去。需要指出的是，人类认知理性的局限是固有的，并不因为产业政策的存废而凸显或消除。消除人类认知理性及相应的产业政策之弊端的可行路径或如哈贝马斯所提出的交往理性[2]，形象地说，盲人摸象所知都是片面的，但盲人如果通过沟通或许能够拼凑出大象的全貌。这也许是公共政策选择的必然路径，也是产业政策法社会本位的应

---

〔1〕 参见［日］金泽良雄：《经济法概论》，满达人译，中国法制出版社 2005 年版，第 285~289 页。

〔2〕 交往理性认为理性既不在先验实体保证之中，也不是人的先验所具有的规范形式，而是在生活世界中人与人的经验性交往行为中所表现出来的规范性理想。主要体现在：①交往者取向于对对方语言表达的明显意义的理解；②交往者通过理解对方语言表达的意义以达成共识来协调彼此的行为；③在不能达成共识的情况下，双方为各自的表达及相应的意义要求提供论证，直到共识的产生。夏征农、陈至立主编：《辞海》，上海辞书出版社 2009 年版，第 1091 页。

有蕴意。也就是说，产业政策法不仅仅要关注通过产业政策管理公共经济的权力的合法性问题，更要透过权力的表象，立足社会本位来审视产业政策在经济及社会目标上的合理性。而合法性与合理性的判断只能交由民主与市场，在博弈的基础上作出，而非国家对社会的简单替代，这也恰恰反映了社会本位的一般实现。

## 三、应强调其他法律制度对产业政策法的配合衔接

产业政策法对社会性的要求更强也更广泛，从而决定了其宏观统筹的性质，需要预算法、转移支付法、金融法、税法等予以配合衔接。在甄别出比较优势产业的前提下，只有相应的财政预算紧跟上，产业政策才有落实的可能。如有些外部性分担的问题就要在产业政策法的框架下，通过转移支付制度予以解决。具体地说，某些地区很好地落实相关产业的发展，并惠及了全国经济的增长，因此而产生的节能减排、环境治理的负担，就有理由要求通过转移支付制度予以补偿。又如在产业政策落实中的具体企业层面，亦应有相应的融资、税赋的优惠来加以激励和协调。而这些产业政策的手段和具体措施也应在社会本位的框架下开展，并要接受人民的监督。同样地，产业政策的具体手段、措施的合法与否、合理与否，也需要在实践中根据市场和民主的要求予以动态地调整。

## 四、应理顺产业政策法与竞争法的关系

与竞争法相比，产业政策法具有更直接、更广泛的社会本位性。竞争法的层次限于修复市场机制本身，而产业政策法的层次则相对更高，它是优化经济结构、统筹协调发展的重要手段，更是弥补市场不及和副作用的“药方”。从这个意义上讲，

既定的产业政策应高于竞争政策，竞争法要与产业政策法配套和协调，并在产业政策法的框架下充分发挥作用。诚如史际春等所言："产业政策的目的或作用是规避从自由竞争结构到合理竞争结构的不必要代价，缩短其过程，并且产业政策对经济和产业的调控具有竞争政策所不具有的全局性、主导性。在此意义上，产业政策高于竞争政策，竞争政策应当服从产业政策。"[1]当然，产业政策法也并非要替代竞争政策法，事实上，它正是立足于竞争政策法的更高层次的发挥。"在当代市场经济条件下，特别在我国，产业政策也包含、包容着竞争政策，与竞争政策并非截然对立；产业政策应立足于市场，力求不扭曲或破坏竞争机制，在法制层面接受竞争政策之兼容性审查"。[2]可以说，产业政策法与竞争法之间的上述辩证关系很好地体现了经济法社会本位的层次性和优先性，也即相对较小范围内的社会利益让位于更大范围内的社会利益。

## 6. 3 对财政法的社会本位审视

财政法的社会本位性在历史发展中日益凸显，并集中表现在现代财政法的法律地位上。财政法社会本位的实现应以预算法的完善为抓手，并要不断强化人民主体性，着力落实财政法定原则及相应的基础制度建设。

### 6. 3. 1 财政（法）的社会本位性

财政，古已有之，简而言之，即国家的收支。在财政暨财

〔1〕 史际春、徐瑞阳："产业政策视野下的垄断与竞争问题——以银行卡清算产业的法律规制为例"，载《政治与法律》2016 年第 4 期。

〔2〕 同上引，第 2 页。

政法的历史发展过程中，财政的社会本位性日益凸显。大体而言，在封建时期，朕即国家，财政之基本目的主要为王室、官府和军队消费之需，甚少与整个社会经济的运行建立联系，相关的法制亦无非是关于征收、使用的程序性规定。该时期的财政法并不具备经济法意义。而民主、法治的财政不仅仅要防止权力的肆意，更要维护和促进现代国家的国民经济运行，相应的法制要立足于社会整体经济利益，从而使财政法具有突出的经济法意义。具体而言，税法的可税性（收）方面不仅仅要考虑到国家财政收入，也要考虑到对于经济的调节功能，增值税改革、出口税率的调整就是典型的例证；还要考虑到缩小贫富差距、维护社会稳定等目标，例如个人所得税超额累进税率的设置等。虽然，各税种在具体功能及目标上各有侧重，但社会本位的最终指向是一致的，事实上，它们恰恰反映社会本位的不同方面及其相互间的关联。财政支出（支）的方面则同样要考虑对经济社会的调节作用，大体上，它要遵循民主议定的规划框架，并受预算法之约束，如《中华人民共和国政府采购法》第 9 条规定："政府采购应当有助于实现国家的经济和社会发展政策目标，包括保护环境，扶持不发达地区和少数民族地区，促进中小企业发展等。"

财政暨财政法的社会本位性还集中体现在其法律地位上。一方面，在经济国家的背景下，无论是财政的收或支，都深刻地影响着国民经济的结构及其运行，它对于国民经济的调控和主导最为全面、直接，也最具刚性。相较而言，规划和产业政策法也有调控及主导经济的功能，但其本身是相对柔性的纲领性指导，具体落实仍要依托于财政的支撑。同样地，财政法的社会本位的层次性还在于对于市场不及之处予以补位、对市场副作用予以限制等，而不限于反垄断法及竞争法所作的对市场机制的修复等。另一方面，财政法涉及人民的基本财产权及国民经济，其最为直接、鲜明地体现了社会本位，因而与宪法之衔接也最为紧密。例如国家的收支要由人民决定及中央或联邦与地方的事权和财权的划分等。从这个意义上说，有学者明确地提出财政法是经济法的“龙头法”。〔1〕

### 6.3.2 财政法对社会本位的回应

#### 一、应以预算法为抓手推进财政法社会本位的实现

预算法乃是规划、决定政府的财政收支之法，系财政法的“牛鼻子”，在迈向公共预算、法治预算的进程中，预算的目的不仅仅是保障公权力的行使，更是为了满足人民的公共需求、促进社会福祉。故应以此为重点来完善财政法，并对社会本位作出回应。在理念上，学者运用信托理论对预算法的社会本位作出了富有解释力的阐释。“现代预算乃是委托人（人民）基于对国家的信任而让渡部分私有财产集合成公共经济资源（信托财产）、受托人（政府）基于信托协议（宪法、预算法以及预算案等）管理、经营、使用以及分配这些公共经济资源，以实现受益人（人民）的信托利益。概言之，预算权的产生目的归根到底是要保障公共财政收入的来源者（委托人）暨公共财政支出的受益人——广大人民群众的财政信托利益最大化，保障人民大众的公共财政福利和社会公共需要得到最大化、最优化的实现或满足。”〔2〕并明确指出：“如何更好地彰显人民在预算过程中的主体地位，如何在预算过程中切实体现和贯彻人民的

---

〔1〕 史际春、宋槿篱：“论财政法是经济法的龙头法”，载《中国法学》2010年第3期。

〔2〕 朱大旗：“现代预算权体系中的人民主体地位”，载《现代法学》2015年第3期。

利益与意愿，已成为我国预算权体系变革的方向。”[1]在实在法层面，从2014年8月新的《中华人民共和国预算法》（以下简称《预算法》）与旧《预算法》（1994年）立法目的的比较来看，预算已从作为政治国家管理公民社会之工具（强化预算的分配和监督职能，健全国家对预算的管理，加强国家宏观调控）转变为公民社会治理政治国家之利器（规范政府收支行为，强化预算约束，加强对预算的管理和监督，建立健全全面规范、公开透明的预算制度）。此外，新《预算法》还明确规定了建立全口径预算的国家账本，包括一般公共预算、政府基金预算、国有资本经营预算、社会保险基金预算四项内容，并对四本预算的编制原则作出了规定。

可见，无论是在理念上还是在相应的实在法转化方面，预算法社会本位的实现都得到了不小的推进，但在具体细节上，这些工作仍需要进一步推进。诸如在坚持和贯彻预算立法保留原则的同时，吸纳更多的利益相关者参与到预算的编制、审批、执行及监督中，避免国家利益吞并社会利益，创设人民的直接利益表达和权利参与机制，弥补代议制的不足等，切实细化和落实预算知情权、重大公共收支行为的决策权和听证权、预算过程中的表达权、检举控告权等。

## 二、应落实财政法的人民主体性，消除“山头主义”之弊

“山头主义”既可以反映在国家层面，也可以反映在民众层面，它是与社会本位相对立的。就国家层面而言，国家基于其自身利益，并不必然能够代表好社会。养老保险基金的统筹问题就是一典型例证：深圳等城市年轻就业者较多、老龄化问题

[1] 朱大旗：“现代预算权体系中的人民主体地位”，载《现代法学》2015年第3期。

不突出，保险基金的结余就相对富裕，而东北等地区就业者少、老龄化问题严重，保险基金的缺口就较大；这就需要全国统筹，通过转移支付等法律手段来落实社会福利的均等化，这也是社会本位的反映和要求。然而，有些地方政府将社会保险基金理解为地方性的财政而不是社会性的基金，就容易犯小集体主义错误，进而在制度操作层面互生抵牾。[1]就民众层面而言，民众基于自身利益的片面主张，及对共享利益、长远利益的认知不足，往往也会偏离社会本位的要求。例如，在雾霾治理过程中，民众过分强调汽车财产权的无限扩张，汽车企业过分强调其产业发展的重要性等，均不利于其他广大民众对青山绿水的强烈渴求。又如，住房投机者基于资本逐利的本性，往往会不顾及、甚至破坏住房这一准公共物品的公平配置，他们会形成利益集团影响政府的公共决策，而政府则应在社会本位的要求

---

〔1〕 黎建飞在《中华人民共和国社会保险法》（2010 年）修法之前对“退保潮”现象进行了剖析，认为退保首先是对劳动者社会保险权益的侵害，因为劳动者从“退保”中拿到的仅仅是自己缴纳的那一部分，用人单位为其缴纳的更大部分从此不复存在，以国家财力为最后保险的其他权益也随之消失。如果考虑到这些所谓的“农民工”都是从经济相对落后地区到经济相对发达地区工作，“退保”在一定意义上形成了经济发达地区对经济落后地区的再次“剥夺”。并且，这还会对落后地区的经济和社会发展构成长久的影响，因为回到这些地区的劳动者在最佳就业阶段没有为自己进行财富储备，当劳动能力减弱、丧失时，他不但会给其本人和家庭带来沉重负担，也必然加重这些地区的社会财政压力。“退保”对于社会保险制度的伤害或许更大。因为全体社会成员的未来都与社会保险制度密切相关，社会保险制度是全体社会成员未来的依靠。如果劳动者在能够劳动时不为社会保险基金添砖加瓦，社会保险的大厦就难以矗立。劳动者虽然能够从社会保险基金中把已经缴纳的钱拿走，但却不能够将自己必然面临的包括年老在内的各项风险消灭。由此可见社会保险接续转移制度完善之重要，而这也恰恰是劳动法等社会法社会本位性的基本要求。而财政法中的预算制度、转移支付制度也应基于同样的理念要求与之衔接匹配。具体可参见黎建飞：“社会保险立法的时机、模式与难点”，载《中国法学》2009 年第 6 期。

下不为所动，并要在财政法上通过税收手段予以平衡等。〔1〕

这两类“山头主义”问题的解决，根本在于落实财政法的人民性，而所谓的人民性，并不是政府长官说了算，也不是某个特定的利益群体说了算，而是有赖于所有相关利益群体的民主博弈。在具体财政法制度层面，就要考虑依法并积极地实践相关的财政法制度，包括转移支付、相关税率的调整或新的税种的设置及实施等。

### 三、应加大力度完善财政法定原则及相应的基础制度建设

由于财政法涉及民众的基本财产权，并与宪法紧密关联，相应的法定原则及立法保留原则就是应有之义。而对照我国现实，该方面的问题十分突出。尽管《中华人民共和国立法法》第 8 条规定了税收、财政的基本事项只能制定法律，但对于尚未制定法律的，该法第 9 条又授权国务院可对其中部分事项制定行政法规。据统计，现行课征的 18 个税种中，仅有 3 部系法律规定的实体税法，而在公债发行、国有资产收益、规费征收、彩票发行、缉私罚没物资管理等方面的高层次法律，更为罕见，空白授权立法比比皆是。〔2〕同时，亦缺之财政基本法、财政转移支付法、公债法等基础性的预算法律。事实上，对财政法定原则还应有更进一步的要求，就税收领域，诚如有学者所指出的：“经由税收法定原则实现形式法治层面的有法可依、有法必依还远远不够，只有将税收公平、效率等实体价值加诸税收法

〔1〕 需要指出的是，本文认为现行关于房地产调控的限购、限贷政策虽然粗暴，但从社会本位来看，其目的是正当的，也有一定的现实合理性，但从法治化条件来看，基于房产税的调控是长远之计。

〔2〕 朱大旗：“完善人大对政府预算全方位的审查监督制度”，载《法学杂志》2014 年第 2 期。

定之上，才能用良法更加充分地约束征税权，达致税收的实质法治和实质正义。”〔1〕在预算审查能力方面，各级人大及其常委会的人员及专业性显然不足，诸如人大代表的兼职性、缺乏专门的预算人员等问题，皆与涉及13亿人、数以10多万亿的预算规模极其不相称。与审查能力关联的是，还存着人大预算修正权未能得到体现、预算会期制度与财政年度不协调、审计机关隶属政府部门（独立性不够）等基础制度建设的问题。此外，预算法律责任的规定也是极为贫乏的，预算违法种类及相应的责任形式极为单一，仅为行政责任，这与上述论及的经济法问责制的理想状态显然差距过大。

从法治角度而言，上述诸问题的解决有赖于财政权力的科学分配和有效控制，以及公民财政参与权的阶梯式深入（从合作、授权到公民控制），因而和宪法实践密切相关。同时，财政法的具体制度要遵循价值规律的经济要求，无论是税收的征缴抑或是转移支付、政府采购等，均要考虑到经济性的要求，进行相应的成本效益分析，因而又要吸收传统民商法的价值旨趣。而从直接的经济法意义而言，需要依托上述权力（利）的框架深入到财政法的具体内容中去，对其经济绩效和社会公平作出实质性审查，并通过问责制及民众直接的参与权、监督权对财政政策的合法性与合理性提供有效保障。〔2〕

---

〔1〕 刘剑文、耿颖：“税收法定原则的核心价值与定位研究”，载《郑州大学学报》2016年第1期。

〔2〕 例如，王烈琦论述了现代财税法的双重政策功能，即现代财税法的公共财政功能和经济调控功能，并指出，财税法的经济调控功能已被广泛承认，并被积极运用于公共政策之制定，从而在现代国家经济运行中发挥了不可忽视的功用。可以说，财税法经济调控功能正是经济绩效审查的内在根据。可参见王烈琦：“论现代财税法的双重政策功能”，载《经济法学评论》2015年第15卷。

## 6.4 对金融法的社会本位审视

金融法的社会本位性体现在对金融强大资源配置功能、经济调控功能的规范和促进，以及对与此相伴生的风险的防控上。在金融法社会本位的实现中应考虑到金融法的性质、体系及监管模式等一般性问题，[1]要强调金融管理机构的担当作为、金融调控和金融监管的统合性以及司法系统在金融监管中的特殊地位及功能。

### 6.4.1 金融（法）的社会本位性

金融，即资金或信用的流通交易。根据经济学家的观点，金融起着时间维度的资源配置功能，通俗地讲也即将未来的钱拿到现在来用（寅吃卯粮），例如房屋按揭贷款，又如企业在资本市场的估价并非依据静态的资产负债，而是根据企业未来的价值或具体化为未来现金流的收入。不仅如此，金融依托市场机制，也能够在更广的主体及空间范围内配置资源，金融技术本身（证券、保险、信贷、信托、租赁等）的运用能够集约更多范围内的主体的资金资源，同时也会有相应的风险分散机制，如资产证券化等。在现代市场经济条件下，金融的社会性极其显著。一方面，金融技术的妥善运用能够集约资金资源办大事；另一方面，如果资源错配则会造成巨大的社会风险。而在“互联网+”经济形势的催化下，这种功能和风险更是被放大了，

[1] 对于金融法之性质及其体系划分、相应的监管模式，理论中存在着争议。在性质上存在商法与经济法之争；在体系上的分歧更大，但核心在于金融监管法与金融调控法划分的必要性；在监管模式上则存在分业监管与混业监管模式的争论。参见朱崇实主编：《共和国六十年法学论争实录》（经济法卷），厦门大学出版社2009年版，第199~288页。

P2P 网贷平台、众筹平台及各类金融交易平台的出现及其治理、监管问题亟待法律作出回应。

此外，国家还可以利用货币手段对整个经济运行进行调控，市场对利率、汇率、费率等经济杠杆的运用是颇为敏感的，而且，这些调控还具有反经济周期以弥补市场缺陷的功能。而就更为宏观的国家政治经济层面而言，在民族国家相互竞争的世界格局中，金融并非纯粹的经济问题，而不可避免地带有政治因素，汇率战争即是典型例证。[1]可见，金融在国民经济中处于牵一发而动全身的地位，金融治国颇有些“治大国若烹小鲜”的意蕴。

上述要求决定了在法律治理中要综合考虑金融强大的资源配置功能、经济调控功能，同时，也要考虑化解金融风险、维护金融稳定，进而将金融治理内化为社会本位的基本内容。

### 6.4.2 金融法对社会本位的回应

#### 一、应强调金融法的经济法属性，凸显金融管理机构的担当作为

从性质上，货币早已不仅仅是作为交换的手段而存在，更多的是变成了资本，为生产要素的配置和运行而服务，相应的金融法则因货币社会性的程度和要求而具有了经济法性质。当然，具体金融业务的展开仍然要依托民商法制度，金融法的调

---

〔1〕 20 世纪 70 年代，在尼克松总统时期，当过美国财政部长的约翰·康纳利大言不惭地讲：“美元是我们的货币，但却是你们的问题。”国内亦已有学者将金融、军事与政治的研究结合起来，认为军事、金融都是政治的延伸，而且，军事手段在一定条件下恰恰是为了维护货币霸权及其背后的经济利益服务的。需要指出的是，我们反对一概的、粗浅的阴谋论者，但也绝不放松警惕、将自己的大脑交给西方意识形态来统治，而是要客观、理性地分析存在的国际政治因素，作出有利于国家、社会的经济决策。可参见乔良、王湘穗：《超限战》，崇文书局 2010 年版。

控、监管不能脱离反而要利用民商法所保护的交易机制，两者是协调统一的关系。基于社会本位的基本要求，相应的金融管理机构应在法治及问责的框架之下积极作为，而不能做甩手掌柜，放任金融风险的积累以至于危害整个经济体的健康运行。例如，各类贵金属、古玩等非法交易所（如泛亚贵金属交易所）的出现，就具有显著的金融性质和风险防控的诉求，但立法不可能事无巨细地预见到，这就要求政府及监管机构有所担当，在社会本位的精神指引下，在法治及问责的框架下制定并执行相应的政策，及时有效地加以应对。

需要反复重申的是，社会本位的要求绝不是让政府越俎代庖代替市场，而是要求政府善用市场机制并在市场机制失灵之时或作用不到之处主动担当、有效作为。就金融调控和监管而言，这种担当和作为也要更多地与市场机制相互结合，例如中央银行通过存款准备金、利率、贴现率、回购等市场手段实现经济调控，金融监管机构通过对各类经济杠杆的调整来防控风险、引入做空机制内嵌于市场机制并促使其实现自动平衡等。当然，还应有必要的外在于市场的保护机制，如市场准入制度的甄别功能及后续的持续监管，通过严格的稽查执法暨司法保护来消除金融所固有的信息不对称等弊端。同样地，市场和政府的合理分界及其耦合在具体国家则又属于经验范畴了，不可犯本本主义的错误。根据有关学者的研究，甚至有些行政性浓郁的措施在特定阶段亦有合理的一面，只不过它需要在符合经济法治要求的社会本位框架中予以逐步改革和完善。[1]

---

〔1〕 例如，有学者客观理性地分析了证券监管中配额制与 ST 制度的合理性及监管实效，参见赵忠龙："证券监管政策对法律文本的填补——基于配额制与 ST 制度的监管实效分析"，载《经济法学评论》2011 年第 11 卷。

## 二、应强调金融调控和金融监管的统合性，根据国家制度环境来完善相应的监管模式

就体系而言，金融调控着眼于整个经济体的健康运行，既要接受规划及产业政策的指导，亦要和财政手段、国资管理、反垄断暨竞争政策相协调，而这些功能的落实最终要具体化为金融行业的一般及特殊规制。因而，金融调控及金融监管的分殊能够方便研究，并依此进行专业化的建设，但两者差异的过分强调并不符合社会本位所决定的系统论的要求，故相应的金融法的建设重点应是考虑调控、监管之间的统合性。

就监管模式而言，分业经营及监管具有专业化及风险隔离的优势，弱势在于不利于金融资产整合及金融资源的协调效应；混业经营及监管则具有规模经营的优势，弱势在于风险传染及不合理垄断的出现等。长期来看，分化最终走向统合，故混业经营及监管是趋势，但社会本位还有经验性的一面，不能脱离国家制度大环境讨论金融分业经营、监管与金融混业经营、监管的优劣，而是要结合我国的具体经济制度环境讨论。结合我国的经济体量及金融后发的实际情况，金融安全的考虑是最为基本的，较为可行的现实制度路径是：在分业监管的基本框架下，大力提升监管水平，逐步推广沟通、协调和信息共享机制，将已有的监管联席会议制度化，通过中国人民银行的牵头，协调各监管机构的监管，切实有效地避免重复监管、监管真空等现象的出现。

## 三、应考虑司法系统在金融监管中的特殊地位和职能

基于我国现有的宪法、行政法的权力架构及相应的运行模式，同时，也考虑到经济法可诉性这一复杂问题，法院系统对金融管理机构的调控、监管行为的制约空间是十分有限的，故对此本文不多作阐释。而法院系统在金融监管领域中有着独特

的地位和功能。基于司法的中立性，法院一般不主动介入到金融监管中；而基于司法的对抗性（两造诉讼），金融监管会以金融消费者[1]权益的司法保护机制来体现。这一机制的优势在于它能够时刻地和鲜活的案例结合起来，实践性、动态性十分显著，同时，也能够通过平衡市场各方的力量来发掘出市场的自我净化功能，这在一定程度上避免了政府在金融监管中普遍存在的信息不对称、乱作为及被俘获等问题。

可以说，如果金融消费者的权益保护机制到位，就会在很大程度上震慑相关金融机构，从而抑制其不当地放大风险。无疑，这是司法的专业之长，亦是其职责所在。但这种模式的有效性与司法的能动性及独立性密切相关。根据 LLSV 的研究理论，与大陆法系相比，普通法系对投资者保护较好，金融业发展状况也较好。申而论之，司法的能动性、独立性对金融发展有着重要的意义。在早期法律条文明确赋予投资者的权利还不足的情况下，美国就出现了股权分散化和强大的证券市场，积极能动的法院是可能存在的原因。[2]实证统计分析结果也表明：判例法的被承认度与金融（股票市场和银行业）的发展、私有产权保护度呈正相关。[3]而司法形式主义与股票市场发展程度成反比。[4]德国法系的金融市场虽然整体逊于普通法系，却比

---

〔1〕 关于金融消费者概念的研究，可参见杨东："论金融消费者概念界定"，载《法学家》2014年第5期。

〔2〕 See Marco Becht & J. Bradford De Long, "Why Has There Been So Little Block Holding in America?", in Morck ed., *A History of Corporate Governance around the World: Family Business Groups to Professional Managers*, University of Chicago Press, 2005.

〔3〕 See Thorsten Beck, Asli Demirguc-kunt&Ross Levine, "Law and Finance: Why Does Legal Origin Matter?", *Journal of Comparative Economics*, No. 31, 2003, pp. 653～750.

〔4〕 Daron Acemoglu & Simon Johnson, "Unbundling Institutions", *Journal of Political Economy*, Vol. 113, No. 5, 2005, pp. 949～995.

法国法系好。这是因为德国法系没有秉承拿破仑法典限缩司法权之传统，而是重视法律解释。较之法国静态的司法，德国司法因其法官和理论界有着良好的互动而具有回应性以及弹性的动态性。〔1〕

反观我国司法现状，因沿袭制定法传统，以及受制于我国现实的司法体制等，法官群体存在着形式主义的审判思维倾向〔2〕，而证券诉讼中的受理难、立案难、判决难等问题更是普遍存在〔3〕。在大的方面，则存在着金融市场的“全国性”与法院组织的“地方性”这一固有的体制冲突〔4〕。这些因素无疑削减了金融消费者权益的保护及金融监管的落实，应在以后的司法改革中逐步地予以完善。

## 6.5 对反垄断暨竞争法的社会本位审视

反垄断暨竞争法的社会本位性体现在对市场机制的维护和

---

〔1〕 See Torsten Beck & Ross Levine, “Legal Institutions and Financial Development”, in Menard and Shirley eds, *Handbook of New Institutional Economics*, Springer, 2008, p. 262; Thorsten Beck, Asli Demirguc-kunt&Ross Levine, “Law and Finance: Why Does Legal Origin Matter?”, *Journal of Comparative Economics*, No. 31, 2003, pp. 659~660.

〔2〕 例如，在审判实践中，存在着有些原告故意隐瞒被告有效联系方式、提供被告肯定不在的联系地址，进而“迫使”法院公告后依法缺席审理，作出对原告有利的判决。这从形式主义上看是无碍的，但实质上是存在问题的，笔者也曾思考法院为什么不能根据民事诉讼诚实信用原则予以纠正，但后来查阅相关资料，诚实信用原则适用极其罕见，更多的是宣示性的意义。由此可见形式主义审判思维的严重性。

〔3〕 例如，最高人民法院于2002年印发的《最高人民法院关于受理证券市场因虚假陈述引发的民事侵权纠纷案件有关问题的通知》要求：人民法院受理的虚假陈述民事赔偿案件，其虚假陈述行为，须经中国证券监督管理委员会及其派出机构调查并作出生效处罚决定。当事人依据查处结果作为提起民事诉讼事实依据的，人民法院方予依法受理。

〔4〕 黄韬：“全国金融市场与地方法院——中国金融司法的央、地关系视角”，载《法学评论》2016年第3期。

修复中。在反垄断暨竞争法的社会本位实现中，应历史地看待和处理市场、垄断、竞争的内在关系，并立足动态的经验发展来解决若干现实问题。

### 6.5.1 反垄断暨竞争（法）的社会本位性

竞争是市场的灵魂。反垄断暨竞争法的根本功能在于维护和修复市场机制，促进市场主体公平合理地竞争来进行技术创新、提高社会生产率、保护消费者权益等。《中华人民共和国反垄断法》及《中华人民共和国反不正当竞争法》明确了上述立法宗旨〔1〕。比较而言，传统民商法乃是市场机制的直接法律表达，反垄断暨竞争法则立足于维护和修复市场机制，两者均围绕着市场机制而展开，内外协调、互利互补。相应地，两者在社会利益的实现机制上均表现为通过个人间的互利共赢的加总来实现（帕累托改进）。就此而言，将两者理解为广义的民商法亦无不可。但如上所论，市场机制有其固有缺陷，周期性波动、优胜劣汰、公共物品提供不能等均是具体体现。因而，需要国家立足社会本位通过公共经济管理来加以弥补，包括规划、产业政策、财政、货币等手段及相应的法制化。在社会利益的实现机制上，规划和产业政策法、财政金融法直接作用于国民经济体，它们通过促进国民经济整体的良性、可持续发展来保障个人权益的实现，具有直接的社会本位性。根据“皮之不存、毛将焉附”的社会本位之优先性原理，当反垄断暨竞争法与上述规划和产业政策法、财政法等目标冲突时，应首先遵循规划

〔1〕《中华人民共和国反垄断法》第 1 条规定：“为了预防和制止垄断行为，保护市场公平竞争，提高经济运行效率，维护消费者利益和社会公共利益，促进社会主义市场经济健康发展，制定本法。”《中华人民共和国反不正当竞争法》第 1 条规定：“为促进社会主义市场经济健康发展，鼓励和保护公平竞争，制止不正当竞争行为，保护经营者和消费者的合法权益，制定本法。”

和产业政策法所保护或促进的利益结构，并努力使反垄断暨竞争法与之兼容。但反垄断暨竞争法作为外在于市场机制的修复、维护力量，较之利用自发市场机制的传统民商法而言，又具有公共经济管理意义上的主动规制之意，故就此而言，也不妨从经济法意义上来加以理解。

可以说，较之上述经济法的其他子部门法，反垄断暨竞争法与市场机制更为贴近，其社会本位性在于对市场机制的维护和修复。

### 6.5.2 反垄断暨竞争法对社会本位的回应

#### 一、应历史地看待和处理市场、垄断、竞争的内在关系

市场机制是随着历史发展而不断演化的，它表现为作用主体及时空范围的扩大，如通过“互联网+”而改进的市场机制能够对海量资源进行规模化、精细化的配置。由此，政府及市场的边界也是随着动态的经验事实而定的，并非一劳永逸。在此前提下，垄断与竞争之关系也要动态考察，切不可一味坚持既有的垄断理念而不顾经验事实之发展，否则会陷入按图索骥、削足适履的困境之中。在早期自由资本主义者看来，竞争等同于效率，竞争与垄断并不兼容，垄断地位本身即是天然的恶，反垄断法也被意识形态化为所谓的“经济宪法”。而在现时经济条件下，人们对垄断与竞争关系的理解更为深入。两者都是资源配置的方式。竞争未必都好，没有有效规划的竞争往往造成社会资源的巨大浪费。垄断未必不好，就其优势而言，一方面它能够使交易成本内部化、提高经济效率，另一方面它能够适应规模经济、科技创新的经济要求。而且，寡头之间亦存在着竞争，且这种竞争异常激烈。这些认识可以从历史和逻辑两个层面得到解释。熊彼特从经济史角度指出：“人们之所以对垄断

深恶痛绝，是因为对历史上形成的一种成见的简单继承……任何得自创新和竞争的垄断都是暂时的，因为垄断利润会为企业家进行生产新产品、发现新的生产方式等方面的创新活动提供强有力的激励，这些创新会最终毁灭掉现有的垄断力量，连续不断地创新注定将使任何经济垄断都只能是暂时的〔1〕……历史上经济快速发展、群众性消费活动的出现都是与人们常说的大型垄断企业并行的……因此，政府没有必要去打破或限制某个行业中存在的得自创新和竞争的垄断势力。"〔2〕马克思则从逻辑角度指出垄断与竞争的辩证关系，认为所有权本身即是一种垄断，并借此来批判古典自由主义经济学家竞争观点的虚伪性，认为他们攻击小的垄断，却保留根本的垄断（因为垄断一经存在，它就是所有权）。马克思还同时指出："垄断挡不住竞争的洪流，而且，它本身还会引起竞争，正如禁止输入或高额关税直接引起走私一样。"〔3〕

## 二、应立足动态的经验发展来解决若干现实问题

第一，从结构主义到行为主义的转向。既然不能简单地将垄断状态作为天然的恶，就要着重对相关行为的利弊进行有效扎实的分析，试图探究将内在合理性上升为外在合法性的具体路径。这就蕴含了从结构主义到行为主义的转向，即一般性地认可独占和寡头垄断状态的中性地位，具体分析其对社会的利弊，并在法律上着重规制企业滥用优势或实施反竞争行为等。

第二，和经济法其他具体制度目标的权衡、协调。社会本

〔1〕 当下互联网企业的潮起潮落，并不断逼迫自身创新或转型正是这一观点的现实写照，颇有"沉舟侧畔千帆过，病树前头万木春"的沧桑诗意。

〔2〕 卫志民：《经济学史话》，商务印书馆2012年版，第193~194页。

〔3〕 "国民经济学批判大纲"，载《马克思恩格斯选集》第1卷，人民出版社2012年版，第34页。

位在反垄断暨竞争法领域中的实现还要涉及具体目标的权衡，而不仅仅是经济效率的单一性目标。例如，虽然允许外资进入互联网探索引擎业务领域能够促进网络产业巨头之间的竞争，提高经济效率，但国家安全问题显然更值得考虑，政府基于社会本位的要求，就必须作出审慎和理性的抉择，切不可一叶障目。当然，同样重要的是通过规划和产业政策法及反垄断暨竞争法的耦合来确立、维护并不断改进市场结构，显然，这种市场结构又要和具体的产业特点及要求相适应，这是更为经验性的内容了〔1〕。

第三，行政性垄断的性质及其解决。就政府自身而言，行政性垄断的弊端暴露无遗，这是严重背离社会本位的要求的。需要指出的是，行政性垄断在本质上是行政权力对经济生活的不当干预，与前述的通过市场而形成的垄断并非同一范畴。解铃还须系铃人，该问题还是要回归到宪法、行政法关于权力的规范和控制的框架中予以解决，这有待于体制及实践的进一步变革和发展，诸如发展出有学者所倡导的公益诉讼或民告官的大民事诉讼格局。〔2〕相比之下，现下反垄断法所规定的责令改正的救济措施无疑是微弱的。

第四，竞争执法权的配置。与垄断、竞争、规划及产业政策相关理念及经济运行机理相适应的执法体制，特别是竞争执法权的配置问题，也甚为重要。现下一般竞争执法权的统分结构及其与具体产业的政府特殊规制之间又存在辩证关系的处理问题。具体而言，具体产业的政府特殊规制具有更强的专业性、

---

〔1〕 这一点，史际春在前述的《产业政策视野下的垄断与竞争问题——以银行卡清算产业的法律规制为例》一文中，结合银行卡清算产业的特点及要求对相关反垄断问题作出了典范性的阐释。

〔2〕 参见史际春、孙虹：“论大民事”，载《政法论坛》2002年第4期。

掌握信息全面、规制成本低等优势，而且又能更好地贯彻产业政策，但由于贴近市场而又有被俘获的弊端，这就需要一般的竞争执法权来加以制约和协调，而一般执法权的分配及协作则又是一大问题，对此学者已有较为充分的论述[1]，也要在经验中进一步积累和完善。

## 6.6 对企业法的社会本位审视

一国规划和产业政策法、财政金融法、反垄断暨竞争法等方面的规制要求，会落实到作为物质载体的企业中去，并与企业自身的资本及治理机制，市场准入及退出制度及宽泛意义的企业社会责任密切关联，从而体现出企业（法）的社会本位性。在企业（法）的社会本位的实现中，应着重从以上方面予以开展。

### 6.6.1 企业（法）的社会本位性

企业是指依法设立，以一定的法律形态存在，实行经济核算的经营性主体，基本上是一个经济概念。[2]同时，它也要受到企业社会责任层面的激励和约束，这些方面集中体现了企业（法）的社会本位性。

#### 一、在现代市场经济条件下，企业的社会性显著增强

一方面，公共企业强调企业的公共性，它一般呈现出国有

---

〔1〕 3Q大战的鲜活案例提供了对这类问题研究的极好契机。具体可参见姚海放："论经济规制与反垄断法的执法协调"，载《经济法学评论》2011年第11卷；史际春："由3Q大战对竞争执法权配置的再审视"，载《经济法学评论》2011年第11卷。

〔2〕 史际春主编：《经济法》，中国人民大学出版社2010年版，第121页。

企业的形态，且其在资产管理及人事安排上与政权体系存在着必然的关联，其社会性自不待言。在经济市场化和社会化发展并行不悖的今天，国有制还与市场进行了有效的结合，表现为公私合作的实践，如特许经营及政府购买公共服务的 PPP 项目等。另一方面，即便是作为“私主体”的公司，其公共性或社会性也绝不容忽视。如上市公司本身是资本社会化的产物，其股价变动的合理与否关乎千万股民的切身利益。又如百度、阿里、腾讯及其他互联网大鳄通过网络空间将社会大众组织、结合起来，在网络空间主权、数据权属、社会自治空间等理论及实践尚不成熟的情况下，互联网公司的公共性更是值得深入研究。

## 二、企业作为国家管理经济的主要物质载体，承载了国家管理经济的基本要求

规划和产业政策法、财税金融法、反垄断暨竞争法方面的规制虽然主要着眼于企业的外在行为，但基于社会本位的系统性要求，此种外在的规制也往往内化为对于企业内部的相关规制，并与企业自身的资本及治理机制、准入及退出制度等紧密衔接。而且，上述不同方面的规制也往往是相互衔接、有机统一的。例如，金融机构的市场准入制度、破产退出须经监管部门申请等、金融行业的国有控股制度实践等，无不表明了社会本位的基本要求及其体系化的思维方式。另外，无论是公共企业还是传统商事企业，它们在经济活动中都体现出了相应的社会本位的要求。即便是按照营业自由的原则本属于企业自治的范畴，如企业的设立、公司治理及退出等，也会因社会本位的具体形势不同而接受相应的规制。

## 三、具有道德属性的企业社会责任的融入

在更为广泛意义上而言，道德要素也与经济、法律密切结合，有些道德规范直接地为法律所援引或吸收，民法中的典型即为诚实信用原则，企业法中的典型则为企业社会责任。此种规范在外观上似乎是“软法”（倡导性规范），与传统的“硬法”（命令性规范、禁止性规范）不同，但实质上却能产生“刚性的效果”，也就是说，企业要接受社会责任方面的激励和约束。例如证券监管部门会将企业社会责任的践行状况作为是否应当上市的价值考量之一。另外，企业社会责任等“软法”在具有倡导性、宣示性意义的同时，也可能在法律缺位的情况下，通过执法、司法的能动性而化为良序善治的法律实践〔1〕。

---

〔1〕 可参照以下一起案件：一家公司承包村里的水库从事养殖业，在下游的邻村缺水之时不予放水灌溉，邻村村委会起诉要求根据三方之间的协议放水并赔偿庄稼枯萎之损失。在判决中，合议庭认为：“……在现代市场经济时期，法治已成为现代社会治理和公民生活的基本准则，各方当事人均应遵守并强化契约精神，秉持公平、透明、可操作性原则，明确、合理地安排各自的权利义务关系，避免今后类似纠纷的发生。此外，现时期，企业社会责任日益深入人心并已内化为企业持续、长远、健康发展的关键因素，《中华人民共和国公司法》第五条、《中华人民共和国合伙企业法》第七条亦彰显了企业社会责任的重要性。故而，本院提示公司在合法经营的同时，应努力平衡协调好营利性和社会责任之间的辩证关系，以此来增强自身的长久竞争力……”这些论述更多的是宣示意义或倡导意义，并没有清晰地厘定社会责任与本案规则或解决方案的内在转化路径，这与我国现有的司法体制和传统有关。但从应然角度来看，企业社会责任条款不应仅起摆设作用，还要通过有力的法治实践落实到具体操作中去，实现从价值到规范的转换。本案固然可以根据协议来予以判决，但值得思考的是，如协议就水位高度、灌溉方式未予明确约定或在相关事实难以查清的情形下，法院能否根据《中华人民共和国公司法》关于公司社会责任之规定予以能动性地司法，作出既节约用水、又救人之急，同时给予救人之急方以适当的物质激励的方案，从而很好地平衡三方的权益关系？详见（2016）京03民终13173号民事判决书。

### 6.6.2 企业法对社会本位的回应

尽管企业法贯彻了规划和产业政策法、财政金融法及反垄断暨竞争法的基本要求，但资本及公司治理机制、市场准入及退出制度、企业社会责任等仍是企业公司法的基本方面，故本文主要从这些方面来论述企业法对社会本位的回应。

#### 一、资本及公司治理机制方面

企业主要采取公司的法律形式，从民商法角度来看，资本、公司治理机制作为企业经营的物质基础和内部的运行方式，一般属于私法自治的范畴。不同于民商法将企业看为均质的、平等的主体，经济法对企业进行分门别类，并设置了不同的角色及相应的权利、义务、责任等，由此形成了不同的资本及公司治理机制。而这些分类及规范构建的基础是对企业的不同层次的社会本位要求。企业的分类应体现出社会本位的层次性要求，并要在法治实践中加以推进和落实。

第一，应根据社会本位的层次性要求，合理地借鉴普通企业、特殊企业的划分理论。首先，应注重普通企业与特殊企业的划分。从比较法角度来看，域外有关企业的法律分类很好地贯彻了社会本位的层次性要求。这里值得一提的是普通企业和特殊企业的法律分类。普通企业通常指的是传统商事企业；而特殊企业主要存在公共性、社会性领域[1]，而基于公共性、社

〔1〕 有学者结合中国实际，对此进行了具体的展开。认为特殊企业的存在领域主要包括：政策性经营或在经营中承担一定的政府或公共管理职能的领域（如我国的三大政策性银行、各级政府专设的国有投资公司或控股公司等）；自然垄断和合法垄断领域（自然垄断的如石油开采、管线运输、输电、铁路等行业，合法垄断的如航天、军工、邮政、造币、黄金和烟草经营等领域）；竞争性领域和公用事业、基础设施等特许经营（特许经营往往与市场机制密切结合，但并非完全充分的竞争，

会性的要求，发达国家和地区往往为单个特殊企业单独立法，以便于在组织方式、治理机制、营业规则、价格控制、财会及监察方面予以系统化、专门化的规制，从而将其纳入法治的轨道。应当说，这种划分既便于人们发掘特殊企业的公共性或社会性的具体表现及其内容，将其与传统的普通商事企业区别开来；也利于强调公共事业与市场机制的兼容性，进而高效经营公共事业、造福社会。其次，应结合我国企业法法制状况予以合理借鉴。对照我国现实，受传统计划经济思维的影响，我国企业公司法对企业的分类偏重于单纯的所有制标准，并未有效区分所有制和所有制的实现方式，从而束缚人们按照社会本位、公私融合的经济社会条件对企业作出合理分类、有效调整。尽管这种机械思维随着改革开放的法制实践而得到改观〔1〕，但并不彻底。一方面，我国现有企业法体系并未能完全满足社会本位的要求，诸多不同性质的企业仍然混杂地适用同一的公司法，相关法律的精细化程度不够。另一方面，特殊企业主要是依据国务院的决定或规章来设立的，如政策性银行、中国长江三峡工程开发总公司、军工和航天等特殊企业，它们在组织方式、治理机制、营业规则、价格控制、财会及监察方面更是缺乏应有

---

（接上页）尚需为了公共利益或政策目的而对相关的经营和价格等实施有效的管制）；国有农场、林场、建设兵团等具有地域性、政权组织性的某些经营领域；为完成特殊任务而设立的特殊企业法人等。史际春主编：《经济法》，中国人民大学出版社 2010 年版，第 129~130 页。

〔1〕　在计划经济的背景下，我国在立法、行政、司法上按照所有制对企业进行分类，公有制经济是基础，私营经济和个体经济是补充。而随着改革开放以来的发展，这一“中国特色”因素不断削弱，国有企业逐步转轨为重视资本、产权及公司治理机制的现代企业，在法律上三资企业法、公司法等法律法规亦相继出台，在公司资本制改革方面，2013 年 12 月 28 日，全国人大常委会通过了公司法修正案，废除了注册资本最低法定限制和实缴制等。

的特殊规范，这种法律层级低、内容不清晰的法制状况，与特殊企业的社会本位性是极不相称的。[1]对此，应借鉴发达国家经验，理顺社会本位的各个层面、方面，通过立法提升公共性的层级，从而在资本、营业及治理机制、监督方面将特殊企业全面规范起来。

第二，应立足普通企业、特殊企业划分理论，积极地开展相应的企业法建设。首先，应完善国有资本及其治理机制。在我国的背景下，特殊企业通常和国有资本勾连在一起，但这并不排除普通企业经营公共事业、由政府监管的模式，其中的关键考量是社会总体效率。在总体思路上，既然要坚持社会主义市场经济国家的方向，那么，国有资本就不是要不要的问题，而是要结合中国实际需要和具体产业特点，确定国有资本的产业布局及其与相关产业政策、财税金融、竞争政策的协调匹配问题。同时，也要考虑公有制与市场机制的有效结合问题，即要区分公有制本身与公有制的实现方式。在具体制度方面，就国有资本及治理机制而言，因其具有天然的社会属性，受到国家的规制更为直接、更为广泛。如国有资本经营应纳入到国家预算体系，受人民的监督，在治理机制上要有职工代表的民主参与，亦应有相应的审计、监察等制度手段保证人财物的合法运行。这些方面均要逐步细化和完善。其次，应注重普通企业的公共化趋势及相应资本及其治理机制方面的规制。在经济社

---

〔1〕 事实上，我国合同法也自觉或不自觉地在营业规则方面担当起了对特殊企业的规制功能，例如，《中华人民共和国合同法》第289条规定：“从事公共运输的承运人不得拒绝旅客、托运人通常、合理的运输要求。”这也说明了在现实生活中并不存在“纯粹”的民商法，国家已代表社会将其诉求融入私主体的活动范围内。但合同法毕竟不等同于具有专门规制功能的经济法，对于拒载的防控及相应的法律后果等问题，它无能为力。进而言之，仅凭民商法的保护，社会本位的实现难免流于形式。

会化的条件下，普通企业也往往存在着公共化的趋势，究其原因，是技术进步、制度创新导致的市场机制的进化。股票融资技术的发展极大地提高了社会生产力，互联网技术的应用更是大大拓宽了资源配置的时空范围，作为法律实体的公司往往是“紧密社会连带”的交点所在，其公共性的增强是毋庸置疑的。公司本身是由契约的联合而产生的，依据商事规则而设立，但公司法本身关于资本构成、组织机构、治理机制、解散清算的规定隐含着国家规制之意。例如，尽管注册资本并非债权人判断公司现有规模、运营状况的单一指标，但其仍是股东的偿付底线。此外，基于资本募集或流通的涉众性，又发展出了专门证券法等予以规制，对于类似开放性公司的上市公司，在股份募集、转让及公司治理等方面有严格的信息披露要求及相应的监管措施，防止内部人控制以损害社会大众的利益，同时可设置外部董事或直接对董事、监事、高管人员的任职条件作出规定等。同样地，公司清算或破产也会有较强的涉众性，各种权利的优劣保护及平衡协调构成了作为异态公司法的破产法的主要内容。这事实上也在一定程度上表明了法律的演化逻辑，即系统化和专业化的统一、公私交融的社会本位趋势。再次，应注重对互联网平台经营者的法律规制。在互联网时代，互联网平台经营者在经济生活中的地位举足轻重，它既是平台规则的制定和实施者，也集合和分析了诸多的数据资源，同时也为诸多民商事主体提供了交易机会或直接作为交易主体参与交易，时时牵动着社会大众的神经。无疑，基于社会本位的政府规制势在必行，但在法律实践中缺乏经验，需要不断地加以积累，例如，互联网平台及相关数据是否可以作为财产权的客体，如何界分权利的边界？国家对于平台规则的制定及实施如何进行规制，或者国有资本是否能直接以互联网平台的方式介入相关产业？这需要在法律实践中不断探索，并不断进行完善，但毫无疑问的是，政府的规制、平台经营者的社会责任落实是必然的趋势。

## 二、市场准入及退出制度方面

人们一般侧重于从市场主体资格方面来理解市场准入及退出制度，而事实上，它也是政府管理市场、保障交易秩序和安全的一种制度安排，并与上述的规划和产业政策法、财政金融法、反垄断暨竞争法等勾连在一起。〔1〕市场准入及退出制度的合理与否对经济发展具有重要的影响。〔2〕市场准入，简言之，即获准后进入，其本质在于对市场活动主体经济权利的合理禁止或限制。市场退出反映了市场经济的基本法则，即公平竞争、优胜劣汰，是市场机制的重要组成部分。而从过程来看，准入前的控制、准入后的持续监管以及相应的退出机制等是一个体系，都要体现并回应经济法的社会本位性。

第一，市场准入制度方面应着力解决禁限的范围、方法及持续监管问题。首先，关于禁限的范围和方法。这需要通过各方主体的利益博弈经由立法而产生，其关键在于合理科学，特别是市场和政府的边界的准确划分、对全国统一性和地方差异性的准确把握。这自然离不开作为利害关系人的民众意见和诉

---

〔1〕 宋彪对市场准入制度的理解就很好地体现了这一点，他认为，市场准入制度的含义更为宽泛，包括人力、物力及管理等要素准入、产业准入、组织准入及地域准入。在特定时空中，诸如资源分配、消费文化、社会习俗、经济管制、产业政策、法律组织形式及地域因素都会影响到准入的范围和程度。参见宋彪：《经济法：翻转课堂教学方法与实践》，中国人民大学出版社 2015 年版，第 40 页。

〔2〕 盛世豪："试论我国市场准入制度的现状与改革取向"，载《中共浙江省委党校学报》2001 年第 3 期。

求的充分表达、专家的充分论证、决策层的依法拍板和履责等，最终还要通过反复的实践来修复和完善，从而实现意见（多）到真理（一）、民主到集中的统一。例如，政府对于网约车新政应向民众征求意见，不能搞闭门立法，当然，也不能为民粹主义所裹挟而对网约车一味地进行打压；由于各地公共交通的特点和需求不一，对于地方的新政就不能搞“一刀切”；出租车经营者和网约车经营者、本地司机和外地司机、消费者的利益平衡及其正当理由何在都要在诉求和意见畅通的前提下来协商，并要从社会整体经济利益的高度来加以解决。其次，关于持续监管。这需要破除与社会本位不相符合的观念、思维，要立足于社会本位不拘一格地能动作为。按照人们的通常理解，对私主体来说，法无禁止即自由；对公主体来说，法无规定即禁止。在一定意义上说，负面清单对应于经济活动主体行为自由的禁限；正面清单对应于经济管理主体可作为和应作为的领域，也即其职责范围所在。这符合形式逻辑，却不一定能够满足现实监管的需要。经济法本身和一国或地区的经济形势、环境密切相关，具有现代性、动态性等特点，政府政策和市场对策交互发展，大有“道高一尺魔高一丈”的意蕴，因而，社会和人民对政府治理能力特别是应变能力的要求就更高，对其治理的授权也只能是概括性的授权，而不是通过所谓的清单一览无余地加以列明。换言之，经济法社会本位是动态性的，政府脱离社会和人民的要求，以法无明文规定即禁止或正面清单为由不作为同样是不合法的。这方面的教训是很深刻的。例如，众多贵金属交易平台问题的出现和泛滥成灾就给政府的不作为敲响了警钟，贵金属交易虽然没有像证券一样有着明确的监管规范，但两者的金融性质、涉众性、社会性并无差异，等到出台明确规范后，社会危害早已进一步扩大。[1]同样地，基于动态性的要求，准入并不意味着进入之后政府就可以甩手了，事中、事后的监管要跟上，这就需要和一系列事中的标准化法如产品质量法、事后的政府指导救济、破产法及司法规制等衔接、结合起来。值得反复强调的是，准入制度的落实还必须和政府的问责制紧密结合，既要有政府职权的分配，也要有政府的动态回应，更要有不利后果的约束和承担，只有这样，才能保证监管不留空白且时时不离社会本位的根本要求。

第二，市场退出制度方面应着力推进清算、破产理念及相应的法治实施。首先，应强化关于清算、破产理念的正确认识。从企业法角度来看，市场退出机制主要是借助清算、破产制度实现的。在以往的观念中，清算、破产往往是经营失败或逃废债的象征，具有道德上的可谴责性，应着力加以避免。这样的观念既不符合市场经济的基本规律[2]，也忽视了破产清算法律制度中的社会本位性。从社会本位的角度来考虑，清算、破产制度主要有以下几个方面的功能：一是清算、破产制度规范和

---

〔1〕 在司法领域，监管滞后性就更明显了。在一起涉及贵金属交易的委托理财合同案件中，一家担保公司代客理财从事贵金属交易，赚取了部分佣金，后来，交易平台因非法经营罪“出事”，客户要求担保公司返还佣金。在审理中，部分法官同样认为法并未明文规定此种委托理财合同是无效的，故应当是有效的，事实上，这是停留在民商合同法而不是基于金融法上的认识，显然是不妥当的。其次，对于无效后果的处理，也有法官认为应该基于合同法作双方互相返还的处理，即担保公司仍能获得费用（实际上还是佣金）。这样，无效的认定实际上仅仅只有宣示性意义，并不能遏制此类非法交易行为，笔者主张依据民法通则的规定，对非法所得予以收缴。参见（2016）京03民终11738号民事判决书。

〔2〕 诚如王欣新所指出的：“实际上，在激烈竞争的市场经济社会，任何企业乃至个人都可能因事业的经营不善、财务的处理错误，乃至社会事件、自然灾害等，出现对债务无力清偿的情况，这如同人的生老病死，乃是市场经济的客观运行规律使然。”王欣新主编：《破产法茶座》第一卷，法律出版社2016年版，卷首语第2页。

保障市场发挥固有的优胜劣汰功能，让社会资源重新优化配置。道理很简单，劣者不被淘汰、不退出，优者的生存空间就会被挤压。二是清算、破产制度具有鼓励创新的社会功能。和有限责任的制度功能相似，清算、破产后的债务豁免不妨被视为创新中的风险或成本的社会分担机制〔1〕。三是清算、破产制度还具有减少债权人损失、维护和实现社会多赢局面的功能。依托破产撤销权、无效制度能够早清算、破产，早止损，尽早消除"僵尸企业"；依托重整制度，则能够从更广阔的社会视角来盘活处于困境中的优质资产，尽早挽救有价值的企业〔2〕。这些理念需要不断重申，否则，清算破产法律制度是难以实施的。其次，应着力开展相应的法治实施。实践中，清算、破产制度的实施就私的方面而言有赖于债权人（包括职工债权人、税收债权人）、债务人、清算组或管理人、外部投资人的各方参与，就公的方面而言主要有赖于司法机关的监督及相关行政机关的协调（特别是国有企业或金融机构的破产）。而清算、破产制度的实施困难是有目共睹的。①就公主体而言，法院的个案主义办

〔1〕 创新本身面临着诸多的不确定性因素，是不可规划的，它本身就是一个不断试错的过程。系统地看，创新者作为第一个"吃螃蟹"的人，承担了诸多社会风险及隐性成本，一旦创新成功则又有正的社会外部性（包括成功商业模式被人模仿、增进消费者福祉等）。从这个意义而言，有限责任制度、清算或重整后破产债务的豁免制度都不妨被视为创新中的风险或成本的社会分担机制。

〔2〕 现时期，破产法的重整功能被凸显出来，这实际上是社会本位的具体化、精细化。如王欣新所指出："作为积极挽救企业的再建型债务解决制度，重整不像破产清算那样，简单地将债务人企业的财产公平分配给债权人而使其消灭，也不像和解程序只消极调整债务关系，不涉及企业的资产、义务与股权重组等实质性挽救措施。重整制度将债务清偿与企业及营业拯救两个目标紧密结合，一方面，通过对债务关系的协商调解，解决债务清偿问题，避免企业破产清算；另一方面，则将债权人权利的充分实现建立在债务人企业与营业复兴的基础上，全面采取各种重整挽救措施，力图保留企业营业的营运价值，并最终使债权人得到较破产清算更多的清偿。"王欣新主编：《破产法茶座》第1卷，法律出版社2016年版，卷首语第2~3页。

案思维、法院政府协调不畅等问题都掣肘了清算、破产法律制度的实施。一方面，清算、破产案件涉众广泛，各方对权利的顺位及各方利益的平衡极为敏感，需要法官有基于社会本位的大民事审判观，而长期的个案主义思维使法官往往局限于个案或相同法律关系，对不同法律关系之间的内在联系缺乏应有的系统化思考〔1〕。另一方面，在现有司法体制下，司法权威尚不够彰显、司法地方化的问题仍然较为突出，政府与法院之间、各地法院之间的协调机制等均不是很顺畅，如地方政府出于经济业绩不愿或阻碍地方企业清算破产〔2〕、破产查封解封权力的协调〔3〕、法院内部考评机制的不合理、公安部门管理人印章的刻制、银行对管理人账户的开立等技术性问题的解决不到位等。幸运的是，为了配合中央供给侧改革、去产能的要求，破产法的实施得到了自上而下的巨大推动，“僵尸企业”的破产法处

〔1〕 在传统民商事审判领域，这方面的问题也非常突出。例如道路交通损害赔偿纠纷中既包括侵权关系，也包括立足于侵权关系的保险合同关系；婚姻家庭纠纷中的股权分割、劳动争议领域中的股权激励等问题也与公司法有着密切的衔接；又如目前司法实务中较为普遍的让与型担保，其实质是将房屋买卖作为借贷的担保（往往也和高利贷交织在一起），但司法实务中存在着借贷的按照借贷来审理、房屋买卖的按照房屋买卖来审理的不合理操作，人为地割裂了两个法律关系之间的内在联系；再如民行交叉、民刑交叉问题更是令学术界及司法实务界“头疼”。现实生活并不因为观念上的案由划分而分门别类地开展，往往呈现出系统上的紧密衔接、不可分割，故企图采用形式主义、割裂的案由主义来作出司法应对，就会犯“只见树木不见森林”的本本主义的错误。

〔2〕 例如，地方政府会将职工下岗的安置考虑、银行不良资产的债转股等要求以各种方式传导至法院，进而不当地影响案件的审理。

〔3〕 例如，在被称为北京市重整第一案的五谷道场食品技术开发有限公司破产重整案件中，由于中旺集团在五谷道场持有的36.67%的股权被六家外地法院查封，致使股权无法转让给收购方，最终需要最高人民法院出面来协调解封事宜。可参见“负债数亿元五谷道场重整后起死回生其间遭遇多重波折及法律困境”，载 ht-tp://news. sina. com. cn/o/2009-12-09/072416741645s. shtml，访问日期：2016 年 12 月 2 日，以及北京市房山区人民法院（2008）房民破字第 00003 号民事裁判文书。

置、执行转破产制度的探索、全国法院破产案件审理平台的构建等均是重要的体现。但法院和政府要进一步立足于社会本位，按照职责主义的要求，进行相应的专业融合的执法能力建设，以及相关的去地方化的改革，并构建有效的内部职能机构和外部有序运转的协调机制等。②对于私主体而言，片面强调私主体权利而忽视其对社会之义务是清算、破产制度实施困难的另一根源。实践中，很多案例都鲜明地反映了这一点。如诸多公司存在着未经依法清算予以注销登记的情形，致使诸多债权人在求偿方面遇到了“主体障碍”，或未及时组织清算导致公司财产损失或清算不能从而严重损害债权人的权利。虽然立法中有相应的回应措施〔1〕，但在规则的可操作性、科学性方面仍有待于进一步完善。〔2〕同样的问题在破产法领域也存在，在部分极端的个案中，债务人公司的股东恶意将股权转让给“无知的老

〔1〕《最高人民法院关于适用〈中华人民共和国民事诉讼法〉的解释》第64条规定：“企业法人解散的，依法清算并注销前，以该企业法人为当事人；未依法清算即被注销的，以该企业法人的股东、发起人或者出资人为当事人。”《最高人民法院关于适用〈中华人民共和国公司法〉若干问题的规定（二）》第18条规定：“有限责任公司的股东、股份有限公司的董事和控股股东未在法定期限内成立清算组开始清算，导致公司财产贬值、流失、毁损或者灭失，债权人主张其在造成损失范围内对公司债务承担赔偿责任的，人民法院应依法予以支持。有限责任公司的股东、股份有限公司的董事和控股股东因怠于履行义务，导致公司主要财产、账册、重要文件等灭失，无法进行清算，债权人主张其对公司债务承担连带清偿责任的，人民法院应依法予以支持。上述情形系实际控制人原因造成，债权人主张实际控制人对公司债务承担相应民事责任的，人民法院应依法予以支持。”

〔2〕在程序上，直接追加股东、发起人或出资人，但在工商登记信息中通常只有股东的姓名和身份证复印件，没有其联系方式，这往往造成送达困难，且在股东众多的情况下，是否都应追加或依当事人申请选择性追加亦值得探讨。从实体上看，一刀切的连带主义或直接责任人主义各有利弊，一刀切的连带主义虽然方便债权人受偿，股东或董事可能对清算事宜并无控制力，权责不对称的问题就会存在，直接责任人主义符合权责对称的原理，但直接责任人的识别本身需要成本，而且在诚信环境较差的情况下，容易出现顶包的现象。

头老太太”，并虚假签订账册及其他法律文件的转移协议、交接手续，最终因无法审计阻碍破产程序的推进。对于私主体，义务重心论尤应强调，因为清算、破产并非债务人企业或公司个人之事，而是关乎诸多诸类债权人的众人之事，因而，基于社会本位的利益平衡，需要赋予债务人公司或企业的股东、高管等相关责任人以特定的义务。就目前而言，如何在我国现有环境下科学有效地设置实际控制人、股东、董事、高管的清算、破产权责体系（包括清算、濒临破产〔1〕或破产程序的启动、账册的交接、债权债务的全面信息公开等诸多环节），并辅以动态全面的责任追究机制（包括各类民事、行政、刑事责任，也包括社会征信体系的软法制约等），将是社会本位实现当中面临的重大课题。

## 三、企业社会责任方面

企业社会责任实际上是建立在自利基础上的利他性要求，在其对社会本位的实现中，要强调企业社会责任的自利性（营利性）基础，并遵循能力越大、责任越大的逻辑完善相关的立法。同时，企业社会责任融道德于法律，是责任担当论的重要理由，在法律不明或缺位时，应积极发挥其作为软法的能动性。

第一，强调企业社会责任的自利性（营利性）基础，并要遵循能力越大、责任越大的逻辑来完善相关的立法。首先，关于企业社会责任的自利性（营利性）基础的强调。企业的社会责任的正当性基础在于现代社会发展呈现出来的主体间地位的实际不平等，以及在此基础上从道德层面、法律层面对利他性的强烈呼唤。但其基础仍在于自利性（营利性），道理很简单，

〔1〕可参见段威、包一明：“公司濒临破产时董事对债权人责任的构成要件研究”，载《判解研究》2016年第72辑。

只有在保证自己“生存”、不为社会的“累赘”的前提下，方能谈得上企业的社会责任。正如彼得·德鲁克所认为的：“企业首要的责任就是获取足够的利润以弥补将来的成本，如果这个社会责任没有实现，其他的社会责任也不可能实现。处于经济衰退中的衰退企业不可能成为好邻居、好雇主，或者对社会负责。随着对资本需求的迅速增加，用于非经济目的（尤其是慈善事业）的企业收入盈余不可能增加，它们几乎一定会缩减。”〔1〕即便是天然负有社会责任的国有企业，也要在营利的基础上将之转化为公益性，否则，就会事与愿违地回到计划经济的老路。“无论公司所处的社会关系多么错综复杂，公司应当为其资本所有者所有并控制，或者在转投资或国有财产投资经营的情况下由出资者或股东作为其所有者权益承担者……经营管理者要直接对股东的利益负责，如果能做到这一点，公司就能在价值最大化的目标下参与竞争，从而更好地承担它对利益相关者的责任”。〔2〕其次，应遵循能力越大、责任越大的逻辑来完善相关的立法。能力越大、责任越大的逻辑符合经济法关注具体差异、对不同的主体予以不同待遇的辩证思维及实质正义理念，它实际上是企业社会责任的具体实现。不同企业的社会责任要求是不同的，这正是社会本位层次性要求在企业法领域中的体现。

---

〔1〕 Peter. F. Drucker, “Converting Social Problems into Business Opportunities: The New Meaning of Corporate Social Responsibility”, *California Management Review*, vol. 26, No. 2, Winter 1984.

〔2〕 史际春、肖竹、冯辉：“论公司社会责任：法律义务、道德责任及其他”，载《法学研究》2008年第2期。在该文中，史际春教授等还提到：“既然出资者或股东是企业的所有者或所有者权益承担者，企业损益的天然、法定和第一性的承担者，则其就是以公司名义承担的社会责任的实际承担者。”而在《论营利性》一文中，史际春指出：“所谓企业或公司的营利性，是针对其举办者或出资者、股东依法能否从该组织取利而言的，与企业、公司本身是否赢利或盈利无关。”参见史际春：“论营利性”，载《法学家》2013年第3期。

具体来说，国有企业因其资本的社会属性及对国民经济的引导功能，负有天然的社会责任，[1]而民营企业则不妨在不损人、不损害社会的前提下尽力营利；大企业（尤其是社会性更强的上市公司），其行为的外部性明显强于中小企业，故对其社会责任的要求应当更高。反观我国立法，企业社会责任主要规定在公司法、合伙企业法中，其他则散见于产品质量法、消费者权益保护法、自然资源法、环境保护法、劳动法、社会保障法、税法、公益事业捐赠法等诸多法律法规当中。[2]但从其内容来看，并未体现出精细的类型化区分，而是简单的"一刀切"的思维。从可问责的操作性层面看，则又显得过于粗糙。如虽然有中小企业促进法，但在贷款、用工、税收、环境指标等方面的扶助或优惠政策的具体规范并不多见，中小企业融资难、税负重等老大难问题依然没有得到缓解。又如虽然新预算法将国有资本经营纳入预算，但配套的预算编制、审议、公开、问责等仍付之阙如，从而影响到了国有企业社会责任的落地。以上诸种问题，亟待我们根据经济法的类型化区分来完善立法，以充分回应社会本位的要求。

第二，发挥企业社会责任的软法能动性，以推动良序善治之法治状况的实现。如前所述，企业社会责任融道德于法律，具有软法性质，同时它是责任担当论的重要理由，在法律不明或缺位时，需要有相应的机制将其能动地运用到法治实践中，以实现良序善治。

---

〔1〕 史际春："论营利性"，载《法学家》2013年第3期。

〔2〕《中华人民共和国公司法》第5条、《中华人民共和国合伙企业法》第7条直接明确规定了公司及合伙企业应承担社会责任，是一般性条款，起宣示性作用，而其他法律法规则涉及消费者权益保护、职工代表大会制度、工会制度等民主制度、企业用工时的反对性别歧视以及劳动保护规定、安全规定、社会保障规定、环境保护等问题。

在现实中，这样的能动性发挥并不尽如人意，不妨以网约车的规制为例加以剖析。从职责主义的角度看，政府、法院等均有履责不到位的情况，但企业在新的经济变革中，对社会责任的认识和能动性也是有所欠缺的。在网约车“野蛮生长”的过程中，平台企业暨资本为了“抢占市场、攻城略地”，往往无所顾忌地对网约车司机、消费者进行高额补贴，却从未从社会责任的立场考虑出租车经营者公平竞争权问题。平台企业不遗余力地强调共享经济或“互联网+”的创新性，却对网约车司机、消费者之间的利益关系及纠纷处置等问题欠缺社会治理机制方面的建设和创新。事实上，脱离社会责任的创新必然是短视的，平台企业只有将社会治理机制的建设作为利润的中心而不是成本的负担，平台企业才能获得长远的发展。就政府方而言，先是任由网约车发展，对其是否合法的态度暧昧不明，同时，对于补贴及垄断等可能存在的问题缺乏应有的敏感度，特别是没有相应的司法诉讼。而在新政的酝酿及落地的过程中，在某些方面也没有处理好政府和市场的界分及职能问题，例如，政府曾强制要求网约车平台与司机签订劳动关系，再如地方新政中对于本地司机、本地车辆及车型的严格规定，这些规定是否妥当不仅应向民众征求意见，更要通过相应的良法实现机制或错法纠正机制的考验。此外，政府应在制度创新方面有所推进，例如信息的互联互通、保险制度等，这在新政中都有所体现，但这些都是基础性的技术手段，更重要的是如何在实践的基础上，在宏观上架构出政府加平台的、符合“互联网+”经济规律的新型社会治理框架。总而言之，基于“互联网+”的创新发展要顺应时代需求，但同样重要的是，要以社会责任来拥抱创新！

# 结　语

本文之所以提出先验与经验的框架，主要遵循以下理路：一是从历史纵深中反思和确立经济法之根，让经济法理论和经济法学的建设立得住，避免先验的理论流于虚渺。二是以此为先验指导，划定经济法与民法、宪法、行政法等主要相邻法律部门之间的基本界限，并考察它们对社会经济生活的协作调整功能。三是进一步剖析经济法社会本位的内涵，并将先验理论转化为经济法的规范论，在指导经济法治实践的同时，充实和修正具体的理论及制度。该框架的基本诉求是：试图改变先验理论“大而化之”、经验实践缺乏方向指导，以及该先验的理论不能达成基本的共识、该经验的规则又欠缺差异性和精细化的局面，努力融理论与实践、经济法总论与分论于一体，彰显马克思唯物辩证法的强大方法论功能和法学“学以致用”的实践品质。

承担上述理路和诉求的核心范畴即社会本位。社会本位的理念来自于历史，从经济、政治、思想发展等各方面来看，它都是历史的必然。从法律部门的产生来看，经济法是社会本位的重要法成果。分久必合，市场机制与国家调控的严格分立并不符合社会的系统性要求，两者只有耦合起来才符合社会整体经济利益的发展要求。进一步讲，传统民商法、宪法、行政法等部门法的专业化或分化发展也要求统合性的法律部门的出现，经济法即是其一。正是基于社会本位的立场，它要考虑如何为分散但连带的市场主体提供良好的运行平台、秩序及相应的治理机制，从而促成“合作最大化、冲突最小化”的理想局面，将共享利益做大做实，增进每个个体的福祉，从而，在必要之时对市场主体予以正当的约束和合理的激励就理所当然了。这种约束或激励实质上是利益的平衡与协调，必然着眼于市场主体间的密切关联而不是市场主体本身，这就要求平衡协调者相对超脱且强有力，政府自是不二选择。但政府权力的肆意及扩张又往往有偏离社会本位的倾向，故仍要借助宪法、行政法的权力防控机制予以抑制。就这样，关注法律部门之间内在联系并且和现实经济生活密切关联的法律部门——经济法就面世了。阶级性和社会性是法的共同本质。暂且抛开阶级性不论，民法、宪法、行政法、经济法无不具有社会性，法律部门的最根本的区别在于对社会性的不同理解和表达：民法彰显个人性，以个人促社会；行政法彰显国家性，以国家保障社会；经济法彰显社会性，以社会促个人；宪法则是调整个人、国家、社会基本关系的根本法、综合法。故而经济法具有直接的、特定的社会性（也即社会本位）：它立足于系统论和辩证逻辑，关注个人间的内在关联而不是相互之间的独立性，并对国家权力、市场主体提出了相应的职责（义务）要求。同时，它具有相应的经济性，时刻关注国民经济的动态发展，融经济与法于一体，在考虑经济效率的同时也非常重视经济公平，因为，效率与公平的统筹兼顾乃是国民经济长远发展的根本保障。概言之，经济法是国家依社会本位的要求而管理经济之法，具有突出的职责（义务）主义属性。这反映在规范论上，即主体角色论、职责（义务）重心论及责任担当论。经济法社会本位的实现既要依托于一般的实现机制，考虑到中国的现实语境，也要在具体的经济层级、领域中得以展开并呈现出不同的内涵。具体来说，要在经济规划、产业政策、财税金融、反垄断暨竞争、企业规制等方面一纵到底、彼此协调。

就这样，本文完成了对经济法社会本位的证成，并试图让其从先验的理念落实到经验的实践当中。尽管这样的尝试显得志大才疏，却符合经济法本身的特点，即重视系统关联与学以致用的理论品质。或许，这谈不上什么贡献，但祭出社会本位的大旗，对政府和民众高声呐喊一声社会本位，就已经足够了！

# 参考文献


## 一、中文文献

（一）马列经典类

1. 中共中央马克思恩格斯列宁斯大林著作编译局编:《马克思恩格斯选集》，人民出版社 1995 年版、2012 年版。

2. 中共中央马克思恩格斯列宁斯大林著作编译局编:《马克思恩格斯全集》，人民出版社 1956 年版、1961 年版。

3. 中共中央文献编辑委员会编:《邓小平文选》，人民出版社 1994 年版。

4. 中共中央文献编辑委员会编:《陈云文选》，人民出版社 1995 年版。

（二）中文著作类

5. 陈乃新主编:《经济法权利研究》，中国检察出版社 2007 年版。

6. 程宝山:《中国经济法基本理论》，郑州大学出版社 2013 年版。

7. 邓晓芒、赵林:《西方哲学史》，高等教育出版社 2005 年版。

8. 邓晓芒:《思辨的张力——黑格尔辩证法新探》，商务印书馆 2008 年版。

9. 邓正来:《中国法学向何处去》，商务印书馆 2011 年版。

10. 方勇、李波译注:《荀子》，中华书局 2011 年版。

11. 冯辉:《论经济国家——以经济法为语境的研究》，中国政法大学出版社 2011 年版。

12. 高德步、王钰:《世界经济史》，中国人民大学出版社 2016 年版。

13. 葛正鹏主编:《西方经济史论》，北京理工大学出版社 2008 年版。

14. 何新:《反主流经济学——主流经济学批判》，万卷出版公司 2013 年版。

15. 胡光志：《人性经济法》，法律出版社 2010 年版。

16. 金观涛、刘青峰：《观念史研究——中国现代重要政治术语的形成》，法律出版社 2009 年版。

17. 蒋爱群：《经济与法律：科斯四大定律猜想民商法建议 900 条》，中央编译出版社 2014 年版。

18. 孔德周：《系统经济法论》，中国法制出版社 2005 年版。

19. 厉以宁：《欧洲经济史》，中国人民大学出版社 2015 年版。

20. 林毅夫：《解读中国经济》，北京大学出版社 2014 年版。

21. 刘文华：:《中国经济法基础理论》，法律出版社 2012 年版。

22. 吕世伦主编：《当代西方理论法学研究》，中国人民大学出版社 1997 年版。

23. 吕世伦：《社会、国家与法的当代中国语境》，清华大学出版社 2013 年版。

24. 李昌麒：《中国经济法治的反思与前瞻》，法律出版社 2002 年版。

25. 李昌麒、岳彩申主编：《经济法学》，法律出版社 2013 年版。

26. 苗力田主编：《古希腊哲学》，中国人民大学出版社 1989 年版。

27. 茅于轼：《中国人的道德前景》，暨南大学出版社 2003 年版。

28. 马远俊：《法律社会学——源流辨析与学理应用》，湖北人民出版社 2009 年版。

29. 欧阳谿：《法学通论》，上海会文堂编译社 1933 年版。

30. 乔良、王湘穗：《超限战》，崇文书局 2010 年版。

31. 漆多俊：《经济法基础理论》，法律出版社 2008 年版。

32. 邱本：《经济法研究》，中国人民大学出版社 2008 年版。

33. 孙正聿：《哲学修养十五讲》，北京大学出版社 2004 年版。

34. 史际春、邓峰：《经济法总论》，法律出版社 2008 年版。

35. 史际春主编：《经济法》，中国人民大学出版社 2010 年版。

36. 宋彪：《经济法：翻转课堂教学方法与实践》，中国人民大学出版社 2015 年版。

37. 吴承明：《经济史理论与实证》，浙江大学出版社 2012 年版。

38. 王伯琦：《民法总则》，台湾编译馆 1977 年版。

39. 王欣新主编:《破产法茶座》第一卷，法律出版社 2016 年版。

40. 王全兴:《经济法基础理论专题研究》，中国检察出版社 2002 版。

41. 卫志民:《经济学史话》，商务印书馆，2012 年版。

42. 许小年:《自由与市场经济》，上海三联书店 2009 年版。

43. 徐孟洲:《耦合经济法论》，中国人民大学出版社 2010 年版。

44. 肖江平:《中国经济法学史研究》，人民法院出版社 2002 年版。

45. 夏征农、陈至立主编:《辞海》，上海辞书出版社 2009 年版。

46. 杨伟民主编:《发展规划的理论与实践》，清华大学出版社 2010 年版。

47. 赵汀阳:《论可能生活》，中国人民大学出版社 2010 年版。

48. 赵汀阳:《第一哲学的支点》，三联书店 2013 年版

49. 赵迺抟:《欧美经济学史》，东方出版社 2007 年版。

50. 张维迎:《理念的力量》，西北大学出版社 2014 年版。

51. 张知本:《社会法律学》，上海法学编译社 1931 年版。

52. 周枏:《罗马法原论》，商务印书馆 2014 年版。

53. 周旺生:《法理探索》，人民出版社 2005 年版。

54. 朱苏力:《法治及其本土资源》，中国政法大学出版社 2004 年版。

55. 朱苏力:《制度是如何形成的》，北京大学出版社 2007 年版。

56. 朱景文主编:《法理学》，中国人民大学出版社 2007 年版。

57. 张恒山:《法理要论》，北京大学出版社 2009 年版。

58. 张恒山主编:《共和国六十年法学论争实录》(法理学卷)，厦门大学出版社 2009 年版。

59. 张文显:《法哲学通论》，辽宁人民出版社 2009 年版。

60. 张千帆:《宪法学导论》，法律出版社 2004 年版。

61. 张守文:《经济理论的重构》，人民出版社 2004 年版。

62. 张守文:《经济法原理》，北京大学出版社 2013 年版。

63. 周林彬:《物权法新论——一种法律经济分析的观点》，北京大学出版社 2002 年版。

64. 周林彬、董淳锷:《法律经济学》，湖南人民出版社 2008 年版。

65. 张世明:《经济法学理论演变研究》，中国民主法制出版社 2009

年版。

66. 朱崇实主编：《共和国六十年法学论争实录》（经济法卷），厦门大学出版社 2009 年版。

67. 中国社会科学院语言研究所词典编辑室编：《现代汉语词典》，商务印书馆 2012 年版。

（三）中文译著类

68. ［美］保罗·萨缪尔森、威廉·诺德豪斯：《经济学》，萧琛译，人民邮电出版社 2008 年版。

69. ［美］道格拉斯·诺斯、罗伯斯·托马斯：《西方世界的兴起》，厉以平、蔡磊译，华夏出版社 2009 年版。

70. ［美］道格拉斯·诺斯：《制度、制度变迁与经济绩效》，杭行译，韦森译审，上海人民出版社 2014 年版。

71. ［法］狄冀：《法律与国家》，冷静译，中国法制出版社 2010 年版。

72. ［美］E. 博登海默：《法理学法律哲学与法律方法》，邓正来译，中国政法大学出版社 1999 年版。

73. ［德］黑格尔：《哲学史讲演录》，贺麟、王太庆等译，世纪出版集团上海人民出版社 2013 年版。

74. ［英］吉登斯：《现代性的后果》，田禾译，凤凰出版传媒集团 2011 年版。

75. ［日］金泽良雄：《经济法概论》，满达人译，中国法制出版社 2005 年版。

76. ［英］卡尔·皮尔逊：《科学的规范》，李醒民译，华夏出版社 1999 年版。

77. ［英］坎南编：《亚当·斯密关于法律、警察、岁入及军备的演讲》，陈福生译，商务印书馆 2005 年版。

78. ［德］拉德布鲁赫：《法学导论》，米健译，商务印书馆 2013 年版。

79. ［美］罗纳德·H. 科斯：《企业、市场与法律》，盛洪校译，上海人民出版社 2014 年版。

80. ［美］理查德·A. 波斯纳:《法律的经济分析》（第七版），蒋兆康译，法律出版社 2012 年版。

81. ［德］鲁道夫·冯·耶林:《为权利而斗争》，郑永流译，法律出版社 2007 年版。

82. ［美］米尔顿·弗里德曼:《自由选择》，张琦译，机械工业出版社 2013 年版。

83. ［英］梅因:《古代法》，沈景一译，商务印书馆 1959 年版。

84. ［美］庞德:《通过法律的社会控制》，沈宗灵译，商务印书馆 2010 年版。

85. ［美］尼古拉斯·麦考罗、斯蒂文·G. 曼德姆:《经济学与法律——从波斯纳到后现代主义》，朱慧、吴晓露、潘晓松译，史晋川审校，法律出版社 2005 年版。

86. ［美］托马斯·库恩:《科学革命的解构》，金吾伦等译，北京大学出版社 2012 年版。

87. ［美］梯利:《西方哲学史》，葛力译，商务印书馆 2015 年版。

88. ［美］熊彼特:《经济分析史》第 1 卷，朱泱等译，商务印书馆 1991 版。

89. ［英］亚当·斯密:《国民财富的性质和原因的研究》，郭大力、王亚南译，商务印书馆 2012 年版。

90. ［英］约翰·斯图亚特·穆勒:《群己权界论》，严复译，北京时代文化书局 2014 年版。

91. ［英］约翰·梅纳德·凯恩斯:《就业、信息和货币通论》，高鸿业译，商务印书馆 1994 年版。

92. ［英］约翰·希克斯:《经济史理论》，厉以平译，商务印书馆 1999 年版。

（四）期刊论文类

93. 陈乃新等:“略论‘经济国家’——我国政府在经济全球化中的角色创新初探”，载《南华大学学报》（社会科学版）2003 年第 1 期。

94. 陈敏光:“企业社会责任及其限定”，载《首都师范大学学报》2016 年第 2 期。

95. 陈敏光："经济法的逻辑演进"，载《经济法学评论》2016 年第 16 卷。

96. 段威、包一明："公司濒临破产时董事对债权人责任的构成要件研究"，载王利明：《判解研究》第 72 辑，人民法院出版社 2016 年版。

97. 冯辉："论经济法语境中的经济国家"，载《法学家》2011 年第 5 期。

98. 甘强："质疑经济法社会本位"，载《重庆广播电视大学学报》2002 年第 4 期。

99. 甘强："经济法与社会法的法本位界分——经济法与社会法关系研究之视角"，载《理论界》2007 年第 5 期。

100. 黄韬："'全国'金融市场与"地方"法院——中国金融司法的央、地关系视角"，载《法学评论》2016 年第 3 期。

101. 蒋悟真、李晟："社会整体利益的法律维度——经济法基石范畴解读"，载《法律科学》2005 年第 1 期。

102. 刘国章："论'先验'因素在人的认识活动过程中的作用"，载《哲学研究》2002 年第 5 期。

103. 厉以宁："比较经济史研究与中国的现代化"，载《厉以宁经济史论文选》，商务印书馆 2013 年版。

104. 李远行："吉登斯第三条道路政治思想述评"，载《南京大学学报》2001 年第 3 期。

105. 刘剑文、耿颖："税收法定原则的核心价值与定位研究"，载《郑州大学学报》2016 年第 1 期。

106. 李东方："近代法律体系的局限性与经济法的生成"，载《现代法学》1999 年第 4 期。

107. 刘少军："论整体经济利益与经济法主体"，载《晋阳学刊》2016 年第 2 期。

108. 刘少军："运用法经济学方法研究经济法面临的困境及其克服"，载《郑州大学学报》2008 年第 4 期。

109. 黎建飞："社会保险立法的时机、模式与难点"，载《中国法学》2009 年第 6 期。

110. 刘涛："法教义学危机——系统理论的解读"，载《法学家》2016年第5期。

111. 李锡鹤："论民法本位"，载《华东政法学院学报》2000年第2期。

112. 李龙亮、郭成："社会本位——民法典的最佳选择"，载《河北法学》2002年第20卷增刊。

113. 苗曼："先验与经验：论人类的儿童期"，载《现代教育管理》2009年第2期。

114. 荣剑："马克思的国家和社会理论"，载《中国社会科学》2001年第3期。

115. 孙国华："当前我国法理学研究中的几个问题"，载《法学》1996年第4期。

116. 史际春："由民法看法本位"，载《法律学习与研究》1992年第1期。

117. 史际春、陈岳琴："论从市民社会和民商法到经济国家和经济法的时代跨越"，载《首都师范大学学报》2001年第5期。

118. 史际春："大民事司法改革评析"，载《南京大学法律评论》2002年春季号。

119. 史际春、孙虹："论大民事"，载《政法论坛》2002年第20卷第4期。

120. 史际春："法的部门划分与法治一般——从行政审判遭遇尴尬说起"，载《经济法学评论》2005年第6卷。

121. 史际春、肖竹、冯辉："论公司社会责任：法律义务、道德责任及其他"，载《法学研究》2008年第2期。

122. 史际春、冯辉：《论错法如何纠正》，载《新视野》2010年第1期。

123. 史际春、宋槿篱："论财政法是经济法的'龙头法'"，载《中国法学》2010年第3期。

124. 史际春："求真务实、肩负社会责任的人大经济法学"，载《法学家》2010年第4期。

125. 史际春："由3Q大战对竞争执法权配置的再审视"，载《经济法学评论》2011年第11卷。

126. 史际春："论营利性"，载《法学家》2013年第3期。

127. 史际春："政府与市场的法治思考"，载《中共中央党校学报》2014年第18卷第6期。

128. 史际春、孙天承："论错法现象——以经济法领域为中心"，载《南京师大学报》2015年第2期。

129. 史际春、徐瑞阳："产业政策视野下的垄断与竞争问题——以银行卡清算产业的法律规制为例"，载《政治与法律》2016年第4期。

130. 史际春："负面清单：市场准入与进入前、进入后控制"，载《经济法学评论》2016年第16卷。

131. 孙笑侠："'权利本位说'的基点、方法与理念"，载《中国法学》1991年第4期。

132. 宋彪："规划立法论"，载《经济法学评论》2016年第16卷。

133. 孙思礼："经济法本位新论"，载《当代法学论坛》2007年第4辑。

134. 宋旭光："面对社科法学挑战的法教义学——西方经验与中国问题"，载《环球法律评论》2015年第6期。

135. 孙效敏："惩罚性赔偿制度质疑——兼评侵权责任法第47条"，载《法学论坛》2015年第2期。

136. 盛世豪："试论我国市场准入制度的现状与改革取向"，载《中共浙江省委党校学报》2001年第3期。

137. 孙天承："经济国家与法治"，载《经济法学评论》2015年第15卷。

138. 童之伟："对权利与义务关系的不同看法"，载《法商研究》1988年第6期。

139. 童之伟："权利本位说再评议"，载《中国法学》2000年第6期。

140. 童之伟："20世纪上半叶法本位研究之得失"，载《法学论坛》2000年第6期。

141. 唐清利："专车类共享经济的规制路径"，载《中国法学》2015

年第 4 期。

142. 王烈琦:“论现代财税法的双重政策功能”，载《经济法学评论》2015 年第 15 卷。

143. 熊秉元:“论社科法学与教义法学之争”，载《华东政法大学学报》2014 年第 6 期。

144. 熊丙万:“专车拼车管制新探”，载《清华法学》2016 年第 2 期。

145. 杨东:“论金融消费者概念界定”，载《法学家》2014 年第 5 期。

146. 姚海放:“论经济规制与反垄断法的执法协调”，载《经济法学评论》2011 年第 11 卷。

147. 姚海放:“变革时代的经济法学回应”，载《经济法学评论》2015 年第 1 卷。

148. 尹亚军:“引入软法机制的治理——以经济法利益实现为分析基础”，载《经济法学评论》2015 年第 15 卷。

149. 朱富强:“基于知识契合的经济学发展历程及问题——兼论经济学帝国主义运动的误区”，载《财经研究》2011 年第 37 卷第 4 期。

150. 赵昆:“论经济学‘帝国’的道德‘边界’”，载《兰州大学学报》2014 年第 42 卷第 3 期。

151. 张文显:“权利本位之语义和意义分析——兼论社会主义法是新型的权利本位法”，载《中国法学》1990 年第 4 期。

152. 张恒山:“论法以义务为重心——兼评权利本位说”，载《中国法学》1990 年第 1 期。

153. 郑成良:“权利本位说”，载《政治与法律》1989 年第 4 期。

154. 周晖国:“法律本位探析”，载《南京大学法律评论》2006 年秋季号。

155. 周林彬:“中国法律经济学研究中的‘非法学化’问题——以我国民商法和经济法的相关研究为例”，载《法学评论》2001 年第 1 期。

156. 张守文:“论经济法的现代性”，载《中国法学》2000 年第 5 期。

157. 朱大旗:“现代预算权体系中的人民主体地位”，载《现代法学》2015 年第 3 期。

158. 朱大旗:“完善人大对政府预算全方位的审查监督制度”，载《法学杂志》2014年第2期。

159. 章礼强："民法本位纵论——对民法过去、现在、未来的深层思考"，载《池州师专学报》2004年第6期。

160. 章礼强："民法的哲思：以民法本位为研究视角"，载《北方论丛》2006年第3期。

161. 赵忠龙："论证券监管政策对法律文本的填补——基于配额制与ST制度的监管实效分析"，载《经济法学评论》2011年第11卷。

162. 张佑任："经济法与社会法中的'社会利益'之辨析——以'法本位'为逻辑起点"，载《四川文理学院学报》2007年第4期。

（五）裁判文书类

163. 上诉人北京大地愉家生态旅游开发有限公司、上诉人北京市怀柔区长哨营满族乡杨树湾村村民委员会与被上诉人北京市怀柔区长哨营满族乡大地村村民委员会合同纠纷一案，北京市第三中级人民法院（2016）京03民终13173号民事判决书。

164. 上诉人北京奇虎科技有限公司、奇智软件（北京）有限公司与被上诉人腾讯科技（深圳）有限公司、深圳市腾讯计算机系统有限公司不正当竞争纠纷一案，最高人民法院（2013）民三终字第5号民事判决书。

165. 上诉人北京乾冲投资担保有限公司与被上诉人杨志国委托理财合同纠纷一案，北京市第三中级人民法院（2016）京03民终11738号民事判决书。

166. 北京五谷道场食品技术开发有限公司申请破产纠纷一案，北京市房山区人民法院（2008）房民破字第00003号民事裁定书。

167. 上诉人上海欧宝生物科技有限公司与被上诉人辽宁特莱维置业发展有限公司借贷纠纷一案，最高人民法院（2015）民二终字第324号民事判决书。

（六）报刊网页类

168. 陈艳风："走出社科法学迷思"，载《中国社会科学报》2015年6月10日，第A07版。

169. 陈敏光："网约车平台将成全球最大雇主——从司法实践的角度看平台与司机的法律关系"，载《中国交通报》，2016年6月1日，第

005 版。

170. 杜万华："锐意推进家事审判改革切实维护婚姻家庭稳定"，载《人民法院报》2015 年 12 月 7 日，第 1 版。

171. "'劳动合同法'事关中小企业存活——长江商学院教授王一江访谈"，载《21 世纪经济报道》2008 年 04 月 05 日。

172. "张维迎：地方网约车新规不应漠视穷人的权利"，载 http://finance. qq. com/a/20161017/038360. htm。

173. "张效羽：明显违反行政许可法的网约合地方立法"，载 http://blog. sina. com. c/s/blog_ 5daa86ac0102x3xd. html。

174. "林毅夫为产业政策正名：经济发展有产业政策才能成功经济学家不要一概反对"，载 http://business. sohu. com/20160912/n468293666. shtml。

175. "负债数亿元五谷道场重整后起死回生其间遭遇多重波折及法律困境"，载 http://news. sina. com. cn/o/2009-12-09/072416741645s. shtml。

## 二、外文文献

1. Cass R. Sunstein, Behavioral Law and Economics, Cambridge University Press, 2000.

2. Cristina Bicchieri, The Grammer of Society: The Nature and Dynamics of Social Norm, Cambridge University Press, 2006.

3. Daron Acemoglu&Simon Johnson, "Unbundling Institutions", Journal of Political Economy, Vol. 113, No. 5, 2005.

4. Hugh Collins, Regulating Contracts, Oxford University Press, 1999.

5. Jame S. Coleman, Foundations of Social Theory, Harvard University Press, 1990.

6. John R. Commons, Legal Foundations of Capitalism, Transaction Publishers, 1995.

7. Koenraal. W. Swart, " Individualism in the Mid - Nineteenth Century (1826-1860) ", Journal of the History of Ideas, Vol. 23, No. 1, 1962.

8. L. S. Stavrianos, A Global History: From Prehistory to the 21st Century, Prentice Hall, Inc, 1999.

9. Marco Becht & J. Bradford De Long, “Why Has There Been So Little Block Holding in America?”, in Morck ed., A History of Corporate Governance around the World: Family Business Groups to Professional Managers, University of Chicago Press, 2005.

10. North, Institutions, Institutional Change and Economic Performance, Cambridge University Press, 1990.

11. North, “Economic Performance Through Time”, The American Economic Review, Vol. 84, No. 3, 1994.

12. Peter. F. Drucker, “ Converting Social Problems into Business Opportunities: The New Meaning of Corporate Social Responsibility [J] ”, California Management Review, vol. 26, No. 2, Winter 1984.

13. Patsy Healey, “Tradition of Planning Thought”, in Susan S. Fainstein and Scott Campbell eds, Readings in Planning Theory (1st edition), Willey Blackwell, 2012.

14. Polinsky. A. Mitchell: An Introduction to Law and Economics, Aspen Publishers, 1983.

15. Robert Allen, ed., Chambers Encylopedic Englih Dictionary, Edinburgh, 1994.

16. R. H. Coase, “Law and Economics at Chicago”, Journal of Law and Economics, Vol. 36, No. 1, John M. Olin Centennial Conferrence in Law and Economics at the University of Chicago, 1993.

17. R. H. Coase, The Firm, The Market and the Law, The University of Chicago Press, 1990.

18. Stigler. G, “The theory of economic regulation,” Bell Journal of Economics, No. 2, 1971.

19. Torsten Beck, Asli Demirguc-kunt & Ross Levine, “Law and Finance: Why Does Legal Origin Matter?”, Policy Research Working Paper Series, 2002.

20. Torsten Beck & Ross Levine, “Legal Institutions and Financial Development”, in Menard and Shirley eds, Handbook of New Institutional Economics, Springer, 2008.

# 致谢

论文终于写到致谢部分了。常言道：自助者天助之。这句话是在强调自我奋斗的根本性，而我更愿意这样理解：我们的努力要配得起关爱和帮助自己的人，我们也更需要感情的呼与吸。巴尔扎克曾富有哲理和极具诗意地说道："精神生活与肉体生活一样，有呼也有吸：灵魂要吸收另一颗灵魂的感情来充实自己，然后以更丰富的感情送回给人家。人与人之间要没有这点美妙的关系，心就没有了生机：它缺少空气，它会受难、枯萎。"我想，这大概是论文套路中必须有致谢的理由吧！经过了"炼狱"般的、持续的理性思索和不懈写作（这样说显然是夸张的，但请允许我在本部分感性一次），细细回想过去，我想向关爱和帮助我的人一一送上诚挚的感谢。

对我论文帮助最大的当属我的恩师、博导史际春教授。史老师是真正的独立学者，他不唯上、不唯下、不唯书、只唯实，因而每每有高屋建瓴、针砭时弊的精到之论。他学识极其渊博，按照同门的说法，史老师科学素养与人文精神并举，作为法学家的他对火车轨道的设计、无线电设备修理等问题也颇有研究，因而每每听他授课或与他交流即会茅塞顿开。在我的论文中，有关（宽泛意义上说）法都是社会本位的或职责（义务）论等观点，都直接或间接地来自老师的启发，而这些启发仅仅是在简短的随意交谈中完成的。史老师还是一个"温而厉"的人，真正关心学生却又"吝惜"赞扬，每每和史老师交流，都会让我觉得安心，并提醒自己任重道远，要努力消除内心的浮躁。

在修改我的论文中，史老师总会严肃甚至“毒辣”地指出问题，待到文章确实有点模样了，他才松口夸实。而就是这样的简短的、真诚的赞许，足够让我兴奋、高兴好几天！我想，这不是一般人所理解的“受领导或老师赏识”的得意，这是老师对学生学业的纯粹认可，也是我在知识和认识方面有所增进的明证！史老师的这种激励才是直达内心的激励啊！我还要感谢我的硕导王宗玉老师，我比较愚钝，并不很自信，而在硕士毕业晚宴上，王老师诙谐地和我碰杯，说：“论文写得不错，你的才华就像这酒一样横溢出来了。”正是缘于这样的鼓励，我开始认识到自己在学术方面或许有点能耐，进而尝试着考上了博士。当然，王老师对我为人处世的影响也是极大的，他的君子处事态度与外圆内方的谆谆教导，让我终身受益。我还必须好好谢谢经济法教研室的其他老师！刘文华老师是人大经济法学的开拓者，每次拜会他，他总会与晚辈侃侃而谈而不知疲倦。而徐孟洲老师每次都是自带笑容，将他的“耦合论”春风化雨般传授给我们。王欣新老师由刑诉法转行破产法并成为名家，让我认识到：只要下功夫，转行永不晚。吴宏伟老师学术与生活两相得，时常给我们分享出国旅游的经历。刘俊海老师豪迈万千，说：写好论文，成一家之言，那是意见领袖啊！宋彪老师则是诗与远方的践行者，当我听到他在冬天到颐和园凿冰窟下水赏月的故事，着实倾慕不已。孟雁北老师如姐姐一般亲切地关心学生，让人颇感温暖。我还要说的是，只有鼓励和温暖的教育是不完整的，还要有批评。让我印象颇为深刻的一幕是，在预答辩时，朱大旗、徐阳光、姚海放老师对我的论文形式均提出了很尖锐、很真诚的批评，让我知耻而后勇，也让我深刻地体会到朱大旗老师的一句话：“要感谢在人生道路上给你提出严肃批评的人，他们会让你进步更快。”当然，我还要特别感谢匿名评审专家及答辩委员会的刘剑文、刘少军、李东方、张世明老师，他们为我的论文提供了中肯的完善意见，让我受益匪浅。

我要感谢我的家人。父母给予我生命，他们通过磨难和吃苦搏来的经济生活，为我完成学业、追逐梦想提供了物质保障，而这是一种奢侈，它是以父母的心血甚至是痛苦为成本的，每念及此，就颇觉惭愧。哥哥在父母不在身边的时候很好地照顾我了，他常开玩笑说，我的博士也有他的功劳。我想说，怎么会没有呢？他和嫂子在我写博士论文期间承担了大部分照顾父母及我的孩子的繁重任务，这也是成本啊！在此特别要感谢我的爱人，她先后挨了两刀（剖腹产）为我产下两个儿子，牺牲了她宝贵的青春时光来照顾家里，更将她那“火热的冲劲”注入到了我的“沉静的血液”中。她通过身体和心灵的巨大牺牲让我获得了应有的“移（入）情（境）能力”，进而慢慢地“man”起来。如果论文中存在着热烈的、激动的理性的因子，那肯定有她的功劳。我的岳父、岳母是和我父母一样的好人，为这个家的建立和巩固也分担不少。我希望我不会让他们失望。我最想感谢的还有我的两个儿子，我的论文是在和孩子的陪伴中写就的。我发现，政府之于市场犹如父母之于孩子。孩子（市场）有着独特的感知力和创造力，孩子（市场）就是孩子（市场），父母（政府）不要企图以大人思维去管束他，而是要尊重、信任并保护好他们（市场），因为他们（市场）会创造难以想象的惊喜！另一方面，孩子（市场）只是孩子（市场），由于身体和智识的未充分发展，其需要家长（政府）的监护、呵护，只不过方式上要更科学、更精细，要首先理解他们，然后，给他们（市场）适宜的激励和受挫措施。孩子们会更好，市场也会更好！我没想到，孩子竟然给了我写论文的灵感！我现在还记得，在我刚入学时，老师说：“写好博士论文，以后你们的孩子在搜期刊的时候看到你们的博士论文，那将会有多自豪，这就是读博士的意义之一啊。”我希望，我的孩子能够在以后看到我的博士论文，并因此而感动，而这也是我给他们的礼物。

最后，感谢我的同学、朋友、同事们！在这样的时代、这样的年华中，我们谈及如何推动法学教育、幼儿教育，彼时，我们的脸上都洋溢着难以名状的兴奋和幸福，因为，我们彼此感受到了感情的呼唤。我要说的是，和大家在一起，既是一种缘分，更是一种福分！告别博士生涯，我们就是学者了，而我们的论文只是起点而已。大家撸起袖子干，一起不断向前推进！